만세열전

작가의 일러두기

1. 책에 수록된 인용문은 원문의 뜻을 해치지 않는 선에서 현대문으로 바꿨다. 오늘날 잘 쓰지 않는 한자어나 표현은 이해하기 쉽게 풀어 썼으며, 인용문이 너무 긴 경우는 중략했다.
2. 책에 수록된 대화문 가운데 경찰·검사·판사와 피의자의 대화는 당시 심문기록에 기반하여 작성했다.
3. 일제강점기에는 신문(訊問)과 심문(審問)을 구분해서 사용했다. 그러나 오늘날은 명확히 구분하지 않고 대개 '심문'으로 사용하므로, 본문에서는 모두 '심문'으로 통일했다. 단 자료 제목은 원문 그대로 '신문'으로 표기했다.
4. 주요 등장인물의 인명 다음에는 1919년 당시의 나이를 표기했다. 생년월일이 알려져 있지 않은 경우에는 심문기록에 나온 나이를 표기했다. 최대한 정확성을 기하려고 하였으나 자료에 따라 1~2세 정도 차이가 있을 수 있다. 대개 음력 생일이나 만으로 나이를 계산해서 생기는 문제이다. 부정확할 수 있음에도 굳이 나이를 표기한 것은 당시 등장인물이 어느 정도의 연령이었는지 보여주려는 의도이다.
5. 등장인물 가운데 친일행위가 있는 인물은 민족문제연구소가 발행한 『친일인명사전』에 수록된 자에 한하여 인명색인에 별표(*)를 붙여 표시했다. 그중 주요 인물은 되도록 본문에 주석을 달아 경력과 활동을 확인할 수 있도록 했다.
6. 중국의 인명·지명은 한자 그대로 썼다. 단체명의 경우 원지음대로 적은 것이 있는데 한자를 함께 표기했다. 일본의 인명·지명은 원지음대로 적었다.
7. 국명·지명·단체명 등은 현대의 명칭과 과거의 명칭이 혼용돼 있다. 당시 상황을 이해하는 데 중요한 명칭은 과거 그대로 표기했고, 나머지는 오늘날의 명칭으로 적었다.
8. 문장부호는 다음과 같이 통일했다. 책과 잡지 『 』, 논문·소제목 「 」, 신문 《 》, 기사 〈 〉.
9. 책 내용의 많은 부분은 많은 선후배 역사가들의 주옥같은 연구 성과에 기대어 있다. 하지만 아쉽게도 전문 학술서가 아니다보니 본문에 세세하게 출전을 달지 못하고 대신 책 말미에 참고한 문헌들의 목록을 달아놓았다. 미흡하나마 감사의 마음을 전하고 싶다. 아무쪼록 이 책이 선배 역사가들의 소중한 연구 성과에 누가 되지 않기를 바란다.

만세열전

3·1운동의 기획자들 · 전달자들 · 실행자들

조한성 지음

생각정원

프롤로그

만세 전

몇 줄로 늘어선, 창백하고 중얼거리며 공포로 뒤덮인 얼굴들,
그들은 자신들의 참호를 떠나 꼭대기를 넘는다,
그러는 동안에 그들의 손목시계는 단조롭고 바쁘게 똑딱거리고,
희망은, 훔쳐보는 눈빛과 불끈 쥔 주먹으로,
흙탕에서 허우적거린다. 오, 주님이시여, 이를 멈추게 하소서!*

제1차 세계대전은 모든 것을 파괴하는 전쟁이었다. 물질과 정신, 그 어느 것도 온전하지 못했다. 문명은 자신이 이루어낸 고도의 기술로 스스로를 파괴했다. 전쟁의 목표는 상대를 완전히 말살하는 것이었다. 어느 한쪽이 쓰러질 때까지 전쟁은 끝나지 않았다. 그것은 자신을 향해 총을 쏘는 것과 크게 다르지 않았다. 상대가 쓰러질 즈음 자신도 만신창이가 될 수밖

* Siegfried Sassoon, *Collected Poems*, London, 1947(에릭 홉스봄, 『극단의 시대』 상, 까치, 2009에서 재인용).

에 없었으므로. 지구에서 가장 빛나던 문명은 그렇게 유럽대륙을 가로지르는 기나긴 참호 속에 갇힌 채 절체절명의 위기에 빠져들었다.

제1차 세계대전의 참혹한 경험은 사람들을 각성시켰다. 궤멸적 파괴를 경험한 후에야 그들은 더이상 세계체제가 이대로 유지되어서는 안 된다고 생각했다. 전쟁의 원인이 된 제국주의 열강들의 식민지 쟁탈전을 끝내야 했다. 이에 사람들은 전쟁을 종식시키고 영구적으로 평화를 가져올 방법을 찾았다. 바로 민족자결주의였다.

민족자결주의*

민족자결주의를 처음으로 공식화한 이는 레닌Vladimir Il'ich Lenin이었다. 그는 민족들의 자결권에 근거하여 영구적인 평화를 만들겠다고 선언했다. 프롤레타리아혁명을 통해 제국주의 국가를 타도하여 식민지 문제를 근본적으로 해결한다는 계획이었다. 러시아혁명 직후 볼셰비키 정부는 러시아가 영국·프랑스 등 서방의 제국주의 열강들과 맺은 비밀협정을 모두 폭로했다. 전후 전리품으로 패전국의 식민지나 주변 약소국을 어떻게 나눌지 약속한 비밀협정이었다. 이와 함께 그들은 합병과 배상이 없는 즉각적인 평화를 선언하고, 독일과의 단독 강화를 통해 전쟁을 중단했다.

레닌의 공세에 더이상 가만히 있을 수 없게 된 서방 국가들은 혁명의 영향력을 차단하기 위해 경쟁적으로 민족자결주의를 언급하기 시작했다. 그 과정에서 나온 것이 1918년 1월 미국 의회에서 연두교서로 발표된 우드로 윌슨Thomas Woodrow Wilson의 '14개 조항'이었다.

---

* 민족자결주의에 대한 내용은 전체적으로 김승렬, 「윌슨의 민족자결주의와 조선의 3·1운동」, 『역사교육연구』 14, 한국역사교육학회, 2011을 참고하였다.

'14개 조항'은 전후 평화에 대한 구상을 제시한 것으로, 흔히 제5조가 민족자결주의의 내용을 담고 있다고 이해된다. 그런데 여기에는 명시적으로 '민족자결주의national self-determination'라는 표현이 나오지 않는다. 내용상으로도 식민지의 독립이 아니라, 국제연맹하에서 위임통치를 통해 자치권을 보장하는 정도만 언급되어 있다. 그것도 전후 처리와 관련하여 유럽이나 패전국의 식민지 처리에 국한되어 있다.

하지만 윌슨의 민족자결주의는 레닌의 그것과는 비교할 수 없을 정도로 피식민지 약소민족들에게 열렬한 환영을 받았다. 미국이 제1차 세계대전 과정에서 최대 강국으로 떠오른 데다 전후 처리 문제를 주도하고 있었기에 피식민지 대중의 기대를 한몸에 받았던 것이다.

더구나 윌슨은 레닌의 공세에 대응하면서 '14개 조항'과는 달리 명시적으로 '민족자결주의'를 얘기하고 다녔고, 자신의 민족자결주의를 명확히 유럽이나 패전국의 식민지 처리에 한정하지도 않았다. 윌슨의 행동은 피식민지 대중의 기대를 한껏 높인 반면, 영국·프랑스·일본 등 제국주의 국가들에는 깊은 의혹을 심어주었다.

민족자결주의는 해당 제국주의 국가에서 국내적인 수준으로 제한되었던 민주주의를 국제적인 수준으로 확대하는 효과도 낳았다. 조선·중국·인도 등지에서 일어난 대규모 민족운동은 이러한 효과를 더욱 배가시켰다.

윌슨은 민족적 열망이 명확히 표출될 때 피식민지인의 이해(독립이나 자치)를 고려할 수 있다고 했다. 전 민족이 독립에 대한 열망을 드러낼 때 독립을 고려할 수 있다는 말이었다. 미국 역시 그러한 과정을 거쳐 영국으로부터 독립했다. 이러한 윌슨의 생각은 일정한 경로를 거쳐 조선인들에게 전해졌다. 이것이 3·1운동이 일어나게 된 첫 번째 이유였다.

일상의 차별과 억압

민족자결주의가 3·1운동으로 가는 문을 열었다면, 조선인들로 하여금 그 문을 통과해 앞으로 나아가게 한 것은 일제의 식민통치였다. 일제는 대한제국을 합병하며 "양국 국민의 상호행복을 증진하고 동양평화를 영구히 확보"한다는 장밋빛 미래를 약속했지만, 이는 단지 미사여구에 불과했다. 조선은 대만과 함께 일본 제국주의가 대륙을 침략하기 위한 전진기지에 불과했고, 그들이 내세운 문명통치는 전진기지에 걸맞은 인프라를 구축하는 것에 한정되었다.

일제는 양국 국민의 동화同化를 선전했지만, 조선에 건너온 일반 일본인들이나 조선총독부의 관료들은 조선인 위에 군림했을 뿐이다. 그들은 단 한 번도 조선인을 동등한 국민이라고 인정하지 않았다. 조선인들은 일본인들에 의해 자행되는 일상적인 차별과 폭력, 억압에 무방비로 노출되어 고통받았다. 비록 피식민지인이라 하더라도 인간으로서 마땅히 누려야 할 자유는 전혀 보장되지 않았다.

일상의 고통은 해소되지 못한 채 몸속 깊은 곳에 쌓여만갔다. 언제 터진다고 해도 이상할 일이 아니었다. 민족의 독립은 단지 조선인이라는 이유로 받아야 했던 일상의 차별과 억압을 날릴 수 있는 유일한 무기로 인식되었다. 민족대표 33인의 독립선언은 시위를 당기는 불씨가 되었다. 이것이 3·1운동이 일어나게 된 두 번째 이유였다.

독립과 자유, 그리고 민주주의

3·1운동은 독립과 자유, 그리고 민주주의를 획득하기 위한 대규모의 민족운동이었다. 3·1운동은 제대로 된 지도부가 있지 않았음에도 불구하고

순식간에 전국 각지로 퍼져나갔다. 독립과 자유, 민주주의에 대한 열망이 많은 이들을 운동의 대열로 이끌었다. 그들은 스스로 사람을 모으고 전단을 만들어 배포하고 만세를 부르면서, 부족한 부분을 메워나갔다. 누가 시킨다고 될 일이 아니었다. 자발성이야말로 대규모 민족운동이 가능하게 한 원동력이었다.

그런 점에서 3·1운동은 2016년 대한민국을 뜨겁게 달궜던 촛불시위와 닮았다. 하지만 사실 동학농민운동 이래 시작된 우리의 민주주의 역사에서 그 모습은 10년, 20년마다 어김없이 재현되어왔다. 처음에는 민주주의를 획득하기 위한 싸움이었고, 나중에는 민주주의를 다시 세우기 위한 투쟁이었다. 1929년 광주학생운동이, 1945년 건국운동이, 1960년 4·19혁명이, 1980년 광주민주화운동이, 1987년 6월 민주화운동이 그랬다.

민주주의를 위한 모든 투쟁의 앞에 3·1운동이 있다. 3·1운동에서 우리는 '동족'이라는 이름으로 민족을 재확인하고, 자유를 얻기 위해 일대 격전을 벌였다. 『아리랑』의 주인공 김산金山(본명 장지락張志樂)이 말하길, 자유라는 말은 자유를 알지 못하는 사람들한테는 금덩어리처럼 생각되는 것이라고 했다. 조선인들은 한 번도 가진 적이 없어 잘 알지 못했던 '자유'를 금덩어리처럼 생각하며 이를 얻기 위해 거침없이 자신의 삶을 던졌다. 그들의 삶은 그렇게 우리의 역사가 되었다.

보통 사람들의 만세운동을 복원하라

이 책은 3·1운동 시기 독립과 자유를 위해 거침없이 자신의 삶을 던졌던 사람들의 이야기이다. 그들 중에는 저명한 독립운동가도 있지만, 대부분은 무명의 평범한 사람들이다. 사실 이 땅에 민주주의를 가져오기 위해, 민주주의를 바로 세우기 위해 싸워온 사람들은 대개 무명의 보통 사람들이었다. 그들은 민주주의를 위해 소중한 삶을 희생했지만, 역사책에는 단 한 줄도 나오지 않는다. 이 책의 첫 번째 목표는 그들의 삶을 역사로 복원하는 것이다.

이를 위해 필자는 3·1운동기에 작성된 경찰심문조서, 검찰심문조서, 예심심문조서, 공판시말서 등을 적극 활용했다. 이들 자료는 공개된 지 꽤 많은 시간이 흘렀지만 그동안 적극적으로 활용되지 못했다. 심문조서와 공판시말서가 가진 한계 때문이다. 심문조서와 공판시말서는 한 것도 하지 않았다고 숨기려는 피의자·피고와 하지 않은 것도 한 것으로 만들려는 일제 공안 당국 사이의 밀고 당기는 진실과 거짓의 싸움 기록이다. 여기엔 진실도 포함되어 있지만 그만큼 거짓도 많다. 이런 까닭에 역사학계는 그동안 이 자료들을 한정적으로 사용할 수밖에 없었다.

하지만 필자는 심문조서와 공판시말서가 가지고 있는 풍부한 이야기에 주목하려고 한다. 여기에는 3·1운동에 참여했던 수많은 사람들의 이야기가 다른 기록에선 찾아볼 수 없을 정도로 내밀하게 적혀 있다. 필자는 이 기록들을 바탕으로 하되 여타의 사료들과 기존의 역사 연구 성과로 기록들에 섞여 있는 거짓을 걸러내고, 상상력으로 빈틈을 메워 평범한 사람들의 이야기를 복원하고자 했다. 이것은 3·1운동이라는 거대한 서사 속에 가려진 보통 사람들의 진실을 찾아내기 위한 작업이었다.

자, 이제 시작이다. 우리는 지금부터 100년 전, 만세운동의 현장으로 들어간다. 그곳에서 우리는 2016년 광화문광장에 섰던 현재의 우리를 발견할지도 모른다. 그들 안의 무엇이 현재의 우리를 만들었는지 확인하는 것은 여러분의 몫이다.

차례

1장

모두가 암흑에 절망할 때,
결연히 촛불을 밝히는 사람들이 있었다

기획자들

우리를 외롭다고 말하지 말라. 16억의 양심이 우리를 후원한다. 우리를 약하다고 말하지 말라. 2천만의 심인心刃(마음속 칼날)은 우리의 무기다. 아아, 세계는 바야흐로 정의와 인도 위에 일대 부활을 수행하려 한다. 조선과 조선인은 이제야 생존과 존영에 대한 철저한 자각을 지니고 있다. 거듭 말하겠다. 시대는 개화하고 있고 조선인은 자각했다고.

–「독립통고문」

독립과 자유의 씨앗을 뿌린 사람들

여운형과 신한청년당

1929년 7월 17일 오후 6시 50분. 한 남자가 용산역 계단을 내려온다. 흰색 바지에 감색 재킷을 걸치고 멋들어지게 나비넥타이까지 한 건장한 체구의 신사다. 사방에서 플래시가 터진다. 기자들은 수원역부터 동승해 그의 일거수일투족을 취재하는 중이다.

이날의 장면이 한 장의 사진으로 남았다. 공교롭게도 사진의 초점은 날카롭게 카메라를 쏘아보는 사복경찰의 얼굴에 맞았다. 위아래 흰색 정장에 파나마모자를 쓴 그는 엄중한 현장을 상징이라도 하듯 경계의 빛을 드러내고 있다. 초점이 맞지 않은 주인공은 흐릿함 때문인지 더욱 황망해 보인다. 구겨진 재킷과 손에 든 커다란 가방이 그의 처지를 대변하는 것 같다.

용산역을 내려오는 여운형. 그의 체포는 전 조선의 관심을 집중시켰다. (몽양여운형선생기념사업회 소장)

그는 7월 10일 상해 공동조계에 있는 한 경기장에서 야구경기를 관람하다 체포되었다. 스포츠를 좋아했던 그는 장년이 되어서도 스스럼없이 청년들과 어울렸고, 코치에서 심판까지 어떤 역할도 마다하지 않았다. 얼마 전에도 그는 푸단대학復旦大學 축구팀을 이끌고 싱가포르, 믈라카, 필리핀을 다녀온 참이었다. 그런데 일본영사관 경찰들이 평화로운 경기장에 난입했다. 이전에도 몇 차례 체포하려다 실패해서인지 이번엔 수십 명을 동원해 사방에서 몰려들었다. 그는 온 힘을 다해 경찰들을 뿌리치고 달아났지만 결국 영국 경찰에 가로막혔다. 그들은 그를 체포해 조계 공부국工部局에 인치했다가 취조 한 번 하지 않고 그대로 일본영사관에 인계했다. 영·일 양국 영사관 사이에 모종의 거래가 있음이 분명했다.*

현장을 순시하던 프랑스 경찰이 일본 경찰의 폭압적인 체포 작전을 비난하며 한참을 항의했다. 하지만 일본 경찰은 막무가내였다. 뒤늦게 소식을 듣고 달려온 수십 명의 조선인 청년들이 필사적으로 그의 체포를 막으려 했지만, 일본과 영국의 경찰력을 이기기에는 역부족이었다. 다음에는 중국국민당 정부가 나섰다. 정치범이고 이미 중국에 귀화한 인물이니 신병을 중국 정부에 넘기라는 것이었다. 하지만 일제 당국은 거부했다. 공동조계 안에서 체포했으니 법을 어긴 것도 아니고, 조선인은 귀화하여도 귀화권을 인정할 수 없다는 주장이었다.

그가 체포되었다는 소식이 전해지자 조선의 언론들은 연일 그의 이야기를 전하느라 바빴다. 상해에서 경성(현재의 서울)으로 오기까지 그의 행적 하나하나가 지상 중계되었고, 어린 시절부터 체포되기까지 그의 전 생애가 소환됐다. 한 신문은 그를 '조선의 링컨', 조선의 노예해방 선구자로 호명했다. 그가 청년기에 누구보다 먼저 집안의 노비를 해방시켜 만민평등의 사상을 실천했던 일을 두고 이르는 말이었다. 다른 신문은 도쿄에서 거침없이 조선독립을 주장해 일본 정계를 놀라게 했던 1919년의 일을 떠올렸다. 일본 정부는 그를 회유해 식민통치를 합리화하는 데 이용하려다가, 오히려 그가 이것을 조선독립을 선전하는 기회로 삼는 바람에 곤욕을 치

* 상해의 영국영사관이 여운형의 체포를 도운 것과 관련하여 누군가가 경성의 영국영사관에 협박장을 보내 화제가 되었다. 체포에 관여한 영국 당국을 비난하는 협박장이었다(《동아일보》, 1929년 8월 31일). 이 신문은 외신을 인용하여 독일 베를린에 있는 반제국주의연맹이 영국 경찰의 행위를 국제법상 불법적 행위로 판단하고, 세계 각국에 산재한 지부 조직을 동원해 일대 반항적 시위운동을 벌이기로 했다고 보도하기도 했다(《동아일보》, 1929년 11월 15일).

렸다. 그의 이름을 대면 많은 사람들이 바로 이 사건을 떠올릴 정도로 그를 세상에 널리 알린 사건이었다.

홀연히 고국을 떠난 후부터 지금까지 십수 년의 세월이 흐르는 동안 그는 조선의 독립을 위해 일했다. 언제나 민족의 힘을 하나로 모으기 위해 동분서주했고, 독립에 도움된다면 아무리 힘든 일이라 해도 마다하지 않았다. 그런 그가 조선에 돌아왔다. 자유를 잃고 날개가 꺾인 채 조국 땅을 다시 밟았다.

한 기자가 말한다. 도대체 누구기에 전 조선이 이렇게 관심을 기울이는 것이냐고. 과연 그는 누구인가? 그는 조선독립운동의 씨앗을 뿌렸던 몽양 여운형呂運亨(44세, 1919년 당시 34세)이었다.

"실현의 유무로 나의 희망이 변하지는 않소"

1929년 7월 18일 경성지방법원 검사국 조사실. 여운형이 초췌한 모습으로 조사를 받고 있다. 상해에서 나가사키와 부산을 거쳐 경성에 도착하기까지 긴 여정의 피로가 풀리지 않은 데다, 체포 후 신경쇠약으로 잠도 제대로 자지 못하고 식사도 거의 하지 못했다. 몸도 몸이지만 무엇보다 힘든 건 마음의 빚이었다. 10년이 넘는 세월 동안 오직 독립을 위해 일했지만 아무것도 이루지 못했다. 언제나 그리운 조선이었지만 이런 신세로 돌아오고 말았다. 그런데도 조선은 그에게 과분할만치 많은 관심과 환영을 보내줬다. 부산에서 경성까지 오는 사이, 기차가 설 때마다 많은 사람들이 일부러 역에 나와 그에게 손을 흔들어줬다. 경성역(현재의 서울역)에는 수백 명이 모이는 바람에 기능이 마비될 정도였다고 한다. 고마웠다. 동시에 한없이 부끄러웠다.

여운형의 수형사진. 체포 후 잠도 제대로 자지 못하고 식사도 거의 하지 못했지만, 몸 상태보다 그를 힘들게 한 것은 마음의 빚이었다. (국사편찬위원회 소장)

체포 당시 경찰의 구타로 고막이 터졌는지 한쪽 귀에 통증과 함께 잘 들리지 않는 증상이 나타났다. 일제 공안 당국은 제대로 치료해주지 않았다. 언론 앞에선 조선의 거물급 인사여서 수갑도 채우지 않고 호송했다며 특별대우를 자랑했지만 정작 가장 필요한 대우에는 소홀했다.

경찰과 검찰은 누가 여운형을 조사할지를 두고 한동안 설왕설래했다. 경기도경찰부와 검사국이 맞서는 가운데 여운형은 경기도경찰부로 호송되었다. 경기도경찰부의 승리였다. 그런데 7월 18일 오후, 여운형은 갑자기 다시 경성지방법원 검사국으로 호송되었다. 경기도경찰부가 본격적인 조사를 하기 전 검찰 조직의 자존심을 지켜주기로 한 것이다.

"상해에서 독립운동을 시작한 것은 언제인가?"

검사가 묻는다. 10년 넘게 지난 일이라 기억을 되돌리는 데 잠시 시간이

걸린다. 말을 꺼내기 전에 어떻게 얘기할지 생각을 가다듬는다. 많은 시간이 경과하였으니 얘기하지 못할 것은 별로 없다. 그러나 너무 솔직할 필요도 없다. 진술 하나하나가 자신의 발목을 잡을 빌미가 될 것이다. 혹시 자신의 진술로 인해 예상치 못한 피해자가 생겨도 곤란하다.

"1919년 1월이었소. 세계대전이 끝나고 파리강화회의가 개최될 무렵이었소. 강화회의에 대표를 보내기로 결정하면서 예전부터 가슴에 품고 있던 독립운동을 하게 된 거요."

여운형은 누구도 부인할 수 없는 시점, 다시 말하면 누구나 예측 가능한 시점부터 독립운동을 했노라고 대답했다.

"독립운동에 관해 구체적으로 어떤 계획을 세웠나?"

"상세하게 방침을 정한 적은 없었소. 파리강화회의에 김규식金奎植(39세)을 조선 대표로 파견해 조선의 사정을 각국에 전하고 독립에 대한 양해를 구하고자 했소. 또 조선에는 장덕수張德秀*를 보내 조선 내 유지들에게 호소토록 하고, 나는 상해, 만주 지방의 유지들에게 호소해 만세시위를 일으키고자 했소."

이번에도 여운형은 일제 당국이 이미 알고 있을 만한 내용만 얘기했다. 장덕수를 얘기한 건 그가 이미 1919년 당시 체포되어 처벌받았기 때문이다.

"그 후 상해에 임시정부가 세워졌는데 당신도 정부 수립에 힘을 보탰나?"

---

* 장덕수(1894~1947). 황해도 재령에서 태어났다. 여운형과 함께 신한청년당을 조직하고 일본과 조선을 오가며 3·1운동을 일으키는 데 큰 역할을 했다. 그러나 1937년 무렵부터 학무국 시국강연회에 참여하며 친일활동을 펼쳤다. 1938년 흥업구락부사건에 연루되어 체포되었다가 기소유예를 받고 풀려난 후 본격적인 친일활동을 벌였다. 국민정신총동원조선연맹, 시국대응전선사상보국연맹, 조선임전보국단 등 각종 친일단체에 참여하여 일제의 침략전쟁을 옹호하고 선전하는 활동을 벌였다. 해방 후 한국민주당 외무부장과 정치부장을 지냈다. 1947년 12월 정치테러로 사망했다(친일인명사전편찬위원회 편, 『친일인명사전』, 민족문제연구소, 2009(이하 『친일인명사전』)).

"그렇소."

"그 외 독립에 관한 단체를 조직한 적은 없는가?"

"1918년 상해에서 신한청년당을 조직했소. 이 당이 김규식을 대표로 선정해 파리로 파견한 것이오. 임시정부가 설립된 후에 해산했소."

검사가 물었다.

"현재도 조선의 독립을 희망하는가?"

여운형은 물끄러미 일본인 검사를 바라봤다.

"난 조선의 독립을 희망하오. 독립과 자유를 구해 살자는 것이오. 조선인이라면 아마도 모두 공감할 것이오."

"독립이 실현될 것으로 생각하는가?"

"실현의 유무로 나의 주의, 나의 희망이 변하지는 않소. 독립의 성패는 제2의 문제이오. 나는 가능한 한 독립을 위해 노력할 생각이오."*

검사국 조사는 형식적으로 끝났다. 조직의 명분을 위해 급조된 조사였던 만큼 경찰보다 먼저 심문했다는 사실이 중요할 뿐 내용은 다음 문제였던 것이다. 그러나 검사국 심문 직후 경기도경찰부로 옮겨와 이어진 경찰의 심문은 그렇지 않았다. 여운형이 검사국에서 답변한 대로 간략히 답하자 경찰은 제대로 얘기하라며 목소리를 높였다. 본격적인 조사는 이제부터 시작이었다.

사실 검찰이나 경찰이나 이번 사건의 성격을 너무나 잘 알고 있었다. 자

---

* 일제 공안 당국의 여운형 심문은 1914년 중국으로 망명하는 시점부터 1929년 체포 직전까지 전 시기를 대상으로 이루어졌지만, 이 글에서는 주제에 맞춰 3·1운동부터 대한민국 임시정부를 구성하는 시점으로 한정하여 재구성했다.

신들의 법으로 여운형을 억죄려면 증언밖에 없다는 사실을 말이다. 시간도 공간도 그들의 편이 아니었다. 대부분의 혐의는 이미 시간이 너무 많이 지나 있었고, 상해나 만주에서 벌어진 일이다보니 증거 확보가 거의 불가능했다. 여운형도 그 같은 사실을 알았다. 모든 것은 자신의 진술에 달려 있었다. 어떻게 얘기하든 그들은 자신을 옭아매려 하겠지만 스스로 무너져서는 안 됐다.

"독립운동을 시작할 당시의 상황을 자세히 이야기하라."

경찰의 물음에 여운형은 기억을 더듬었다. 독립운동을 시작했던 시절을 떠올리자 생각만으로도 저절로 미소가 지어졌다. 암흑 같던 하늘에 한줄기 빛이 비췄던 날, 여기저기 뛰어다니면서도 피곤한 줄 몰랐던 시절. 그의 인생에 그만큼 충만했던 시간이 또 있을까.

"1918년 11월 미국 대통령 윌슨의 특사 크레인Charles Richard Crane이 상해에 왔소."

모든 일은 여기서부터 시작됐다.

신한청년당의 탄생

1918년 11월 27일 상해 칼턴 카페에서 크레인의 환영회가 열렸다. 미국귀환학생클럽, 미국대학클럽, 중국상공회의소, 중국 YMCA 등 여러 단체가 공동개최한 환영회였다.* 여운형은 이날 칼턴 카페에 1천여 명의 인파가 운집했고 자신도 그중 한 명이었다고 했다.

크레인은 윌슨 대통령의 친구로, 대통령 선거 당시 선거운동비의 대부

* 정병준, 「3·1운동의 기폭제: 여운형이 크레인에게 보낸 편지 및 청원서」, 『역사비평』 119, 역사비평사, 2017.

대통령 윌슨(좌)과 그의 특사 크레인(우). 크레인의 연설은 여운형의 독립에 대한 의지를 더욱 불태우게 만들었다.

분을 책임진 자산가였다. 크레인의 중국여행은 윌슨이 그를 중국 공사로 임명할 생각에 미리 시찰하게 한 것으로 알려졌는데, 실제로 크레인은 파리강화회의 이후 중국 공사로 부임했다.

여운형은 환영회 석상에서 크레인이 했던 연설을 떠올렸다.

"파리강화회의는 중대한 사명을 갖고 있습니다. 각국의 감정과 오해를 제거해 진정한 세계평화를 이룩하고 피압박민족을 해방하는 것입니다. 피압박민족에게 이것은 최적의 기회입니다. 중국은 대표를 파견해 피압박 상황을 말하고 해방을 도모해야 합니다."

여운형은 크레인의 연설에 크게 감격했다. 연설은 중국인들을 향한 것이었지만, 중국인들만 위한 것으로 들리지는 않았다. 파리강화회의의 사명이 세계평화와 피압박민족의 해방에 있다면, 그것은 조선인들에게도 놓칠 수 없는 기회가 되지 않을까. 환영회가 끝난 후 여운형은 감격과 기대 속에 급히 면회를 요청해 크레인을 만났다. 여운형의 오랜 친구 이만규李萬珪는 중국 정부의 요인이었던 왕정정王正廷이 만남을 주선해주었다고 기록했다.*

"우리 조선인도 피압박민족입니다. 이번 기회에 해방을 도모하고자 합니다. 파리에 대표를 파견해 조선의 사정을 전하고 각국의 동정하에 해방되길 원합니다. 대표를 파견해도 문제가 없을까요?"

여운형의 질문에 크레인은 답했다.

"아무 문제도 없습니다. 대표를 파견하세요. 나도 힘껏 돕겠습니다."

10년 전에 들었던 말을 사람은 얼마나 정확히 기억할 수 있을까. 어쩜 그 기억이 정확하기를 바라는 것 자체가 난센스일지도 모른다. 당시 크레인이 조선 문제에 얼마나 관심이 있었는지는 확실하지 않다. 그가 조선을 충분히 도울 수 있는 위치에 있었던 것도 아니다. 하지만 그는 여운형을 감동시켰고 독립을 향해 용감히 앞으로 나아가게 했다. 어쩜 중요한 것은 크레인이 실제로 한 말이 아닐지도 모른다. 그의 말을 들은 사람이 어떤 마음가짐으로 그 말을 받아들였느냐가 훨씬 더 중요할 수 있다. 여운형이 그랬다. 그는 크레인의 말을 희망으로 받아들였고, 그 말에 용기를 얻어 기꺼이 행동에 나섰다. 그것이 거대한 바위처럼 꿈쩍하지 않던 세상을 변화시키게 된 계기가 되었다.

"그래서 그 후 어떻게 했는가?"

일본 경찰이 답변을 재촉한다. 여운형은 벅찬 가슴을 안고 동지들과 마주했던 시간을 떠올린다. 그들의 얼굴이 어제의 일처럼 생생하다.

---

* 이만규, 『여운형선생투쟁사』, 민주문화사, 1946. 이만규(1882~1978)는 여운형의 오랜 친구이자 사돈이었다. 교육자로 3·1운동에 참여했고 해방 직전엔 건국동맹에 참가했다. 해방 직후 여운형의 삶과 투쟁을 기록한 『여운형선생투쟁사』를 집필했다.

"집에 돌아오자마자 영문으로 두 통의 청원서를 작성했소. 조선은 본래 4천 년의 역사를 지닌 나라로 동방문화에 공헌해왔는데, 불합리한 병합으로 민족의 진로가 끊기고 일본에 유린당하고 있다. 파리강화회의에서 종래의 불합리한 불평등을 모두 해결하기로 하였다고 하니 조선 문제에 대해서도 원조를 해주기 바란다. 조선은 소국이지만 극동평화에 중요한 위치를 점하고 있다. 아무쪼록 파리강화회의에서 조선의 해방을 도모해 국제사회에서 조선의 생명을 부활시켜달라는 요지였소."

여운형은 동지들과 상의 끝에 파리강화회의에 조선 대표를 파견하기로 결정했다. 그리고 두 통의 독립청원서를 작성했다. 파리강화회의에 대표를 파견하지 못할 경우에 대비해, 미국 대통령 윌슨과 파리강화회의에 독립청원서를 제출하려고 한 것이다. 파리강화회의에 대표 파견을 준비하면서 미리 차선책까지 마련해 실행에 옮긴 것이다.

두 통의 청원서는 당시 상해에서 발간되던 잡지 『밀러드 리뷰』의 주필 토머스 밀러드Thomas Millard에게 전달을 부탁했다. 밀러드는 파리강화회의 중국 대표의 고문이자 크레인의 수행원으로 파리에 갈 예정이었다.

청원서의 작성은 여운형과 장덕수가 맡았다. 청원서가 나오기까지 3일간의 고통스런 시간이 필요했다. 고맙게도 여운형이 일했던 협화서국協和書局의 운영자 조지 필드 피치George Field Fitch 목사가 교정을 봐줬다. 그런데 막상 청원서를 완성하고 나자 새로운 고민이 생겼다. 청원서의 서명을 어떻게 할지가 문제였다. 개인의 이름으로 서명하자니 청원서의 무게가 너무 가벼워지고, 단체의 이름으로 하자니 적당한 단체가 없었다. 여운형은 이참에 그해 8월부터 함께 독립운동을 고민해왔던 동지들을 중심으로 조직을 만들기로 했다. '신한청년당'이었다. 여운형의 동생 여운홍呂運弘이

조지 필드 피치. 그는 영문으로 작성된 독립청원서의 교정을 봐줬다.

신한청년당을 두고 '벼락정당'이라고 회고한 이유는 바로 여기에 있었다. 청원서의 서명은 '신한청년당 총무 여운형' 명의로 이루어졌다. 그러나 신한청년당은 청원서 서명만을 위해 만든 조직은 아니었다. 여운형은 터키 청년당을 모방해 국권 회복뿐 아니라 조선의 풍속, 문화, 도덕을 새롭게 한다는 목표로 당원을 모으고 조직을 발전시켜나갔다.

"청원서를 전달한 후에는 무엇을 했는가?"

"북경에 있던 김규식을 불러 대표를 맡기고 파리강화회의에 파견했소."

여운형은 청원서를 전달한 후 김규식을 조선 대표로 하여 파리강화회의에 파견하는 데 성공했다. 김규식은 막중한 책임이 따르는 어려운 자리임에도 불구하고 기꺼이 신한청년당에 가입하고 조선 대표를 맡아줬다. 이를 위해 김순애金淳愛(31세)와의 결혼을 예정보다 앞당겼을 정도다. 김순애 역시 신한청년당의 당원으로 활동하며 힘을 보탰다. 김규식은 1919년 2월 1일 파리를 향해 떠났다.

"김규식을 파견한 다음엔 무엇을 했나?"

"신한청년당의 부서를 정하고, 독립운동의 실행에 들어갔소."

신한청년당은 조선과 일본, 만주와 연해주로 흩어져 독립운동의 뜻을 모았다. 장덕수는 일본의 조선인 유학생들을 만났고,* 선우혁鮮于赫(38세)은 조선의 기독교인들을, 김철金澈(34세)은 천도교인들을 만났다. 그 시절, 그

* 장덕수는 일본에서 조선인 유학생들을 만난 후, 조선으로 잠입했다가 인천에서 체포되었다.

들에게 불가능한 것은 없었다. 하지만 이 자리에서 선우혁과 김철의 존재를 드러낼 순 없다. 그들은 여전히 조선의 독립을 위해 활발하게 일하고 있기 때문이다.

"조선에 장덕수를 파견해 손병희孫秉熙(59세), 이상재李商在(70세) 등 유력자와 협의하게 하고, 조선과 일본에서 여러 명사들에게 운동에 대한 의견을 모으기로 했소. 나는 중국 각지 조선인의 상황을 시찰하고 독립운동 참가를 권유하기 위해 길림으로 향했소. 장춘에서 여준呂準*에게 독립운동을 권유하는 편지를 보내고, 블라디보스토크에서는 이동녕李東寧, 문창범文昌範, 박은식朴殷植, 조완구趙琬九와 만나 독립운동을 함께할 뜻을 모았소."

사실 여운형이 만난 사람은 이들만이 아니었다. 여운형은 장춘의 심영구를 통해 길림에 있는 주요 인사들에게 김규식의 파리강화회의 파견 소식을 전하고 독립운동을 함께하자고 권유했다. 더불어 블라디보스토크로 가서 이동녕, 문창범, 박은식, 조완구 외에도 이동휘李東輝, 원세훈元世勳, 정재관鄭在寬, 이강李剛, 오영선吳永善, 강우규姜宇奎 등을 만났고, 북간도의 정재면鄭載冕, 김약연金躍淵 등과도 접촉해 김규식의 소식을 전하며 독립운동을 권유했다.

"그래서?"

"봉천(현재의 심양)으로 돌아와서야 조선에서 독립만세운동이 일어난 것을 들었소. 3월 15일이었소. 급히 상해로 돌아갔는데 이미 각지에서 온 동지들이 모여 있었소. 조선에서 현순玄楯(40세), 최창식崔昌植, 신익희申翼熙 등이, 미국에서 여운홍이, 항주에서 신규식申圭植이, 도쿄에서 이광수李光洙 등

---

* 여준은 길림 지방에 거주하는 조선인 유력자로 여운형의 당숙이었다.

이 와 있었소. 그때부터 상해 프랑스 조계에 사무소를 설치하고 임시정부를 조직하게 된 거요."

경기도경찰부의 심문은 7월 18일부터 27일까지 모두 여섯 차례에 걸쳐 진행됐다. 1914년 중국으로 망명한 후부터 1929년 체포될 때까지 여운형의 삶 대부분을 낱낱이 들여다보겠다는 심사였다. 지루한 문답이 이루어지던 어느 날 경찰이 문득 물었다.

"조선 도착 후 감상은 어떠하던가?"

"상해로 건너갈 때는 막 세계대전이 벌어졌을 때라, 10년이나 15년이 지나면 세계의 대세도 크게 변하지 않을까, 그래서 언젠가는 영광스럽고 빛나는 귀국을 할 수 있지 않을까 몽상했었소. 하지만 지금은 완전히 일장춘몽이 되어 경찰에 붙잡힌 채 이 산하를 접하니 비분의 눈물을 흘리지 않을 수 없었소. 이게 내 첫 번째 감상이오. 그다음은……"

"그다음은?"

"부산에 내려 해안 일대의 산을 보았소. 전에 본 민둥산이 일변하여 청산이 되어 있어 놀라웠소. 그러나 해안에 있는 동포의 부락을 보고 변화 진보의 자취를 찾지 못해 자못 실망했소. 총독정치가 민둥산을 청산으로 만들 수는 있어도 인민의 삶은 어쩌지 못하는가보오?"

"넌 독립운동을 그만두려는 의지가 전혀 없는가?"

"예전부터 난 확고한 신념을 갖고 있으니 이제 와서 아무리 탄압을 가한다 해도 그 신념은 변하지 않을 거요. 그것이 내가 명령받은 사명이고, 조선인으로서 불가피하게 걸어가야 할 길이라고 생각하기 때문이오."

경성법원청사. 경성지방법원과 경성복심법원, 경성고등법원이 한곳에 자리했다. 여운형도 이곳에서 재판을 받았다. (민족문제연구소 소장)

"만세소요는 당신들의 계획인가"

경기도경찰부의 조사가 완료된 후 여운형은 제령과 치안유지법 위반 혐의로 7월 29일 경성지방법원 검사국에 송치되었다. 취재 열기는 여전히 뜨거웠다. 기자들은 여운형이 경기도경찰부에서 법원으로 이송되는 과정을 자세히 보도했다. 무더위 속에 연일 계속된 심문으로 다소 여윈 모습이었지만, 여운형은 자신의 얼굴이라도 보겠다고 아침부터 모인 친지들에게 일일이 인사했다. 면회를 하고 온 동생 여운홍은 형이 "아무 일 없으니 안심해라. 얼마간 독서할 기회를 얻은 거다"라고 오히려 자신을 위로했다고 전했다.

검찰 조사는 8월 1일부터 본격화되었다. 취조는 첫 심문을 진행했던 나카노中野俊助 검사가 다시 맡았다.

"독립운동에 관여한 것은 언제부터인가?"

조사는 전과 동일한 질문으로 시작되었다. 질문이 같다면 대답 역시 같아야 한다. 하지만 사람이 하는 일인지라 완전히 같을 수는 없다. 같은 질문의 반복은 기억하지 못했던 사실을 새로이 떠오르게 하고 논리도 강화시킨다. 문제는 계속되는 진술 속에서 일관성을 유지하는 것이다. 숨기고자 하는 것이 있다면 끝까지 숨겨야 한다. 자신이 한 모든 진술을 기억해야 하고, 이후의 진술과 모순을 일으키지 않도록 노력해야 한다. 일제 공안 당국이 노리는 것은 그것이다. 진술과 진술 사이에 벌어진 조그마한 틈. 그 틈을 발견하는 순간 그들은 맹수가 되어 달려들 것이다. 여운형은 지난 심문을 떠올리며 동일한 답변을 반복해나갔다. 첫 심문이 있었던 날로부터 오래 지나지 않았기에 아직은 그리 어렵지 않았다. 그런데 위기가 찾아왔다.

8월 5일 검사가 바뀌었다. 새로 온 이는 경성고등법원 이토伊藤憲郎 검사였다. 언론은 내란죄와 같이 중대한 사건이 아니면 좀처럼 출동하지 않는 고등법원 사상검사가 투입됐다며, 혹시 사건을 내란죄로 취급하는 것이 아니냐고 의심했다. 검찰은 취조를 돕기 위한 것일 뿐 특별한 의도는 없다고 밝혔지만, 조사 분위기는 표변했다.

"조지 필드 피치의 주선으로 선우혁, 한진교韓鎭教와 함께 미국에 도항하려는 조선 청년을 도와준 일이 있는가?"

여운형은 긴장했다. 그 사실을 어떻게 알았을까. 상해에서 있었던 조선인 도항 문제를 꺼내들며 구체적인 인명까지 언급하는 것을 보면 꽤 많은 정보를 알고 있다는 거다. 이미 오래전 일이니 얘기하지 못할 것은 없지만, 새 검사가 자신에 대해 상당한 정보를 갖고 있다는 사실이 왠지 꺼림칙했다.

"그런 적이 있소. 주로 미국에 있는 조선인 노동자를 위해 결혼 도항을 도왔소. 1918년 3월까지 약 30명, 강화회의까지 약 40명 정도 될 거요."

여운형은 주로 결혼 도항이었다고 했지만, 사실은 미국 유학을 원하는 조선 청년들의 도항을 도운 것이었다. 그 수도 300여 명에 달했다. 일제 당국은 피치와 함께 여운형을 조선인 밀출국 방조 혐의자 중 한 명으로 지목한 바 있었다.*

“1919년 2월 초순경, 선우혁이 상해에서 들어와 평안북도 선천에 사는 목사 양전백梁甸伯(51세)을 만나 파리강화회의에 대표를 파견한 사실을 알리고 조선 내 독립운동을 선동했다고 하는데, 정주, 평양에서도 그랬고, 그런가?”

여운형은 당황했다. 검사의 날선 질문이 순식간에 그의 방어선을 무너뜨렸다. 신한청년당의 활동은 자신과 장덕수의 선에서 묶어두려고 했지만, 선우혁이 드러나고 말았다. 어떻게 알았을까. 선우혁은 잡힌 적이 없으니 그가 접촉했던 기독교인들이 털어놓은 것이리라. 그렇다면 검사는 천도교인들을 만나고 왔던 김철의 존재도 알고 있을까.

“그런 사실은 전혀 모르오. 원래 선우혁이라는 인물은 우리들이 보기에 재미없는 자이오. 그에게 말을 하면 새어나갈 위험이 있어 중요한 일은 비밀로 할 정도였소.”

선우혁에겐 미안하지만 어쩔 수 없었다. 이렇게라도 비밀을 지켜야만 했다.

“그러나 선천, 정주, 평양 등지에서의 만세소요는 선우혁의 선동으로 일어난 것이 아닌가?”

“선우혁이 조선에서 어떤 일을 했는지는 모르지만, 그는 3월 20일이 넘어 상해로 돌아온 사람이기 때문에 그가 선동해서 만세시위가 일어났다고 생각하지 않소. 만세시위는 손병희 등이 주장해 일어난 일이 아니오?”

---

* 강덕상, 『여운형평전』1, 역사비평사, 2007.

말하는 순간 실수임을 알았다. 당황하다보니 횡설수설하고 말았다. 부인을 하려면 제대로 된 이유를 들었어야 했는데 그러질 못했다. 남보다 늦게 들어왔으니 그런 일이 더 가능하지 않았겠냐고 따지면 할말이 없었다.

"신정申檉이 조용운趙鏞雲을 도쿄에 밀파하여 유학생을 선동, 만세시위를 일으킨 것은 알고 있는가?"

두 번째 공격이었다. 선우혁 다음은 김철이겠거니 하고 낙심하던 차에 신정을 이야기한다. 다행이었다. 검사는 김철의 존재를 알지 못하는 것이다. 그런데 신정 선생이 조용운을 도쿄에 보냈다니 무슨 말인가? 신정은 신규식의 다른 이름이고, 조용운은 필시 조용은趙鏞殷을 잘못 말한 것이다. 조용은은 조소앙趙素昂의 본명이다. 잘못 들었나 싶어 다시 물었더니 검사는 조용은이 아니라 조용운이라고 얘기한다. 조소앙의 이름을 잘못 알고 있는 것이다. 더구나 1919년 2월 무렵 신규식이 조소앙을 도쿄로 보냈다는 얘기는 금시초문이다. 이름도 잘못 알고 있고 사실관계도 틀리다면 분명히 누군가가 일부러 잘못 얘기한 것이다. 누굴까? 그럴 사람은 장덕수밖에 없다. 10년 전 체포된 그가 신한청년당을 보호하기 위해 신규식 선생을 끌어들여 엉뚱한 얘기를 했던 것이다.*

---

* 신규식이 조소앙을 일본에 파견해 2·8독립선언에 영향을 주었다는 정보는 장덕수의 진술에서 나온다(조선헌병대사령부, 「조선 3·1독립소요사건」(독립운동사편찬위원회 편, 『독립운동사자료집』 6, 독립유공자사업기금운용위원회, 1973에 수록)). 장덕수는 1월 말 일본으로 건너가 2·8독립선언을 준비하고 있던 조선인 유학생들을 격려하고, 2월 17일 도쿄를 출발하여 20일 경성으로 들어온 뒤 인천에 머물다가 경찰에 체포되었다. 그런데 장덕수는 조사 과정에서 신한청년당의 존재와 활동을 숨기기 위해 자신이 신규식의 명령을 받아 일본에 파견되었고, 조소앙이 자신보다 먼저 신규식의 명령을 받고 일본에 들어와 2·8독립선언에 영향을 주었다고 허위 증언했다. 조소앙은 당시 길림에 체류하고 있었다(김희곤, 「신한청년당의 결성과 활동」, 『한국민족운동사연구』 1, 한국민족운동사학회, 1986). 검사는 이와 같은 사실을 모르고 여운형에게 신규식과 조소앙의 일을 추궁한 것이다. 여운형은 조용운이 조용은을 잘못 말한 것임을 금세 알아차렸을 테지만 조용운은 모르는 사람이라고 부인했다.

"신규식은 당시 병간호를 위해 항주에 갔다가 만세시위 후에 상해로 돌아왔으니 그런 일을 했을 리 없소. 그리고 조용운은 전혀 모르는 인물이오."

여운형은 대답을 하면서 웃음이 터지려는 것을 겨우 참았다. 장덕수의 10년 전 거짓말이 여운형을 위기에서 구해줬다.

"만세소요는 당신들의 계획폭동에 의한 것이 아닌가?"

검사가 목소리를 높였다.

"전혀 그렇지 않소. 우리는 그런 일을 한 적이 없소."

목소리는 낮았지만 여운형은 단호히 모든 것을 부인했다.

청원서 두 통의 행방

여운형에 대한 검찰 조사가 마무리되어가던 무렵, 언론은 일제 공안 당국이 여운형 사건의 처리를 두고 밀회를 거듭하고 있다고 보도했다. 기소는 확실한 것으로 알려졌으나 예심을 거칠지 본심으로 바로 갈지가 분명하지 않다고도 했다. 한 언론은 1918년부터 1929년까지 10여 년의 긴 세월을 다루는 만큼, 사건은 복잡하면서도 증거는 충분하지 않아 그 내용이 매우 빈약할 것으로 관측했다. 하지만 그것이 일제 공안 당국의 처벌 의지를 약화시키지는 못했다.

1929년 8월 8일 검찰은 여운형을 기소하고 예심에 회부했다. 1919년 제령 제7호* 및 치안유지법 위반 혐의였다. 그의 예심청구서에는 모두 여덟 개 항목의 범죄 사실이 기재되었다. 그중 첫 번째가 신한청년당을 조직하고 김규식을 파리강화회의에 파견한 혐의였다. 검찰은 이를 '정치적 변혁

* 제령은 매년 1호부터 다시 번호가 매겨지기 때문에 해당 제령이 제정된 연도와 함께 표기해야 한다. 칙령, 조선총독부령, 훈령 등도 마찬가지이다.

조선으로 돌아온 여운형의 가족. (《동아일보》, 1929년 9월 16일)

을 목적으로 다수 공동의 안녕질서를 방해'한 범죄로 규정했다.

이날 용수를 쓰고 검사국을 나오는 여운형의 모습이 한 언론의 사진기자에게 포착됐다. 9월 16일엔 전날 상해에서 돌아온 가족의 사진도 실렸다. 여러모로 안타까운 모습이었다.

예심은 11월에 시작되었다. 그런데 여운형이 갑자기 맹장염에 걸리면서 예심은 다음해 2월까지 미뤄졌다. 예심판사의 심문은 3월 6일까지 모두 일곱 차례에 걸쳐 진행되었다. 예심에서 새롭게 밝혀진 사실은 별로 없었다. 김규식이 파리로 떠날 때 자신이 가지고 있던 2천 원과 장덕수가 조선에서 모금해온 3천 원을 합쳐 모두 5천 원을 들고 갔다는 사실, 김규식의 파리 체재비는 현순, 신익희, 윤현진尹顯振 등이 상해로 망명할 때 조선의 독립을 꾀하려고 미국과 조선에서 모금했던 8만 원 중에서 임시로 빌려 마련했는데, 그 금액이 8회에 걸쳐 3만 원에 달했다는 사실이 새롭게 밝혀진 정도였다.

예심은 3월 11일 끝났다. 예심판사는 여운형에게 제기된 1919년 제령 제7호와 치안유지법 위반 혐의 중 제령 위반 혐의만 인정하고, 치안유지법 위반 혐의에 대해선 면소 판정을 내렸다. 치안유지법 위반 혐의가 그 법이 만들어지기 이전의 행위여서 적용할 수 없다는 것이었다. 이미 오래전에 이루어진 행위를 처벌하려다보니 생긴 일이었다. 하지만 여운형은 제령 위반 혐의로 본심에 회부되었다.

예심 종료 후 여운형은 극심한 치질과 신경통, 소화불량으로 고생했다. 날이 갈수록 증상이 심해지자 여운형은 변호인을 통해 보석을 신청했다. 전문의사의 치료가 필요한 사안인 만큼 언론들은 보석 허가가 날 것이라고 예측했다. 이토 검사도 의견서에 보석을 허가해야 한다고 썼다. 그러나 보석은 끝내 허가되지 않았다.

1930년 4월 9일 경성지방법원에서 김병로金炳魯 등 변호인이 출석한 가운데 여운형에 대한 첫 번째 공판이 열렸다. 법정에 들어와 용수를 벗은 여운형이 창백한 얼굴을 드러냈다. 몰라보게 수척해진 몸으로, 두 손에는 무거운 철갑을 두른 채였다.

판사가 심문을 시작했다.

"김규식이 파리강화회의에서 한 일은 무엇인가?"

"그는 조선의 대표로서 파리강화회의에 참여하기 위해 미국, 프랑스 대표자와 접촉하는 등 동분서주했소. 또 미국의 모 신문기자를 통해 미국 대표단에 독립청원서를 제출했고, 미국 대표단의 일원인 육군대령* 하우스Edward Mandell House로부터 청원서를 수취했다는 통신을 받았다고 했소."

"그런데 사실은 그뿐이지 않았는가?"

판사가 아픈 곳을 찌른다. 다분히 의도적인 공격이다. 너희가 한 일이란

* 하우스는 정치인이었으나, 텍사스 주지사의 고문으로 일할 때 '대령' 칭호를 받은 이래 '하우스 대령'으로 알려졌다.

아무런 쓸모도, 효용도 없는 헛짓거리에 불과한 게 아니었냐고, 그런데 너희는 왜 아직도 불가능한 꿈을 꾸는 거냐고 묻는 듯했다.

"김규식이 분주히 뛰어다녔지만 파리강화회의에 조선 문제는 상정되지도 않았고, 헛되이 돌아올 수밖에 없었다고 하는데 사실인가?"

사실은 그것뿐이 아니었다. 밀러드에게 전한 두 통의 청원서도 아무런 효과를 발휘하지 못했다. 여운형은 청원서 두 통이 미국 대통령 윌슨과 파리강화회의에 제대로 전달되지 않은 게 아닌지 의심해왔다. 그래서일까. 이만규는 밀러드가 일본을 경유해 파리로 가는 과정에서 일본 밀정의 공작으로 가방을 잃어버렸고, 이로 인해 청원서가 제대로 전달되지 못한 것으로 기록했다.

진실은 무엇일까. 역사가 정병준은 밀러드의 가방 분실 사건은 사실이 아니라고 밝혔다. 그는 컬럼비아대학교 버틀러도서관 산하 희귀본·필사본도서관에 보관된 '크레인 가족문서'에서 청원서 한 통을 찾아냈다. 그리고 나머지 한 통은 파리강화회의 후에도 밀러드가 갖고 있었음을 밝혀냈다. 밀러드가 파리강화회의 이후 출간한 책에서 자신이 여운형의 청원서 한 통을 갖고 있다고 밝혔던 것이다. 밀러드는 여운형의 청원서 두 통을 분실하지 않았다. 문제는 여운형의 청원서가 최종 목적지에 도달했는가의 여부이다. 하지만 안타깝게도 정병준은 여운형의 청원서가 윌슨과 파리강화회의에 전달되었다는 증거는 어디에서도 찾을 수 없다고 했다.*

결국 여운형과 신한청년당이 가장 신경써서 했던 두 가지 일, 김규식의 파리강화회의 외교와 두 통의 청원서 전달은 제대로 되지 않았다. 간절히

---

* 정병준, 「3·1운동의 기폭제: 여운형이 크레인에게 보낸 편지 및 청원서」, 『역사비평』 119, 역사비평사, 2017.

희망했으나 염원은 결과로 이어지지 않았다. 어디서부터 잘못됐던 것일까? 그것은 민족자결주의를 얘기하면서도 여전히 제국주의의 속성을 버리지 못했던 미국의 이중성이 만들어낸 결과일지도 모른다. 하지만 보다 근본적인 이유는 외국의 힘에 기대어 세상이 바뀌길 바랐던 마음, 그 자체에 있었던 것이 아닐까. 스스로 바꾸려고 노력하지 않으면 세상은 절대로 바뀌지 않는다. 그 단순한 진실이 1919년 그해에도 그대로 적용되고 있었던 것이 아닐까.

하지만 여운형과 신한청년당은 완전히 실패하진 않았다. 세상을 바꾸기 위해 스스로의 힘을 다해 한 일이 있었기 때문이다. 그들은 조선과 일본, 만주와 연해주에서 많은 조선인들을 만났다. 그리고 그들에게 독립의 희망을 이야기했다. 우리가 다 함께 일어난다면 다시 시작할 수 있을 거라고, 다 함께 노력한다면 세상도 바꿀 수 있을 거라고 이야기했다. 그러자 세상이 진짜로 바뀌기 시작했다. 칠흑같이 어둡기만 했던 미래가 비로소 보이기 시작했다.

3·1운동은 그렇게 시작되었다

판사의 심문이 끝난 후, 검사의 구형이 있었다. 징역 5년이었다. 검사의 구형은 죄질에 비해 너무 과한 것이 아니냐는 세간의 평가를 받았다. 더구나 예심에서 법리상의 문제로 제외된 치안유지법을 다시 적용해 구형한 것은 논란을 부르기에 충분했다. 그런데 4월 26일 열린 언도 공판에서 판사는 여운형에게 1919년 제령 제7호만을 적용해 징역 3년을 선고했다. 검사의 논리가 억지였기에 당연한 결과였으나, 결과를 놓고 보면 이미 양자 사이에 짜여진 각본이 있었던 것이 아닌가 하는 생각도 지울 수 없다.

여운형은 항소했다. 이미 오래전에 벌어진 일을 가지고 3년의 실형을 언도하는 것은 부당하다는 생각이었다. 2심 공판은 6월 2일 경성복심법원에서 열렸다. 그러나 결과는 전혀 다르지 않았다. 검사는 징역 5년을 구형했고, 판사는 징역 3년을 언도했다. 답은 정해져 있었고 이의제기는 허락되지 않았다. 재판은 더이상 의미가 없었다. 여운형은 상고를 포기했고 재판은 그렇게 끝났다.

여운형은 인간의 가장 소중한 권리인 자유를 잃었다. 하지만 모든 것을 잃진 않았다. 그는 여전히 많은 것을 지킬 수 있었다. 신한청년당의 젊은 동지들, 만주와 연해주에서 만났던 많은 사람들, 그리고 함께 조국의 독립을 꿈꿨던 수많은 사람들의 비밀을 지키는 데 성공했다.

세상이 아무리 암울하다 해도 희망이 있다면 그것은 완전한 종말이 아니었다. 꿈꾸는 사람들이 있다면 세상은 언제나 다시 시작할 수 있었다. 세상은 언제나 바꾸려는 자들의 것이었다. 1919년, 그해도 그랬다. 어느 누구도 미래를 알진 못했지만, 기꺼이 일어선 자들이 역사를 만들어갔다. 3·1운동은 그렇게 시작되었다.

독립선언서로 독립운동의 시작을 알리다

손병희와 천도교인들

갑자기 밖이 소란해졌다. 가슴이 '쿵' 하고 내려앉았다. 각오는 했지만 막상 현실이 되자 불안감을 떨칠 수 없었다. 최린崔麟(42세)*은 떨리는 심정으로 좌중을 바라봤다. 모두들 의연하게 앉아 있었지만 긴장된 표정은 숨기

* 최린(1878~1958). 함경남도 함흥에서 태어났다. 1904년 황실특파유학생으로 선발되어 일본에서 유학했다. 유학 중 손병희를 처음 만났고, 1909년 귀국해 천도교에 입교했다. 천도교에서 운영하는 보성고등보통학교 교장을 지내던 중 민족대표로 3·1운동에 참여했다. 손병희의 휘하에서 권동진(權東鎭), 오세창(吳世昌)과 함께 실무를 맡아 독립운동을 주도했다. 1921년 12월 출소한 후 천도교 신파의 지도자가 되어 천도교 교단을 장악했다. 1934년 중추원 참의에 임명되면서 변절하여 본격적인 친일의 길을 걸었다. 1938년 조선총독부 기관지인 《매일신보》의 사장이 되었고, 국민정신총동원조선연맹 등 각종 친일단체의 간부로 활약하면서 일본의 침략전쟁을 찬양했다. 1949년 반민특위에 체포되었으나 보석으로 풀려났다. 한국전쟁 당시 납북되어 1958년 사망한 것으로 알려져 있다. 일제강점기 대표적인 1급 친일파이다(『친일인명사전』).

지 못했다.

청년 한 명이 뛰어들어와 "경찰이 왔습니다" 하고 알렸다. 최린은 입술을 깨물며 급히 밖으로 나갔다. 방금 도착한 수십 명의 순사들이 명월관 지점(태화관)* 을 포위하고 있었다. 지휘관으로 보이는 일본인 경부가 최린에게 다가왔다.

"모두들 함께 가셔야겠습니다."

"어디로 가는 겁니까?"

"경무총감부로 갑니다."

최린의 얼굴에 낭패감이 서렸다. 가까운 종로경찰서로 갈 거라 예상했는데 경무총감부라고 한다. 그들도 이번 일을 그만큼 엄중히 여기고 있는 것이다. 목숨을 내놓아야 할지도 모른다고 예상했지만, 그것이 실제가 될 수도 있다는 생각에 미치자 머릿속이 하얘졌다.

경찰은 자동차 한 대를 준비해 한 번에 세 명씩 민족대표들을 실어날랐다. 손병희孫秉熙(59세)가 맨 처음이었고, 최린과 한용운韓龍雲(41세)이 맨 나중이었다. 학생들이 좌우로 나눠 서서 만세를 부르고 모자를 벗어 흔들었다. 얼마나 만세를 불렀는지 죄다 목이 쉬어 제대로 소리를 내지도 못했다. 그 모습을 보니 주르륵 눈물이 흘렀다.

최린이 경무총감부에 도착한 것은 오후 5시경이었다. 그는 손병희, 권동진權東鎭(59세), 오세창吳世昌(56세)과 함께 정문안 숙직실에 수감되었다. 민족대표 29명** 이 이런 식으로 나뉘어 경무총감부 곳곳에 수감된 모양이

---

* 당시 정확한 명칭은 명월관지점이었으나 명월관에 인수되기 전에 잠시 태화관이라고 불린 적이 있어 자료에 따라서는 태화관으로 표기되는 경우도 있다.

** 민족대표 33인 가운데 명월관지점에 출석하지 않은 이는 기독교 대표 길선주(吉善宙), 정춘수(鄭春洙), 유여대(劉如大), 김병조(金秉祚) 등 네 명이다. 이들이 출석하지 않은 이유는 '이승훈과 기독교인들' 편을 참고하라.

경무총감부. 헌병경찰제도에 걸맞게 조선헌병대사령부도 함께 있었다. 3월 1일 민족대표 29명이 이곳 곳곳에 나뉘어 수감되었다. (민족문제연구소 소장)

었다. 이곳에 수감된 후 손병희는 줄곧 눈을 감고 명상에 잠겨 있었다. 최린은 불안한 마음을 숨기고 애써 태연한 척했지만 자꾸 경직되는 얼굴은 막을 수 없었다. 그때 경찰이 손병희를 호명했다. 조사가 시작됐다.

손병희의 결단

"천도교에 관계하고 있는가?"

"9년 전까지 교주(대도주)였으나 퇴직하고 지금은 단지 교인의 한 사람으로 있소."

그의 말은 진실이었다. 하지만 그것이 다는 아니었다. 현재 대도주는 박인호朴寅浩(65세)였으나 천도교의 실권은 여전히 손병희 자신에게 있었다.

"이번에 조선민족의 대표로서 독립선언서를 인쇄한 일이 있는가?"

"그렇소."

손병희. 그의 결정으로 천도교인들의 독립운동이 시작됐다.

"어디서 얼마나 인쇄했나?"

"자세한 것은 최린이 아오. 보성고등보통학교에서 경영하는 보성사普成社에서 만수천 장을 인쇄한 것으로 알고 있소."

"독립선언서는 누가 썼나?"

"나는 모르오. 그것도 최린이 알 테니 그에게 물어보시오."

"선언서를 일반에 배포한 것인가?"

"그렇소."

"어떻게 배포했나?"

"나는 모르오. 최린이 잘 알 거요."

손병희는 독립운동 계획의 중심에 있었지만 실무적인 일은 잘 알지 못했다. 실무를 담당한 것은 권동진과 오세창, 그리고 최린이었다. 권동진과 오세창이 천도교 내부의 일을 맡았고, 최린이 천도교 외부의 일을 맡았다.

"선언서를 배포한 목적은 무엇인가?"

"국권을 회복하여 조선의 독립을 계획한 것이오."

"어떻게 국권을 회복하려고 했는가?"

"일본 정부와 협의하여 평화롭게 수행할 생각이었소. 만일 일본 정부가 끝까지 용납하지 않을 때에는 끝까지 계속하여 그 목적을 수행할 작정이오."

일본인 경부는 이해가 안 된다는 듯 고개를 갸웃거렸다. 일본 정부가 조선의 독립을 그리 쉽게 허용해줄 리 없건만, 일본 정부와 협의하여 평화롭게 독립을 성취하겠다니 아무래도 이해가 되지 않았다.

"국권을 회복할 계획을 세우게 된 계기는 무엇인가?"

손병희가 생각을 떠올리려는 듯 잠시 허공을 응시했다.

"얼마 전 도쿄의 조선인 유학생들이 조선독립을 위해 당국에 의견서를 제출했다고 들었소. 또 조선에 있는 학생들도 총독부에 국권 회복의 의견서를 제출한다는 소문을 들었소. 나는 이러한 일을 학생들이 함부로 일으켜서는 아무것도 얻을 수 없다고 생각했소. 그래서 1월 20일경 권동진, 오세창, 최린을 자택으로 불러 함께할 동지가 있다면 우리들이 직접 해보는 게 어떻냐고 물었소."

"그래서?"

"그때는 일단 아무것도 결정하지 않고 헤어졌소. 그런데 10여 일이 지난 후 세 명이 찾아와 말하길 함께할 동지가 상당수 있고, 그중엔 기독교인들도 있다고 했소. 그래서 결정하고 오늘까지 진행해온 것이오."

손병희의 진술은 천도교 교단이 독립운동 실행을 최종 결정한 상황을 말해준다. 천도교의 독립운동은 손병희의 결정으로부터 시작되었다. 천도교는 손병희를 정점으로 한 일원적 명령계통과 중앙집권적 운영체계*를 가지고 있어, 손병희의 결심이 있지 않고서는 어떤 일도 가능하지 않았다.

그런데 권동진의 진술은 결이 다른 진실을 보여준다. 그는 1918년 11월 《오사카마이니치신문大阪每日新聞》을 통해 윌슨의 '14개 조항'의 평화 원칙을 접하고, 폴란드 등이 이 원칙에 따라 독립될 가능성이 높다는 것을 알고 난 후부터 오세창, 최린과 긴밀히 의견을 나누기 시작했다고 밝혔다. 그들은 처음에는 자치운동을 하려 했으나, 1919년 1월 상해와 시베리아의 조선인들이 파리강화회의에 대표자를 보내 독립운동을 하기로 했다는

---

* 고정휴, 「3·1운동과 천도교단의 임시정부 수립 구상」, 『한국사학보』 3·4, 고려사학회, 1998.

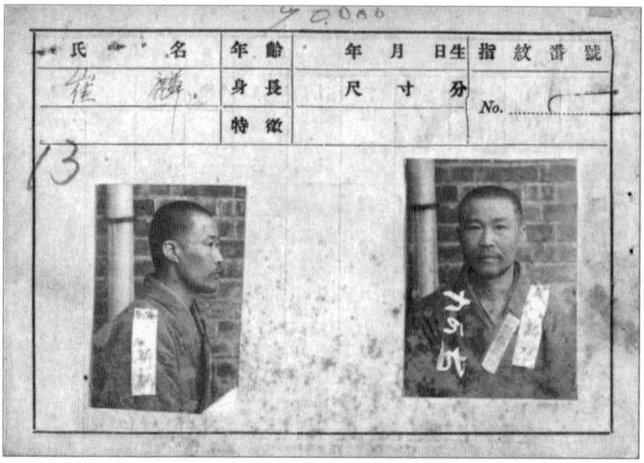

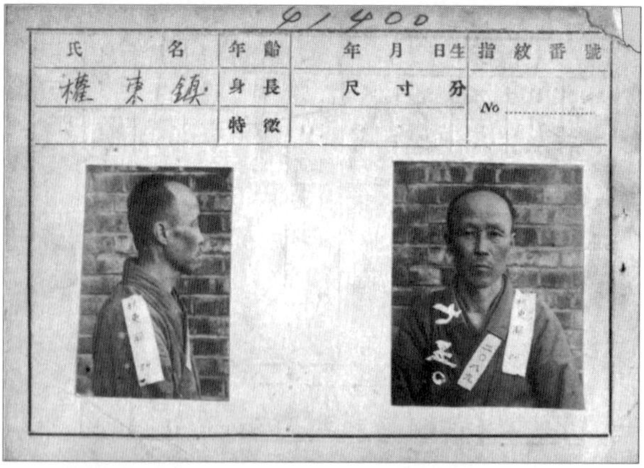

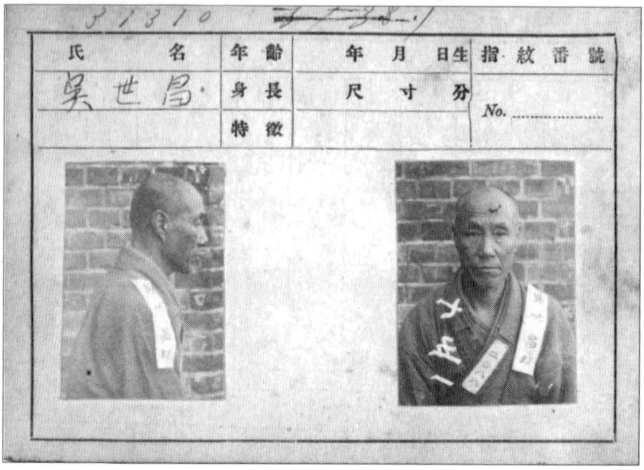

최린(맨 위)과 권동진(중간), 오세창(맨 아래)의 수형사진. 이들이 천도교 독립운동의 실무를 담당했다. (국사편찬위원회 소장)

소식을 듣고 자신들도 독립운동을 결심했다고 했다. 권동진 등 세 명은 그 후 손병희를 찾아가 허가를 구했다고 한다. 최종 결정 이전에 이미 상당한 예비적 활동이 있었음을 알 수 있다.

이들과 함께한 지식인들도 있었다. 중앙학교(이후 중앙고등보통학교로 개칭) 교장 송진우宋鎭禹(33세)와 교사 현상윤玄相允(27세)이었다.* 송진우와 현상윤은 윌슨의 민족자결주의와 해외 조선인들의 독립운동 소식을 듣고 조선에서도 독립운동을 해야 한다고 생각했다. 이들은 독립운동을 위해선 단결력이 있는 천도교부터 움직여야 한다고 판단해 최린과 접촉했다. 현상윤은 보성중학교(1914년 보성고등보통학교로 개칭) 출신이어서 학교장이었던 최린과 친밀한 사이였다. 그는 수차례 최린을 찾아가 천도교의 독립운동 참가를 권유했고, 송진우와 함께 만난 것도 여러 번이었다고 회고했다. 1918년 11월경부터 수개월 동안 논의를 거듭했고, 그 과정에서 천도교의 중진인 권동진, 오세창과도 함께 만나 논의했다고 한다.

회고와 진술은 언제나 말하는 자가 어떻게 생각하고 행동했는지를 자기 중심적으로 보여준다. 현상윤의 회고는 정도가 지나치다 싶을 정도로 그러한 경향이 강하다. 여기에 현혹되면 자칫 진실을 호도할 수 있다. 중요한 것은 천도교의 지도자들이 제1차 세계대전의 종결과 파리강화회의, 윌

---

* 현상윤(1893~?). 1893년 평안북도 정주에서 태어났다. 3·1운동에 참여해 48인 중 한 명으로 체포되었다가 1920년 10월 무죄 판결을 받았다. 1921년 중앙고등보통학교 교장에 취임해 교육자로서의 삶을 살았다. 그러나 1937년 이후 변절하여 친일파의 길을 걸었다. 국민정신총동원조선연맹, 녹기연맹, 조선임전보국단 등 각종 친일단체에 참가했고, 시국강연과 기고를 통해 일제의 침략전쟁을 옹호하고 찬양했다. 특히 특별지원병제를 찬양하며 학생들의 지원을 독려했다. 해방 후 보성전문학교 교장, 고려대학교 총장을 역임했다. 한국전쟁 중 납북되었다(『친일인명사전』). 현상윤은 천도교단과 함께한 독립운동에 대하여 자세한 회고(현상윤, 「3·1운동의 회상」, 『신천지』, 서울신문사, 1946년 3월; 현상윤, 「3·1운동 발발의 개략」, 『사상계』, 사상계사, 1963년 3월)를 남겼다.

슨의 민족자결주의가 몰고 올 세계정세의 변화를 낙관하고 조선의 독립을 꿈꾸기 시작했다는 점이다. 여기에 송진우 같은 일부 지식인들이 동조했고, 급박하게 돌아가는 정세하에서 수시로 접촉하며 서로서로 영향을 주고받은 끝에 독립운동의 실행을 결정하게 되었다고 보아야 한다.

하지만 천도교 지도부의 결정에는 꽤 긴 시간이 필요했다. 조선에서 독립운동을 하기 위해서는 목숨을 걸어야 할 정도로 큰 희생을 각오해야 했기 때문이다. 동학농민운동 이래 위기에 처했던 교단을 친일행위*까지 감수해가며 힘들게 키워놓지 않았던가. 그런 교단이 이번 일로 순식간에 날아갈 수도 있었다. 이들은 미주와 상해, 시베리아에서 들려오는 소식을 듣고 난 후, 함께할 동지의 존재가 상당하다는 사실을 확인한 뒤에야 독립운동을 벌이기로 결정했다. 최종 결심은 손병희의 몫이었다. 손병희가 더이상 미루지 못하고 결단을 내릴 수밖에 없도록 만든 결정적 요인은 무엇이었을까? 그것은 손병희의 진술에 드러나 있다. 일본의 조선인 유학생들과 조선 내 학생들의 움직임이었다.

천도교인들이 필사적으로 숨긴 사람

경찰의 심문은 한 사람당 두세 차례씩 진행됐다. 경찰의 조사가 완료된 후 손병희를 비롯한 민족대표들은 서대문감옥으로 이송됐다. 이어진 검찰 심문은 경찰에 비해 그 강도가 훨씬 강했다. 하지만 고문은 없었다. 민족

---

* 손병희는 러일전쟁이 발발하자 일본의 승리를 예상하며 일본 육군성에 1만 원의 거액을 헌납하고 교도들에게 일본군 원조를 지시했다. 교단의 성장을 위해 일본의 후원을 기대한 행동이었다. 강제병합 이후에는 일본의 탄압을 무마하기 위해 메이지신궁의 건축비로 1천 원을 기부하고, 메이지천황이 사망했을 때는 권동진과 함께 조선총독부를 찾아가 조의를 표하기도 했다(김정인, 「손병희의 문명개화노선과 3·1운동」, 『한국독립운동사연구』 19, 독립기념관한국독립운동사연구소, 2002).

대표를 자부한 이들에 대한 대우라기보다는 경성에 집중된 외국의 시선을 의식했기 때문이었다.

"이번 독립운동에 대해 외국인과 상담한 일이 있는가?"

"없소. 아는 사람 중에 외국인은 한 명도 없소."

검사는 손병희에게 독립운동에 대해 외국인과 논의한 적이 있냐고 물었다. 일제 공안 당국은 꽤 오랫동안 외국인 선교사들이 조선의 독립운동을 선동했다고 의심했다. 운동의 시작이 윌슨의 민족자결주의와 관련있는 데다, 선교사들과 연결된 기독교인들이 대거 운동에 참여했기 때문이다.

"이번 운동을 하는 데 외국에 있는 조선 사람과 연락한 일은 없는가?"

"그런 일은 없소. 이번 일은 오로지 우리들이 벌인 일이오."

손병희는 국외에 거주하는 조선인들과의 사전 접촉도 부인했다. 권동진, 오세창, 최린뿐만 아니라 천도교의 어느 누구도 이것을 인정하고 진술한 사람이 없었다. 놀라운 일이었다. 하지만 우리가 이미 알고 있듯이 이것은 사실이 아니다. 1월 말 혹은 2월 초 상해 신한청년당이 파견한 김철金澈(34세)이 천도교 인사들을 만나고 돌아갔다. 김철은 천도교 인사를 만나 파리강화회의 대표 파견 소식을 전하고 3만 원의 자금 지원을 약속받은 것으로 알려져 있다.* 천도교의 조직 특성상 김철이 천도교 말단과 접촉했더라도 결국은 천도교의 최고 수뇌부와 연결되었을 가능성이 높다. 3만 원이라는 거금의 자금을 지원하겠다는 약속은 그래서 가능했을 것이다. 그러나 더이상 자세한 상황은 알 수 없다. 천도교인들이 일사불란하게 비밀을 지켰기 때문이다.

---

* 의암손병희선생기념사업회 편, 『의암손병희선생전기』, 의암손병희선생기념사업회, 1967. 하지만 이러한 사실을 증명할 구체적인 자료는 현재 존재하지 않는다.

천도교인들이 숨긴 사람은 또 있었다. 일본의 조선인 유학생 송계백宋繼白(24세)이었다. 1919년 1월 6일 일본 유학생들은 도쿄의 조선기독교청년회관에서 개최된 웅변대회를 통해 독립운동의 필요성을 공유했다. 그들은 임시 실행위원을 선출해 독립선언서를 작성하고, 일본 각계와 각국 공사관에 송부하는 방식으로 독립운동을 하기로 결정했다. 일본 유학생들은 임시 실행위원 중 한 명인 송계백을 조선에 보냈다. 자신들의 계획을 국내에 알려 조선의 독립운동을 촉구하기 위해서였다.

최린의 회고에 의하면 보성중학교장 시절 학생이었던 송계백이 자신의 집에 찾아온 것은 천도교 수뇌부가 독립운동을 결정했을 무렵이었다. 송계백은 일본 유학생들의 동향과 결의사항을 알려주고, 모자 내피를 뜯어 명주 헝겊에 적어온 2·8독립선언서의 초안을 보여주었다고 한다.

그런데 현상윤의 회고는 최린과 차이가 있다. 현상윤은 송계백이 맨 처음 최린이 아니라 자신을 찾아왔다고 했다. 1919년 1월 초순경이었다. 바로 전해까지 와세다대학교 유학생이었으니, 송계백이 유학생 선배 현상윤을 먼저 찾아온 것은 자연스러운 일이었다. 송계백은 모자 내피에서 선언서의 초안을 꺼내 보여주었다. 현상윤은 이를 송진우에게 보여줬고, 때마침 그들을 방문한 최남선崔南善(30세)*에게도 보여주었다. 현상윤은 독립

* 최남선(1890~1957). 경성에서 태어났다. 1904년 황실특파유학생으로 선발되어 일본에서 유학했다. 1907년 출판사 신문관(新文館)을 설립하고, 1908년 잡지 『소년』을 창간했다. 1910년 안창호(安昌浩)가 세운 청년학우회의 평사원 겸 변론과장을 지냈다. 1919년 독립운동에 참여해 독립선언서와 기타 문건들을 작성했다. 이로 인해 2년 8개월간 복역했다. 출감 후 1928년 조선사편수회 위원이 된 것을 계기로 조선총독부와의 관계를 확대해나가다 1936년 중추원 참의로 임명되면서 명확히 친일로 돌아섰다. 이때부터 일제의 침략전쟁을 옹호하고 선전하는 일에 적극 참여했다. 《만몽일보》와 《만선일보》의 편집고문으로 일하다 만주건국대학 교수가 되었다. 해방 후 1949년 반민특위에 체포되었으나 보석으로 풀려났다. 한국전쟁 후 신문과 잡지에 기고활동을 계속하다가 1957년 사망했다(『친일인명사전』).

2·8독립선언서의 초안을 가지고 조선에 들어왔던 송계백(두 번째 줄 오른쪽 끝). 그는 천도교인들과 만난 사실을 숨겼고, 천도교인들 역시 그와의 만남을 비밀에 부쳤다.

운동 참가를 망설이던 최남선이 송계백을 만난 직후 참가를 결심했다고 회고했다.

현상윤은 선언서 초안을 최린을 통해 손병희에게도 보여주었다고 했다. 손병희는 "어린 학생들이 저렇게 운동을 한다 하니 어찌 앉아서 보기만 할 수 있느냐"며 그날로 최고간부회의를 열어 독립운동 참가를 결정했다고 한다. 최린은 송계백이 오기 전 독립운동을 결정했다고 했지만, 현상윤은 송계백을 만난 후 독립운동을 결정했다고 한다. 누구의 말이 맞을까? 앞서 살펴보았듯이 손병희의 경찰 심문을 고려한다면 현상윤이 말이 좀더 진실에 가까워 보인다.

천도교 인사들은 송계백이 조선에 다녀간 사실을 함구하는 것으로 그를 보호하고자 했다. 최린은 송계백을 만났을 때 그의 안위를 걱정해 모든 일을 자신에게 맡기고 경성을 떠나 고향으로 내려가라고 충고했다. 부모의

병을 핑계로 귀향한 후 기회를 봐서 행동하라는 것이었다. 송계백이 최린의 충고를 따랐는지는 알 수 없지만, 고향을 방문한 건 사실인 것 같다. 그 후 그는 무사히 일본으로 돌아가 2·8독립선언에 참가했다. 그리고 현장에서 체포되어 도쿄지방재판소에서 금고 7개월 15일을 언도받고 도쿄감옥에 수감됐다.*

그런데 안타깝게도 1919년 7월 중순, 송계백이 조선에 다녀간 사실이 일제 공안 당국에 알려지고 말았다. 최남선과 연결되어 연락 역할을 하던 정노식鄭魯湜(29세)의 진술을 통해서였다. 경성지방법원 예심판사는 도쿄지방재판소에 송계백을 심문해달라고 요청했고, 7월 16일 도쿄지방재판소 예심판사가 그를 심문했다. 예심판사는 송계백이 1월 29일경 정노식을 만나 일본 유학생의 독립운동 상황을 말하고, 조선에서도 운동을 일으키도록 권유한 적이 있는지 추궁했다.

송계백은 정노식을 만난 건 1월 말이 아니라 2월 초순이었으며, 일본의 상황에 대해 얘기한 적은 있지만 운동을 권유한 적은 없다고 부인했다. 예심판사가 정노식을 만난 이유를 묻자, 그는 독립선언서를 인쇄하는 데 필요한 조선어 활자를 사서 돌아가는 길에 예전에 친했던 정노식을 잠시 만났을 뿐이라고 진술했다. 송계백은 자신의 조선 방문 목적을 은폐했고, 천도교 인사들을 만났던 사실도 철저히 숨겼다. 조선어 활자를 구입하기 위해 조선을 방문했다는 진술은 허위 진술이거나, 방문 목적을 숨기기 위해 만들어낸 이유였을 가능성이 높다.

도쿄감옥에 수감되어 있던 송계백은 조선에 다녀온 사실이 드러나면서

* 2·8독립선언과 관련하여 실형을 받은 사람은 최팔용, 김도연, 김철수, 송계백, 김상덕, 백관수, 윤창석, 이종근, 서춘 등 아홉 명이었다.

새롭게 일제 공안 당국의 주목을 받았다. 그리고 이것이 그의 수감생활에 악영향을 미쳤던 것으로 보인다. 비밀을 지키기 위해 그는 자신의 몸이 축나는 것을 감수해야 했다. 송계백은 감옥에서 풀려난 후 1922년 1월 스물일곱의 나이로 순국했다. 최린은 회고록에 송계백과 작별한 후 소식을 알 수 없어 궁금하다고 썼다. 그가 회고록을 쓴 것은 1948년 무렵이다.* 이때까지도 최린은 제자 송계백의 소식을 알지 못했다고 한 것이다. 최린은 이후 변절하여 일제의 통치에 적극 협력하며 편안한 여생을 보냈다. 해방 후까지도 제자 송계백의 소식을 몰랐던 것이 달콤한 삶에서 오는 무관심의 결과가 아니었기를 바랄 뿐이다.

옛 관료들과의 접촉

천도교인들은 4월 7일부터 경성지방법원에서 예심판사의 심문을 받았다. 처음 심문을 받은 이는 최린이었다. 전국 각지에서 만세시위가 한창 진행 중이었지만, 일제 당국은 거침없이 민족대표들에 대한 조사를 이어나갔다.

"손병희를 알게 된 건 언제인가?"

"도쿄 유학 중 알게 되었소."

"피고가 천도교에 들어간 것은 신앙 때문인가, 정치적으로 이용하기 위해서인가?"

"나는 천도교의 '사람은 곧 하늘'이라는 주의를 믿고 가입했소. 야심 때문에 가입한 것이 아니오."

예심판사의 질문은 도발적이었다. 최린의 심리를 흔들어놓을 속셈이었

---

* 이용창, 「한말 최린의 일본 유학과 현실인식」, 『역사와현실』 41, 한국역사연구회, 2001.

다. 최린은 신앙 때문에 가입한 것이지 야심 때문에 가입한 것이 아니라고 강하게 부인했다. 하지만 예상외로 날카로운 예심판사의 질문에 가슴이 뜨끔했을지도 모른다.

"피고는 왜 조선을 독립시키지 않으면 안 된다고 생각하게 됐는가?"

"난 양국의 병합을 러일전쟁의 결과로 일어난 부득이한 일로 생각했소. 병합에는 찬성하지 않았지만 당시 조선의 정치는 혹심한 악정이었고 어쩔 수 없는 일이라 생각했소. 병합 후 일본의 정치가들은 선정을 표방하며 동화주의를 제창하고 있으나 실제는 다르오. 경제상으론 일본에 이롭고 조선에 해로운 주의였고, 정치상으론 일본을 귀하게 여기고 조선을 천하게 여기는 주의였소. 나라를 팔고 부를 도모한 자들을 조선 귀족으로 특별대우하면서, 일반 인민에게는 압제를 가해 일본의 순사와 헌병을 호랑이보다 무서운 존재로 여기게 만들었소. 나는 조선민족의 생존권을 확장하고, 일본 정책의 잘못을 깨닫게 하고, 세계평화를 제창하는 세계 각국의 동정을 얻기 위해 이 운동을 벌인 거요."

최린은 일본의 정책을 신랄하게 성토했다. 예심판사의 도발에 대한 답이었다. 틀린 말이 하나도 없었으니 판사로서도 듣고 있기가 쉽지는 않았을 것이다.

"손병희와 독립운동을 하기로 결정한 후 피고는 어떤 행동을 취했나?"

"우선 각 방면의 의견을 들어 동의를 얻고자 했소."

천도교 지도자들이 맨 먼저 주목한 것은 구한국 관료들이었다. 천도교단은 '동학'이었던 시절부터 보국안민輔國安民과 같은 현실개혁이념에 기반하고 있었기에 강한 정치적 성향을 지녔다. 1894년 동학농민운동으로 조선 정부를 개혁하고자 했고, 1904년 러일전쟁 때에는 일본군과 전략적 제

휴하에 친러파 정부를 전복하고 정권 장악을 시도했으며, 보호국 체제하에서는 대한협회를 중심으로 내정개혁을 도모해 자치 획득 또는 국권 회복을 기도하기도 했다.* 하지만 그들이 아무리 강한 정치적 성향을 지녔다고 해도 그들을 바라보는 외부의 시선은 '종교인'에 머물러 있었다. 특히 강제병합 이후 10년의 세월이 흐르는 동안 그러한 시선은 더욱 고착화되었다. 이를 보완하기 위해선 외부의 수혈이 필요했다. 그들이 구한국 관료들을 주목한 것은 그러한 이유 때문이었다.

2월 상순경 최린, 최남선, 송진우, 현상윤은 수차례 모여 운동 계획을 함께 논의하면서 박영효朴泳孝(59세), 이상재李商在(70세), 윤치호尹致昊(54세)** 등과 접촉했다. 최린은 윤치호를 전 독립협회장이자 미국인들에게 신망이 있는 사람으로 떠올렸으며, 박영효는 개화당 영수로 일본의 작위를 받은 것이 큰 결점이나 독립운동에 수작자 1인을 참가시키는 것도 의미가 있으리라 생각했다고 회고했다. 그러나 이들은 모두 독립운동 참여를 거부했다.

최린 등은 을사늑약 때 참정대신(후일의 총리대신에 해당)으로 끝까지 조약 체결을 반대했던 한규설韓圭卨(72세)과 일본 작위를 고사한 윤용구尹用求

---

* 고정휴, 「3·1운동과 천도교단의 임시정부 수립 구상」, 『한국사학보』 3·4, 고려사학회, 1998.

** 윤치호(1866~1945). 충청남도 아산에서 태어났다. 합병 후 남작 작위를 받은 윤웅렬의 장남이다. 대한제국기 여러 관직을 역임했다. 독립협회 회장으로 《독립신문》 사장과 주필을 겸해 활동했다. 안창호와 비밀결사 신민회와의 관련 속에 1908년 대성학교 교장, 1909년 청년학우회 중앙위원장 등을 맡았다. 1911년 아버지 윤웅렬이 사망한 후 남작 작위를 습작했으나 1912년 '데라우치 총독 암살미수사건'에 연루되어 6년 형의 실형을 선고받고 남작 작위를 박탈당했다. 1915년 일본 '천황'의 특사로 석방되었다. 1916년 조선중앙기독교청년회(YMCA) 총무로 기독교계의 유력한 지도자로 활동했다. 1919년 3·1운동 당시 참가를 거부하고 3·1운동을 반대하는 인터뷰를 해 세간의 비난을 샀다. 1924년 친일단체 동민회에 참가했다. 1937년부터 각종 친일단체에 참여하며 일제의 침략전쟁을 옹호하고 일제의 통치를 합리화하는 친일활동을 벌였다. 중추원 고문, 일본제국의회 귀족원 칙선의원을 역임했다. 1945년 12월 사망했다(『친일인명사전』).

(67세)도 만났으나 이들 역시 참가를 거부했다.* 최남선은 외무아문대신이었던 김윤식金允植(85세)도 만났지만 그 역시 경거망동은 할 수 없다는 이유로 거절했다. 그런데 3월 말 김윤식은 이용직李容稙(68세)과 함께 일본 정부와 조선총독부에 독자적으로 독립청원서를 제출했다.** 3·1운동의 뜨거운 기운이 노회한 정치가의 마음을 움직인 것이다.

손병희는 송진우와는 별개로 평소 친분이 있던 박영효와 접촉했다. 그는 박영효에게 "나는 무엇인가 한번 해볼 생각인데 함께하지 않겠냐"고 물었다고 한다. 박영효는 "여러 가지로 생각하고 있으니 기다리라"고 답했는데 실은 참여하지 않겠다는 말을 돌려서 얘기한 것이었다. 손병희는 박영효의 의사를 알아채고 다시는 찾지 않았다.

천도교의 구한국 관료 접촉은 아무 성과 없이 끝났다. 최린은 최남선과 송진우 등에게 그들은 이미 노후한 인물이니 젊은 우리가 나서면 된다고 위로했지만, 실망감은 컸던 것 같다. 무엇보다 가장 큰 문제는 자신들만으로 독립운동을 하기엔 세勢가 너무 약해 거국적인 운동을 벌일 수 없다는 점이었다. 그런데 얼마 후 새로운 돌파구가 마련됐다. 최남선이 기독교인들의 움직임이 심상치 않다는 소식을 전해온 것이다.

---

* 최린은 자신이 한규설, 최남선이 윤용구와 윤치호, 송진우가 박영효를 각각 맡아 교섭했다고 했다. 현상윤은 최남선이 이상재도 만났다고 했다. 최남선이 윤치호와 만난 것은 윤치호의 일기에서도 확인된다. 윤치호는 최남선이 1919년 1월 28일에 찾아왔다고 기록했다(윤치호, 『(국역) 윤치호 영문 일기』 6, 국사편찬위원회, 2015).

** 최우석, 「3·1운동기 김윤식·이용직의 독립청원서 연구」, 『사림』 38, 수선사학회, 2011. 일제는 즉시 김윤식의 작위를 박탈하고 구속했다. 징역 2년 형을 선고했으나 고령이어서 집행유예로 석방했다.

천도교와 기독교의 연합

"기독교의 이승훈李昇薰(56세)과는 언제부터 회합하게 되었는가?"

예심판사가 최린에게 물었다.

"최남선에게 이승훈이 독립운동을 계획하고 있다는 말을 들었소. 같이 보조를 취하지 않으면 안 된다고 생각해 만나길 청했소. 최남선이 데려와 나의 집에서 만났는데, 기독교인들이 천도교와 별개로 독립운동을 하기로 했다고 했소. 그래서 이 일은 종교상의 문제가 아니라 조선민족 전체의 일이니 힘을 합쳐 함께하는 것이 어떠냐고 물었소. 이승훈은 기독교 동지들과 협의해보겠다고 말하고 돌아갔소."

최린이 이승훈을 처음 만난 것은 2월 21일이었다. 그런데 이날의 만남은 양측이 합동하기로 했다가 오해가 생겨 갈등을 빚자, 이를 해소하고자 이루어진 것이었다. 양측이 합동을 처음 결정한 날은 2월 11일이었다. 최남선이 여러 사람을 동원해 어렵게 이승훈에게 연락했고, 이승훈이 곧바로 상경하면서 만남이 성사됐다. 그런데 막상 천도교를 대표해 이승훈을 만난 건 송진우였다. 경찰의 주목을 피한다는 이유로 최남선이 송진우에게 대신 만나달라고 부탁했기 때문이다. 송진우가 독립운동을 함께하자는 천도교 측의 제의를 전하자 이승훈은 기꺼이 함께하겠다고 했다. 이승훈은 다음날 선천으로 돌아가 장로교 양전백梁甸伯(51세), 이명룡李明龍(47세), 유여대劉如大(42세), 김병조金秉祚(43세) 등에게 이 사실을 전하고 함께할 기독교 세력을 모으기 시작했다.

그런데 문제가 발생했다. 2월 17일 이승훈이 재차 경성으로 와 송진우를 만났는데, 더이상의 진전이 없어 천도교 측의 의도를 의심하게 된 것이다. 사실 양측이 2월 11일에 합동할 의사를 확인했으므로 그다음 단계는 최린이 직접 이승훈과 협의해나갔어야 했다. 그런데 최린은 이승훈과의 교섭을 그전처럼 최남선에게 맡겨놓았고, 최남선은 경찰의 주목을 피한다는 이유로 계속 송진우만 내세웠다. 이승훈은 천도교 측의 태도에 불만을 가질 수밖에 없었고, 천도교와의 연대를 대신할 새로운 방안을 찾을 수밖에 없었다. 감리교 세력과의 연대였다. 더불어 이승훈은 경성에 있는 장로교 인사들과도 만나 세력을 계속 확대해나갔다. 세력의 규모가 커지자 기독교인들은 기독교 단독의 독립운동을 생각하기에 이르렀다.

이때 천도교 세력이 적극적으로 나서지 않았던 이유는 무엇일까? 최린이나 현상윤의 회고는 모두 경찰의 주목을 피하기 위해 행동을 삼가던 때여서 그럴 수밖에 없었다고 밝히고 있다. 그들의 말은 사실일지도 모른다. 당시 경찰의 감시망은 촘촘했고, 독립운동을 기획하는 이들에게 그것은 언제나 부담이 될 수밖에 없었을 것이다. 하지만 기독교 측과의 연대는 운동의 성사 여부를 결정지을 정도로 중대한 문제였다. 위험을 무릅쓰고서라도 반드시 관철해야 했던 사안인 것이다.

흥미로운 것은 두 사람의 회고가 미묘하게 다르다는 점이다. 최린은 송진우의 모호한 태도 때문에 이승훈이 천도교 측을 의심했다고 했고, 현상윤은 송진우가 명쾌히 회답하지 못하기도 했지만 이에 더해 최남선이 적극적으로 이승훈을 만나려고 하지 않아 그렇게 되었다고 했다. 두 사람의 회고는 다르지만 둘 다 일정 부분 진실을 내포한 것일 수 있다. 송진우나 최남선이나 독립운동의 실현이 가까워질수록 운동에 참여하기를 망설인 정황이 포착되기 때문이다.

최린은 중도에 현상윤과 관계를 끊었다고 했다. 전도가 유망한 청년이니 힘써 공부하여 다른 기회를 기다리는 것이 옳다고 생각해, 자신이 먼저 그렇게 하라고 권유했다는 것이다. 하지만 송진우는 그 자신이 어느 순간부터 스스로 관계를 끊었다고 했다. 수십 년이 지난 후의 회고임에도 그의 말 속에 섭섭함이 느껴진다. 송진우도 이러한 사실을 인정했다. 송진우는 예심판사의 심문에서 다른 사람이 세운 학교를 관리하고 있기 때문에 그 학교에 누를 끼쳐서는 안 되겠다고 생각해 스스로 독립운동을 그만두었다고 진술했다.

그럼 최남선의 경우는 어떨까? 최남선은 최린과 근거리에서 독립운동에 긴밀히 관여했지만 결정적인 순간마다 뒷걸음질치는 모습을 보였다. 구한국 관료들을 민족대표로 내세우려는 시도가 실패했을 때, 최린은 자신을 포함하여 최남선과 송진우가 나서면 되지 않겠냐고 호기롭게 얘기했다. 하지만 최남선은 거절했다. 학자의 삶을 유지하는 게 꿈이니 정치운동의 표면에는 나설 수 없다는 것이었다. 최린이 독립선언서의 기초를 부탁했을 때에도 최남선은 선언서를 쓰긴 하겠지만 작성의 책임은 자신이 아니라 최린이 져야 한다고 했다. 얼마 후 이 사실을 안 한용운이 책임질 수 없다는 최남선에게 어떻게 선언서를 맡길 수 있느냐며 차라리 자신이 짓겠다고 했다. 최린은 최남선에게 계속 맡길 것을 고집하며 한용운의 제안을 거절했다. 하지만 일본 유학 시절부터 친밀했던 사이이기에 여러모로 속상했을 것이다.

여하튼 기독교 측과의 갈등은 뒤로 빠져 있던 최남선이 이승훈과 만나 곧바로 최린에게 소개하면서 해결되었다. 앞서 심문에서 보았듯 최린은 대의를 들어 함께하기를 요청했고, 이승훈이 여기에 동의해 기독교인들과 다시 상의해보기로 하면서 위기가 해소되기 시작한 것이다. 이때 이승훈은 천도교 교단에 5천 원 정도의 자금 지원을 요청했다. 천도교단과 달리

기독교는 교회별로 세력이 나눠져 있어 자금을 하나로 모으기가 쉽지 않았다. 더구나 많은 교회들이 외국인 선교사의 지도하에 있어 더욱 그랬다. 손병희는 이승훈이 요청한 대로 전액을 기꺼이 융통해주었다. 이는 천도교 측과 기독교 측의 관계 회복에 큰 도움이 되었다. 2월 24일 기독교 측은 내부 논의를 끝내고 천도교 측의 합동 제의를 수용했다. 이로써 천도교와 기독교의 연합이 완성되었다. 이제 전 민족이 조선의 독립을 위해 앞으로 나아갈 일만 남았다.

한자리에 모인 독립운동 세력

1919년 8월 6일 일제는 손병희 등 47인에 대하여 최고 사형까지 내릴 수 있는 내란죄로 고등법원 예심에 회부했다.* 조선을 일본제국의 통치로부터 이탈시켜 새로운 독립국을 건설하려는 목적으로 조헌을 문란하게 하는 불온문서를 공표한 점, 이를 통해 조선인에게 독립사상을 고취하여 각지에서 독립시위운동을 개시하게 한 점, 내란죄의 요소인 폭동이 일어나게 될 줄 미리 인식했으면서도 최후의 1각, 최후의 1인까지 독립을 위해 노력하라는 취지의 문서를 전국 각지에 배포하고 선동했다는 점이 내란죄를 적용한 이유였다. 손병희 등은 내란죄를 다루는 고등법원 특별재판부로 송치되어 다시 예심을 받게 되었다.

"합동한 뒤 천도교 측과 기독교 측 사이에 여러 가지 논의를 한 것으로 보이는데 어떤가?"

"그렇소. 이승훈이 함태영咸台永(47세)을 소개하면서 여러 가지 일들을 그

* 원래 손병희 등 48인이었으나 민족대표 33인 중 한 명이었던 천도교인 양한묵이 옥중 사망하면서 47인이 되었다.

와 상의해달라고 했소. 2월 24일부터 27일까지 수차례 만나 구체적인 방안을 논의했소."

고등법원 예심판사의 물음에 최린이 답했다. 이때 최린은 기독교 측의 박희도朴熙道(31세), 이갑성李甲成(34세)도 만났다. 주도적으로 학생들과 연락하고 있던 이들이어서 이때쯤 최린도 학생 측의 움직임을 구체적으로 알았을 가능성이 높다. 학생들은 나름대로 독자적인 독립운동을 추진하다가 박희도와 이갑성의 적극적인 권유로 종교 세력과 함께 독립운동을 하기로 계획을 변경했다.

불교계의 한용운과 백용성白龍城(56세)이 민족대표의 일원으로 합류한 것도 이때였다. 합류한 시점이 너무 늦어 세력 규합은 미비했지만, 한용운은 불교중앙학림의 학생들을 동원해 선언서를 배포하는 등 독립운동에 적극 참여했다. 천도교와 기독교에 이어 불교 측과 학생들이 참여함으로써, 무단통치하 집회·결사의 자유가 없는 조선에서 의심 없이 모일 수 있는 세력 대부분이 독립운동의 대열에 섰다.

"그때 논의한 것은 무엇인가?"

"구체적으로 할 일과 책임을 정했소."

선언서의 인쇄는 천도교 측에서 맡되 최남선과 이종일李鍾一(62세)이 담당하기로 했고, 배포는 천도교와 기독교가 골고루 나눠 맡기로 했다. 미국 대통령과 파리강화회의 대표들에게 보낼 청원서는 기독교의 현순玄楯(40세)이 전달하기로 했고, 일본 정부와 의회에 보내는 청원서는 임규林圭(53세)와 안세환安世桓(28세)이 담당하기로 했다. 총독부에 제출하는 것은 이갑성이 책임지기로 했다.

독립선언 날짜를 3월 1일로 하고, 장소를 파고다공원으로 정한 것도 이

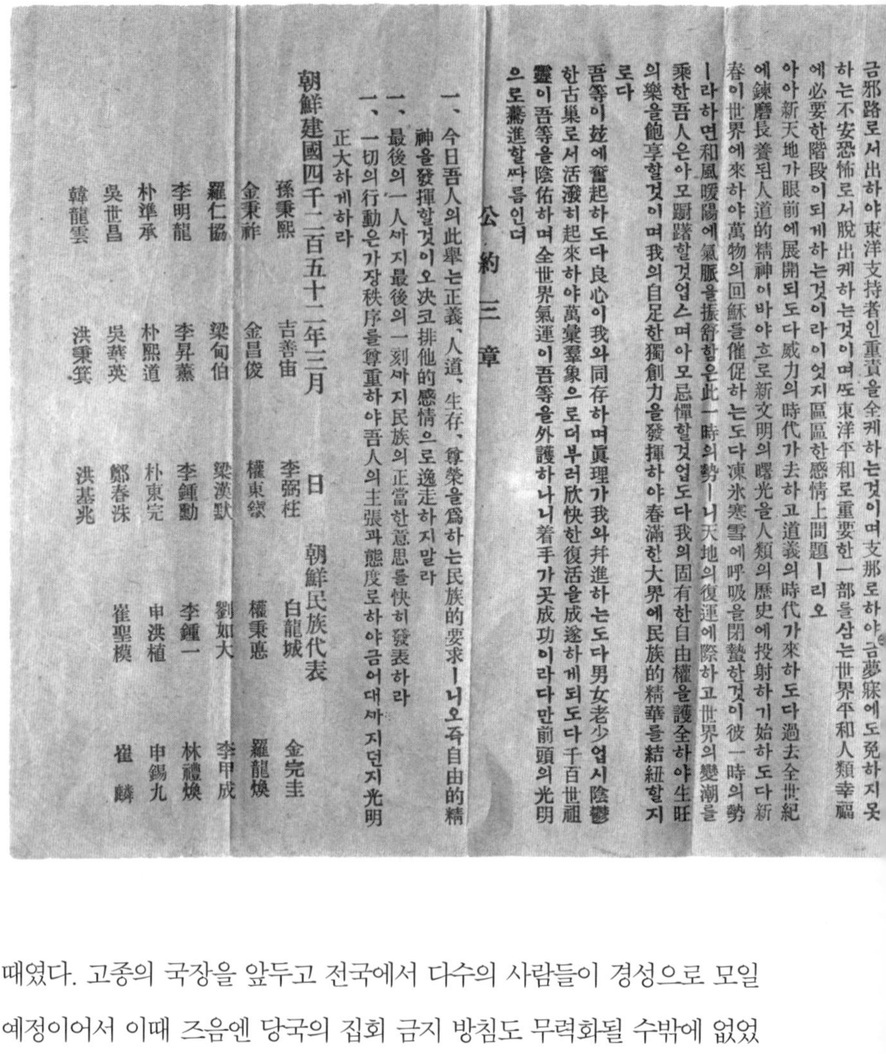

금邪路로서出하야東洋支持者인重責을全케하는것이며支那로하야금夢寐에도免하지못하는不安恐怖로서脫出케하는것이며또東洋平和로重要한一部를삼는世界平和人類幸福에必要한階段이되게하는것이라이엇지區區한感情上問題ㅣ리오

아아新天地가眼前에展開되도다威力의時代가去하고道義의時代가來하도다過去全世紀에鍊磨長養된人道的精神이바야흐로新文明의曙光을人類의歷史에投射하기始하도다新春이世界에來하야萬物의回蘇를催促하는도다凍氷寒雪에呼吸을閉蟄한것이彼一時의勢ㅣ라하면和風暖陽에氣脈을振舒함은此一時의勢ㅣ니天地의復運에際하고世界의變潮를乘한吾人은아모躕躇할것업스며아모忌憚할것업도다我의固有한自由權을護全하야生旺의樂을飽享할것이며我의自足한獨創力을發揮하야春滿한大界에民族的精華를結紐할지로다

吾等이玆에奮起하도다良心이我와同存하며眞理가我와幷進하는도다男女老少업시陰鬱한古巢로서活潑히起來하야萬彙羣象으로더부러欣快한復活을成遂하게되도다千百世祖靈이吾等을陰佑하며全世界氣運이吾等을外護하나니着手가곳成功이라다만前頭의光明으로驀進할짜름인뎌

公約三章

一、今日吾人의此擧는正義、人道、生存、尊榮을爲하는民族的要求ㅣ니오즉自由的精神을發揮할것이오決코排他的感情으로逸走하지말라

一、最後의一人까지最後의一刻까지民族의正當한意思를快히發表하라

一、一切의行動은가장秩序를尊重하야吾人의主張과態度로하야금어대까지던지光明正大하게하라

朝鮮建國四千二百五十二年三月 日 朝鮮民族代表

孫秉熙 吉善宙 李弼柱 白龍城 金完圭
金秉祚 金昌俊 權東鎭 權秉悳 羅龍煥
羅仁協 梁甸伯 梁漢默 劉如大 李甲成
李明龍 李昇薰 李鍾勳 李鍾一 林禮煥
朴準承 朴熙道 朴東完 申洪植 申錫九
吳世昌 吳華英 鄭春洙 崔聖模 崔 麟
韓龍雲 洪秉箕 洪基兆

때였다. 고종의 국장을 앞두고 전국에서 다수의 사람들이 경성으로 모일 예정이어서 이때 즈음엔 당국의 집회 금지 방침도 무력화될 수밖에 없었다. 더구나 일본인들이 친일매국노들을 사주하여 고종을 독살했다는 소문이 퍼져 인심은 극도로 격분해 있는 상태였다. 이러한 날 경성의 중심부인 파고다공원에 모여 선언서를 발표하고 독립만세를 부른다면, 그 효과는 예측이 불가능할 정도로 극대화될 수 있었다. 문제는 시일이 급박하다는

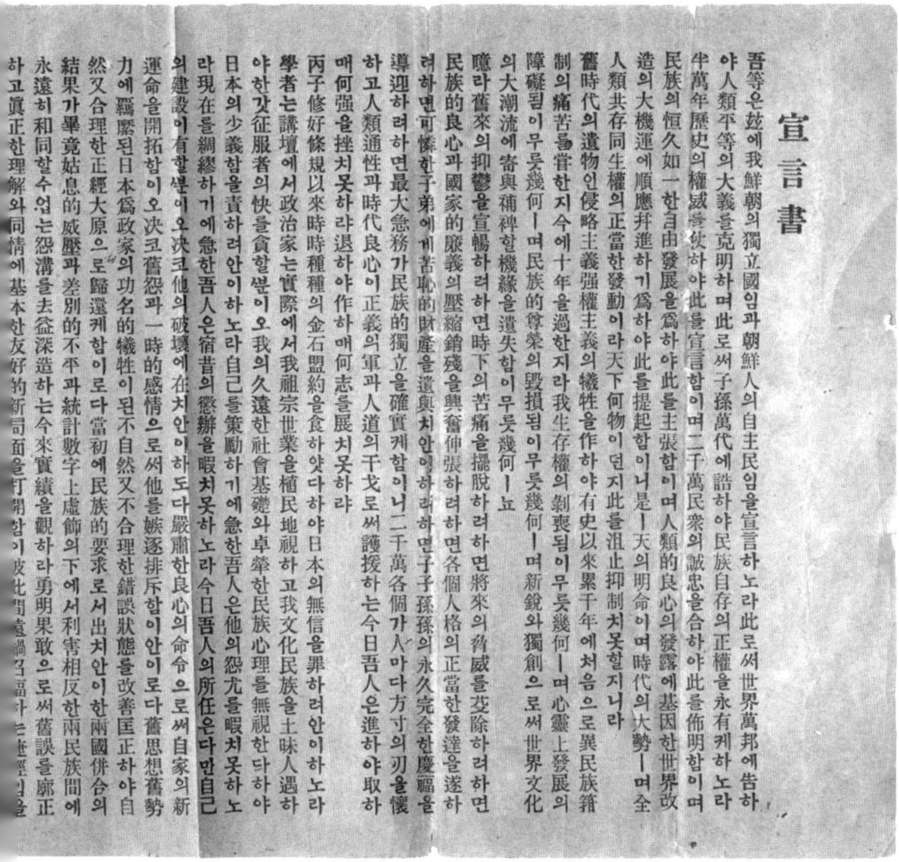

宣言書

吾等은玆에我鮮朝의獨立國임과朝鮮人의自主民임을宣言하노라此로써世界萬邦에告하
야人類平等의大義를克明하며此로써子孫萬代에誥하야民族自存의正權을永有케하노라
半萬年歷史의權威를仗하야此를宣言함이며二千萬民衆의誠忠을合하야此를佈明함이며
民族의恒久如一한自由發展을爲하야此를主張함이며人類的良心의發露에基因한世界改
造의大機運에順應幷進하기爲하야此를提起함이니是ㅣ天의明命이며時代의大勢ㅣ며全
人類共存同生權의正當한發動이라天下何物이던지此를沮止抑制치못할지니라
舊時代의遺物인侵略主義强權主義의犧牲을作하야有史以來累千年에처음으로異民族箝
制의痛苦를嘗한지今에十年을過한지라我生存權의剝喪됨이무릇幾何ㅣ며心靈上發展의
障礙됨이무릇幾何ㅣ며民族的尊榮의毁損됨이무릇幾何ㅣ며新銳와獨創으로써世界文化
의大潮流에寄與補裨할機緣을遺失함이무릇幾何ㅣ뇨
噫라舊來의抑鬱을宣暢하려하면時下의苦痛을擺脫하려하면將來의脅威를芟除하려하면
民族的良心과國家的廉義의壓縮銷殘을興奮伸張하려하면各個人格의正當한發達을遂하
려하면可憐한子弟에게苦恥的財産을遺與치안이하려하면子子孫孫의永久完全한慶福을
導迎하려하면最大急務가民族的獨立을確實케함이니二千萬各個가人마다方寸의刃을懷
하고人類通性과時代良心이正義의軍과人道의干戈로써護援하는今日吾人은進하야取하
매何强을挫치못하랴退하야作하매何志를展치못하랴
丙子修好條規以來時時種種의金石盟約을食하얏다하야日本의無信을罪하려안이하노라
學者는講壇에서政治家는實際에서我祖宗世業을植民地視하고我文化民族을土昧人遇하
야한갓征服者의快를貪할뿐이오我의久遠한社會基礎와卓犖한民族心理를無視한다하야
日本의少義함을責하려안이하노라自己를策勵하기에急한吾人은他의怨尤를暇치못하노
라現在를綢繆하기에急한吾人은宿昔의懲辨을暇치못하노라今日吾人의所任은다만自己
의建設이有할뿐이오決코他의破壞에在치안이하도다嚴肅한良心의命令으로써自家의新
運命을開拓함이오決코舊怨과一時的感情으로써他를嫉逐排斥함이안이로다舊思想舊勢
力에羈縻된日本爲政家의功名的犧牲이된不自然又不合理한錯誤狀態를改善匡正하야自
然又合理한正經大原으로歸還케함이로다當初에民族的要求로서出치안이한兩國倂合의
結果가畢竟姑息的威壓과差別的不平과統計數字上虛飾의下에서利害相反한兩民族間에
永遠히和同할수업는怨溝를去益深造하는今來實績을觀하라勇明果敢으로써舊誤를廓正
하고眞正한理解와同情에基本한友好的新局面을打開함이彼此間遠禍召福하는捷徑임을

민족문제연구소가 입수한 함흥지방법원 검사 이시카와 노부시게(石川信重)의 기소자료 「대정 8년 보안법사건(大正八年 保安法事件)」 안에서 발견된 독립선언서이다. 현재 식민지역사박물관에 전시 중이다. 3월 1일, 그날의 긴급함이 첫 줄 조판 실수로 남았다. 일제는 "최후의 1각, 최후의 1인까지 민족의 정당한 의사를 발표하라"라는 표현을 트집 잡아 법정 최고형이 가능한 내란죄로 다루려 했다. (민족문제연구소 소장)

것이었는데, 이들은 그대로 돌파하기로 했다. 서두르지 않으면 발각될 가능성도 그만큼 높아지리라 판단했던 것이다.

2월 27일 밤 경성 재동의 최린 집에 각 종교를 대표하는 사람들이 모였다. 기독교의 이승훈, 이필주李弼柱(51세), 함태영, 천도교의 최린, 불교의

한용운이 그들이었다. 선언서의 기초자 최남선도 함께했다. 이들은 민족 대표들이 맡긴 인장을 지참하고 선언서와 기타 문서에 대리하여 기명날인을 했다. 기명 순서를 두고 잠시 논란이 있었지만, 양보와 타협으로 불협화음은 없었다. 첫 번째 기명자는 천도교의 손병희였고, 두 번째와 세 번째 기명자는 기독교 장로교의 길선주吉善宙(51세)와 감리교의 이필주였다. 네 번째 기명자는 불교의 백용성으로 정해졌다. 다섯 번째부터는 종교의 구분 없이 배열했다. 함태영은 독립선언 후 기독교계의 후사를 도모해야 한다는 이유로 서명에서 빠졌다.

선언서의 인쇄도 27일 밤에 이루어졌다. 보성사 사장 이종일은 철저한 보안 속에서 2만1천 매가량의 선언서를 인쇄했다. 선언서 배포는 학생들이 경성 시내를 맡고, 천도교와 기독교가 각 지방을 담당할 예정이었다. 인쇄 전 선언서의 조판은 최남선이 경영하는 신문관에서 담당했으나, 조판의 짜임이 좋지 않아 보성사에서 다시 조판하면서 두 가지 판본의 선언서가 세상에 남게 되었다. 급히 조판을 바꾼 탓인지 보성사 판본의 첫 줄에는 '조선'이 '선조'로 잘못 인쇄되어 있다. 모든 일이 아주 급박하게 이루어졌음을 보여주는 증거다. 그리고 거사 전 마지막 하루가 시작되었다.

거사 전 마지막 하루

2월 28일 오후 5시 가회동에 있는 손병희의 산장에 민족대표 23인이 모였다. 3파의 민족대표들이 만나 서로 인사하고 거사를 위한 최종 논의를 진행하기 위해서였다. 손병희가 간단히 인사말을 했다.

"이번 우리의 의거는 위로 조선의 신성유업神聖遺業을 계승하고 아래로 자손만대의 복리를 작흥하는 민족적 위업입니다. 이 성스러운 과업은 제현의 충의에 의거하여 반드시 성취될 것입니다."

이날은 파고다공원에서 어떤 방법으로 선언서를 발표할지를 두고 논의가 이루어졌다. 그런데 기독교 측 박희도가 학생의 참여 문제를 꺼냈다. 대부분의 학생들이 3월 1일 파고다공원에서 선언서를 발표한다는 사실을 알고 있어, 다수의 학생들이 모일 경우 어떤 일이 벌어질지 알 수 없으니 이에 대비해야 한다는 것이었다.

최린은 공부를 해야 할 학생들과 거사를 함께하는 것은 그리 좋은 일이 아니고, 청년은 격앙되기 쉬워 어떤 일을 벌일지 알 수 없으므로 장소를 바꾸는 것이 좋겠다고 제의했다. 그의 말에 손병희도 동의하고 나섰다. 그는 파고다공원에 모이기 전 선언서 배포가 이루어지는 만큼, 이날 대표들이 모여서 발표만 하면 되는 것이니 인사동의 명월관지점에서 발표하자고 했다. 이에 참석자 모두가 동의했고, 민족대표의 선언서 발표 장소는 파고다공원에서 명월관지점으로 변경되었다.

전 민족이 참여하는 대규모 독립운동을 준비하는 과정에서 이날의 결정은 가장 아쉬운 대목으로 남았다. 그들의 결정은 끝까지 이해받지 못했고, 격렬한 불협화음을 낳았다. 민족대표 33인은 '민족대표'라는 이름이 무색하게도 학생과 시민 앞에 서는 것을 거부했다. 그들은 대규모 독립운동의 전 과정을 기획했음에도 불구하고, 마지막 단계에서 자신들의 역할을 독립선언을 발표하는 것만으로 한정했다. 독립을 선언한 이후 구체적으로 진행될 독립운동에서 직접 지도하는 역할을 포기한 것이다. 그것은 자신들이 기획한 독립운동에서 스스로 이탈하는 것을 의미했다. 하지만 그들은 그것을 이탈이라고 생각하지 않았고, 이탈인지도 미처 깨닫지 못했다.

천도교 지도부는 독립운동을 결심하면서 독립운동의 세 가지 원칙을 정한 바 있다. 대중화, 일원화, 비폭력이 그것이었다. 그러나 그들이 말했던 대중화에는 심각한 문제가 있었다. 그들은 대중을 믿지 못했고 대중과 함께하려 하지 않았다. 대중은 민족의 의사를 표현하기 위해 동원될 대상일 뿐, 미래를 만들어갈 파트너는 아니었다.

천도교 지도자들이 생각하기에 독립선언 이후 그들이 함께 논의할 상대는 일본의 위정자들이었다. 그들은 민족자결주의와 파리강화회의로 조성된 세계정세하에서 조선인들이 독립을 주장하고 나서면 일본이 독립을 승인할 수밖에 없을 것이라고 낙관했다. 일본이 독립을 승인하면 일제 당국과 논의해 새로운 국가를 건설한다는 것이 그들의 생각이었다.

그런데 2월 27일 밤 권동진이 우쓰노미야 다로宇都宮太郎(59세) 조선군사령관을 만났다. 이 사실은 2007년 발간된 우쓰노미야의 일기를 통해 알려졌다. 우쓰노미야는 이렇게 기록했다. 2월 27일 밤, 권동진이 찾아와 최근 조선인들의 인심이 점점 나빠지고 있어, 고종 국장 때 뭔가 일이 벌어질 수도 있으니 조심하라고 경고하고 돌아갔다고 말이다.*

거사 이틀 전에 대표적인 천도교 지도자 중 한 명인 권동진이 우쓰노미야 조선군사령관을 찾아갔다는 사실은 그 자체로 충격적인 일이다. 거사 직전에 조선주둔군의 최고 지도자를 만난다는 것은 자칫 잘못하면 독립운동 계획이 모두 들통날 수도 있을 만큼 위험천만한 일이기 때문이다. 다행히 우쓰노미야는 권동진의 경고를 조선의 독립운동과 연결짓지 못했다. 거사 이틀 전, 권동진은 왜 우쓰노미야를 만난 것일까?

---

* 宇都宮太郎関係資料研究会 編, 『日本陸軍とアジア政策: 陸軍大将宇都宮太郎日記』 3, 岩波書店, 2007.

아마도 이는 천도교 지도부의 독립선언 후 정국 전망과 관련이 있는 듯하다. 독립선언 후 일제 당국과 협상을 통해 정권을 인수하고 새로운 국가를 건설해야 하는 만큼, 일제 당국자와 미리 일정한 관계를 만들어놓고자 했던 것이다. 권동진의 우쓰노미야 방문은 최고 지도자 손병희도 미리 양해한 사안일 가능성이 높다. 권동진이 임의로 만났다고 하기에는 사안이 너무 큰 데다, 천도교의 중앙집권적인 조직 특성상으로 봐도 불가능한 일이기 때문이다.

이렇듯 천도교 지도부의 향후 계획은 조선총독부를 대체해 신정부를 수립하는 것이었다. 이것은 국내에 세워지는 것이었으므로, 당연히 천도교 지도부의 계획에는 망명정부의 수립이 없었다. 지도부 중 어느 누구도 독립선언 이후 국외로 나가려고 한 사람이 없었던 이유는 바로 여기에 있다. 문제는 이러한 방식으로 신정부의 조직이 가능하다고 생각했던 그들의 믿음이며, 대중과 함께하지 않아도 독립이 가능하다고 생각했던 근거 없는 자신감이었다.

천도교 지도부가 세계정세를 제대로 파악하지 못하고 향후 전망을 지나치게 낙관했다는 점이나, 대중을 신뢰하지 못하고 운동을 함께할 세력으로 인식하지 못한 점은 분명히 그들의 한계이다. 그러나 미래를 백 퍼센트 확신할 수 없었음에도 그들이 희망을 걸고 앞으로 나아가는 것을 선택했다는 점이 중요하다. 언제나 역사는 행동하는 데서 시작된다. 언제나 그것이 역사를 바꾼다. 이것이 천도교 지도자들이 한 일이었다.

독립운동은 그렇게 민족대표의 손을 떠났다

3월 1일의 아침이 밝았다. 최린은 마당에 떨어져 있는 선언서를 보고 비로소 돌이킬 수 없는 순간에 다다랐음을 깨달았다. 최후의 운명을 결정한 것 같아 비장한 마음이 들었지만, 마치 무거운 짐을 지었다가 벗어놓은 것처럼 홀가분하기도 했다.

선언서가 배포되었으니 머뭇거리다가 집에서 체포되기보다는 정해진 곳에서 체포되는 편이 낫다는 생각에 최린은 서둘러 손병희의 집으로 향했다. 손병희, 권동진, 오세창과 함께 명월관지점에 도착하니 12시 무렵이었다. 주인을 불러 30여 명분의 점심을 준비하라 이르고 자리에 앉아 일행을 기다렸다. 2시 무렵까지 모두 29명의 민족대표가 모였다. 얼마 후 강기덕康基德(34세) 등 학생대표 몇 명이 찾아와 파고다공원에서 대중들과 함께하자고 격렬히 항의했다. 손병희 등이 뜻을 바꿀 생각이 없음을 거듭 밝히자 그들은 어쩔 수 없이 파고다공원으로 돌아갔다.

점심상이 차려지자 한용운이 자진해서 일어나 인사말과 함께 간단히 연설했다. 일동은 모두 일어나 '조선독립만세'를 삼창했다.

그때 파고다공원 쪽에서 군중들이 독립만세를 외치는 소리가 들렸다. 그 소리는 마치 천지를 뒤흔드는 것 같았다. 명월관지점에 있던 민족대표들은 놀랐다. 그것은 상상을 뛰어넘는 소리였다. 생각지도 못했던 사람들의 힘이 만들어낸 소리였다. 전율이 온몸을 휘감았다. 많은 사람들이 한 가지를 위해 모였다. 어쩌면 그들이 역사를 바꿀지도 모른다. 그런 생각이 그들의 몸을 뜨겁게 달궜다.

민족대표들이 세운 독립운동 계획은 완전하지 않았다. 선언서를 기초하고, 선언서를 배포하고, 조직의 힘으로 함께할 사람들을 모아 가능한 몇몇 지역의 시위를 조직하는 것 외에 다른 것은 할 수 없었다. 많은 가능성이 점쳐졌지만 구체적인 실행 계획을 세우는 데에는 도달하지 못했다. 독립을 선언한 후 다음 계획도 치밀하지 않았고, 생각대로 되지 않았을 때 수정할 계획도 제대로 마련되지 않았다. 곳곳이 비어 있었고, 곳곳이 허점투성이였다. 그러나 결핍은 참여를 낳았다. 학생들과 시민들은 부족함을 느낀 순간, 자신이 할 수 있는 것을 찾아 스스로 빈틈을 메워나갔다. 독립운동은 그렇게 민족대표의 손을 떠났다. 그리고 그들이 상상조차 하지 못했던 방향으로 굴러가기 시작했다.

교의를 넘어 대의로, 오직 한길로

이승훈과 기독교인들

조선에서 만세가 일어나던 해 2월이었다.* 한 남자가 상해에서 들어와 선천북교회 목사 양전백梁甸伯(51세)을 찾아왔다. 은밀한 방문이었지만 찾아온 사람도 맞이한 사람도 거리낌이 없었다. 마치 이웃집 동생이 마실을 온 것 같았다.

양전백을 찾아온 이는 언제나 믿음이 충만한 사람이었다. 그가 신성중학교에서 아들을 가르치는 선생님이 되었을 때 양전백은 기뻤다. 1911년

* 염상섭의 소설 『만세전』에서 첫 문장을 따와 글에 맞게 변형했다. 원문의 문장은 "조선에 만세가 일어나던 전해의 겨울이었다"로 되어 있다.

일제가 조작한 '총독 암살미수사건'*에 연루되어 함께 고초를 겪었을 때에도 그가 있어 든든했다. 감옥에서 나온 후 상해로 간다고 했을 때 아쉬웠지만 그를 막지 않았다. 뜻이 그러하다면 믿고 지켜보는 것이 옳았다.

그는 해송양행**이라는 회사에서 일한다고 했다. 인삼이나 곡물을 취급하는 회사였다. 그것은 아마도 표면의 일일 테지만 굳이 캐묻지 않았다. 그는 가끔 일 관계로 조선에 들어올 때마다 양전백의 집에 들렀지만 특별히 자신이 하는 일에 대해 다른 말은 하지 않았다.

그런데 이번엔 달랐다. 방에 들어오더니 주위를 살피고는 서둘러 양전백을 자리에 앉힌다. 가슴이 쿵쾅거린다. 도대체 무슨 일일까.

"형님, 드디어 일이 시작됐소. 조선의 독립이 목전에 왔소."

양전백은 무슨 일인가 싶어 눈만 끔뻑거린다. 환하게 웃고 있는 그의 얼굴이 반짝인다. 고달픈 풍상이 깃든 얼굴이지만 어찌 이리도 밝게 빛날 수 있나 의아할 뿐이다. 인생에서 가장 눈부신 순간이 있다면 그에겐 바로 오늘이 그런 날이 아닐까. 조선의 독립을 꿈꾸기 위해 홀연히 조국을 떠났던 그가 그렇게 빛나는 얼굴로 양전백 앞에 앉아 있었다. 그의 이름은 선우혁鮮于赫(38세), 신한청년당이 김철金澈(34세)과 함께 국내로 보낸 밀사였다.

짙은 안개를 뚫고 들어온 한줄기 빛

선우혁은 국내에 들어오자마자 적극적으로 지인들을 찾아다녔다. 자신

---

* 흔히 '105인사건'으로 불린다. 일제가 '데라우치 총독 암살미수사건'을 조작해 서북 지방 기독교인 600~700명을 검거하고 탄압한 사건이다.

** 한진교가 1914년 상해에 설립한 회사. 수익금으로 독립운동을 지원한 것으로 알려져 있다. 당시 선우혁의 상해 주소는 상해 북풍로 해송양행으로 파악되었다.

신한청년당이 조선으로 보낸 밀사 선우혁(앞줄 가운데). 이 사진은 1927년 경찰 고등과 수배용으로 작성한 카드에 실려 있다. (국사편찬위원회 소장)

이 기독교인이다보니 지인들도 대부분 기독교인들이었고, 서북 지역 기독교인들이 대개 그렇듯 대부분 일제가 조작한 '총독 암살미수사건'의 피해자들이었다. 극심한 고통을 함께한 만큼 그들 사이엔 굳이 말로 하지 않아도 통하는 무언가가 있었다.

선우혁이 양전백을 만난 건 2월 6일이었다. 다음날은 사경회査經會*가 있어 주변 지역 목사 30여 명과 장로 80~90명, 신자 1천여 명이 선천에 모였다. 사경회 후엔 장로회가, 장로회 후엔 전도회가 예정되어 있어, 선우혁이 은밀히 지인들을 만나기에 이보다 좋은 기회는 없었다. 선우혁은 양전백과 만난 후 곧바로 이승훈李昇薰(56세)과 접촉했다. 이승훈은 비밀결사 신민회 출신으로 '총독 암살미수사건'의 주모자로 지목되어 옥고를 치렀던 기독교 장로교의 핵심 인물이었다. 사실 선우혁이 선천으로 온 건 그를

* 초기 한국 교회에서 평신도에게 성경과 신앙을 가르치던 집회를 말한다.

만나기 위해서였다고 해도 과언이 아니었다.

선우혁은 이승훈에게 상해의 신한청년당이 미국 대통령 윌슨의 특사 크레인에게 청원서를 전달하고, 파리강화회의에 김규식金奎植(39세)을 대표로 파견했다고 알렸다. 또한 미국의 동포들도 이미 파리에 대표를 파견했고,* 러시아의 동포들도 곧 대표를 보낼 예정이라는 소식도 전했다. 선우혁은 김규식의 체재비를 마련하는 데 국내의 원조가 필요하다는 말과 함께, 일제의 식민통치를 부인하는 거국적인 독립운동이 필요하다고 주장했다.

그렇지 않아도 이승훈은 언론을 통해 윌슨의 민족자결주의와 파리강화회의 소식을 접하고 있었다. 그는 더이상 가만히 있어서는 안 된다고 생각했다. 제1차 세계대전의 종전으로 평화의 바람이 세계정세를 뒤흔들고 있었다. 유럽에선 독립될 가능성이 높은 나라들의 이름도 들려왔다. 그 기저에 민족자결주의가 있었다. 그 바람을 탈 수 있다면 조선도 독립할 수 있지 않을까. 이승훈은 양전백, 이명룡李明龍(47세) 등 주변 기독교인들과 의견을 나누며 독립운동의 가능성을 타진했다. 하지만 운동을 조직하는 것은 쉽지 않았다. 성과는 없이 애꿎은 시간만 흘러갔다. 그런데 그때 선우혁이 찾아왔다. 이는 짙은 안개를 뚫고 들어온 한줄기 빛이었다.

선우혁은 이승훈과 만난 후 곧바로 평양으로 향했다. 한국 교회사에서 대부흥운동의 신화를 썼던 평양 장대현교회의 목사 길선주吉善宙(51세)를 만나기 위해서였다. 이 자리에 산정현교회의 목사 강규찬姜奎燦(46세)도 함

---

* 미주의 대한인국민회는 이승만(李承晚), 정한경(鄭翰景), 민찬호(閔贊鎬)를 대표로 선정하여 파리강화회의에 파견하고자 했다. 그러나 이들은 여권 문제로 파리에 가지 못했다. 하지만 이 소식이 언론을 통해 전해지면서 미주 이외의 조선인들에겐 그들이 이미 파리로 떠난 것으로 잘못 알려졌다.

께했다. 선우혁은 이승훈에게 한 것과 마찬가지로 길선주와 강규찬에게 해외 동포의 움직임을 전하고 독립운동의 필요성을 역설했다.

길선주는 뼛속까지 종교인이었지만 선우혁의 주장에 공감을 표했다. 그는 평양기독서원 총무 안세환安世桓(28세)을 불러 선우혁의 얘기를 듣도록 했다. 앞장서 행동에 나설 수 있는 젊은 청년을 선우혁에게 소개한 것이다. 이날의 만남은 평양 기독교인들의 독자적인 독립운동 준비로 이어졌다.* 선우혁이 평양 기독교인들의 가슴에 불을 지피는 데 성공했던 것이다.

이날 이후 선우혁의 행적은 더이상 확인되지 않는다. 여운형은 그가 3월 20일 무렵 상해로 귀환했다고 기억했다. 여운형의 말이 맞다고 해도 선우혁이 3월 중순까지 국내에 체류했을 가능성은 높지 않지만, 만약 그때까지 국내에 있었다면 그는 상당히 위험해질 수 있었다. 그즈음 일제 공안 당국이 그의 존재를 포착했기 때문이다.

불행히도 그는 너무 많은 것을 알고 있었다

"2월 초, 상해에서 온 선우혁이란 자와 독립운동에 관해 협의한 일이 있는가?"

3월 18일 길선주는 검사에게 선우혁에 대한 질문을 받고 긴장할 수밖에 없었다. 선우혁이 검거라도 되는 날엔 그와 관련된 기독교인들의 수난이 불 보듯 뻔했기 때문이다. 길선주는 검사가 어디까지 알고 있는지, 선우혁이 검거된 것인지 아니면 누군가가 그에 대해 진술한 것인지 몰라 노심초

---

* 평양의 기독교인들은 독자적인 독립운동을 준비하다가 기독교 세력이 천도교와 합동하자 전체의 계획에 합류하여 3월 1일 평양에서 독립선언과 만세시위를 벌였다.

사했다.

"선우혁이 그즈음 우리집에 온 건 사실이오. 대화 중에 이제 조선도 민족자결에 의해 독립할 때가 되었다는 말은 했지만 독립운동을 협의한 일은 없소"

길선주는 선우혁과 만난 사실은 인정했지만, 독립운동에 관해 협의한 사실은 부인했다.

"그럼 무엇 때문에 당신 집에 왔는가?"

"그는 평양 숭실중학교 출신이라 원래부터 잘 아는 사이이오. 상해의 해송양행에서 일하는데, 평양에 뭐라도 사러 오면 하루이틀 우리집에 머무르다 가곤 했소."

길선주는 선우혁과의 친분을 강조했다. 그의 방문은 일상적인 것일 뿐, 특별한 목적을 가진 것이 아니라는 주장이었다.

"그때 안세환과 이덕환李德煥도 피고의 집에 모이지 않았나?"

"그렇소. 하지만 네 명이 한자리에 모인 적은 없소. 안세환과 이덕환이 따로 선우혁을 만났는지도 난 모르겠소."

검사의 추궁은 여기까지였다. 검사는 길선주의 진술을 통해 선우혁의 존재를 사실로 확인했다. 그는 더이상 길선주의 서툰 거짓말을 들을 필요가 없었다. 선우혁은 검거되지 않았다. 길선주 이전에 선우혁의 존재를 처음 털어놓은 사람이 있었을 뿐이다. 평양기독서원 총무 안세환이었다.

길선주가 검찰의 조사를 받기 하루 전, 안세환이 검사의 취조를 받았다. 이날 그는 많은 것을 털어놨다. 불행히도 그는 너무 많은 것을 알고 있었다. 줄곧 기독교 측 독립운동의 중심에 있었던 탓이다. 안세환은 길선주가 불러 선우혁을 만났다는 사실, 그 후 평양의 기독교인들과 함께 자체적으로 독립운동을 준비했다는 사실, 그 외 기독교인들이 했던 독립운동의 대부분을 진술했다.

그는 독립운동에 대한 의지가 남달랐다. 2월 말의 일이지만 그는 일본 정부와 의회에 조선의 독립선언을 전하러 가는 역을 자청했다. 이승훈은 그의 일본행을 반대했다. 이미 천도교 측에서 임규林圭(53세)를 보내기로 결정했기에 쓸데없이 비용을 낭비하는 일이라고 생각했던 것이다. 하지만 그는 끝까지 자신의 일본행을 고집했고, 별다른 역할을 하지 못한 채 일본에서 체포되었다. 그는 일제 공안 당국의 취조를 당해내지 못하고 자신이 알고 있는 사실을 대부분 털어놓고 말았다. 의지는 가상했지만 안타깝게도 그는 자기 그릇의 크기를 제대로 알지 못했다.

과장된 소문과 우연이 빚어낸 결과

"피고는 언제부터 독립운동을 계획했는가?"

4월 21일 예심판사의 질문에 이승훈은 잠시 생각에 잠겼다. 불과 한두 달 전 일인데도 벌써 기억이 가물가물했다. 경찰과 검찰의 조사를 받는 동안 그는 말해도 좋을 것과 숨겨야 할 것 사이에서 힘겨운 싸움을 벌였다. 거듭된 질문 속에 은폐를 위해 만들어낸 진실과 실제가 뒤섞여 하나의 이야기가 만들어졌다. 그것은 자신이 생각하기에도 꽤 진실처럼 보이는 거짓이었다. 하지만 여기서 끝이 아니었다. 재판의 모든 과정이 끝날 때까지 내내 그는 자신이 한 말과 하지 않은 말을 기억해야 했다. 문제는 그의 늙은 몸이 이것을 쉽사리 허용하지 않는다는 점이었다. 그는 이미 자신이 만들어낸 진실과 실제를 잊어버리고 있었다.

선우혁이 다녀간 후 며칠 지나지 않아 한 남자가 선천에 머물던 이승훈을 찾아왔다. 그는 최남선崔南善(30세)의 말을 전해주었다. 오산학교에 대해 상의할 것이 있으니 급히 경성으로 오라는 연락이었다. 이 말을 듣는 순간 이승훈은 이것이 시국에 관한 일임을 직감했다고 했다. 신민회 시절부터 잘 아는 사이였지만, 최남선이 오산학교 일로 자신을 경성까지 부를 이유가 전혀 없었기 때문이다.

이승훈은 그날로 즉시 경성행 야간기차를 탔다. 다음날인 2월 11일 아침 경성에 도착한 그는 약속 장소에서 송진우宋鎭禹(33세)를 만났다. 송진우는 최남선이 너무 바빠 자신이 대신 나왔다고 했다. 그는 이승훈에게 천도교의 독립운동 소식을 전했다. 천도교인들이 거국적인 독립운동을 위해 박영효朴泳孝(59세) 등 구한국 관료와 접촉하고 있으니 기독교인들도 함께 하는 것이 어떠냐는 것이었다. 이승훈은 크게 기뻐했다. 그토록 원했던 독립운동이 이미 다른 이들에 의해 준비되고 있었다니 믿기지 않을 정도로 반가운 일이었다. 이승훈은 기꺼이 함께하겠다고 말했다.

이승훈은 그날 밤 또다시 야간기차에 올랐다. 하루라도 빨리 이 소식을 주변의 기독교인들에게 전해야 했다. 그는 선천으로 돌아가 선천교회 성경회에 모인 장로교 목사 양전백, 김병조金秉祚(43세), 유여대劉如大(42세), 장로 이명룡에게 전했다. 이승훈은 우리도 천도교와 함께 독립운동을 하는 것이 어떻냐고 좌중의 의견을 물었다. 그들은 기꺼이 함께하겠다고 했다. 이미 이승훈과 함께 독립운동의 여부를 고민해오던 이들이어서 결심은 어렵지 않았다.

며칠 동안 선천의 기독교인들을 조직하는 데 온 힘을 기울인 이승훈은 2월 14일 평양으로 향했다. 평양 기독교인들의 결의를 모으기 위해서였다. 그런데 그는 평양에 도착한 후 곧바로 병원에 입원해야 했다. 경성과 선천을 오가며 동분서주하는 사이, 건강을 해쳐 극심한 위통을 일으킨 탓이었다. 하지만 그의 입원은 더 좋은 결과를 낳았다. 그가 병원에 입원했다는 소식을 듣고 평양의 기독교인들이 병문안을 왔는데, 그 과정에서 자연스럽게 독립운동에 대해 얘기할 수 있었던 것이다. 그 과정이 너무 자연스러워 후일 일제 당국은 이승훈이 은밀한 만남을 위해 일부러 위장 입원한 것이 아니냐고 의심했을 정도다. 이승훈은 병원에 입원한 이틀 동안 길선주와 감리교 목사 신홍식申洪植(48세)의 동참을 이끌어내는 데 성공했다. 이미 선우혁이 이들을 만나고 간 후여서 일이 더욱 쉬웠다.

기독교의 독립운동은 이렇게 시작됐다. 이승훈이 앞장서고 선천과 평양의 기독교인들이 그 뒤를 따랐다. 그런데 여기서 한 가지 짚고 넘어갈 부분이 있다. 앞에서 살펴보았듯이 최남선이 기독교인들의 운동 소식을 소문으로 듣고, 최린崔麟(42세)과의 논의를 거쳐 합동을 추진한 것은 2월 8일 무렵이었다. 그런데 이때는 이승훈이 이제 막 선우혁을 만났을 때로 아직 독립운동을 결정하지도, 구체적인 조직 작업도 하지 못했을 때이다. 이승훈이 본격적으로 독립운동을 하기 시작한 것은 천도교와 함께하기로 결정한 2월 11일 이후였다. 최남선은 어떻게 아직 시작도 하지 않은 기독교인들의 독립운동 소식을 소문으로 듣게 된 것일까?

그것은 아마도 실제보다 과장된 소문과 우연이 빚어낸 결과인 듯하다. 이승훈은 선우혁이 선천에 오기 전부터, 주변 기독교인들에게 독립운동에 대한 의견을 물어왔다. 그것이 입에서 입으로 전해지며 기독교인들이 이미 독립운동을 하고 있는 것으로 과장됐고, 그 소문이 우연히 최남선의 귀에 들어가게 되었던 것이 아닐까. 이것이 사실이라면 존재하지 않았던 기독교의 독립운동이 천도교와의 합작을 불렀고, 천도교와의 합작이 기독교의 독립운동을 존재하게 만든 셈이다.

독자적인 독립운동의 가능성

"피고는 언제 최남선을 만났는가?"

이승훈은 다시 생각을 떠올리려는 듯 잠시 허공을 쳐다봤다. 당시를 생각하니 저절로 인상이 찌푸려졌다. 최남선을 만나기까지 속 태우던 때가 떠올랐기 때문이다. 이승훈은 선천과 평양의 기독교인들을 조직한 후 다시 경성으로 올라왔다. 독립운동 계획과 천도교와의 합작을 보다 진전시키기 위해서였다.

"경성에 온 것은 2월 17일이었소. 소격동에 있는 지인의 집에 짐을 풀고 송진우에게 연락해 만나자고 했소. 얼마 안 있어 송진우가 찾아왔는데, 구한국 관료들과의 교섭은 잘되지 않았다고 했소. 현재로선 천도교 측과 기독교 측의 합동만으로 운동을 실행할 수밖에 없다는 것이었소."

기대했던 하나의 가능성이 사라지자 허탈함이 속을 긁었다. 전 왕조의 시기에 가장 떵떵거리고 살던 자들이 민족의 독립을 외면한 것이다. 그들의 눈엔 차별과 강압이 일상화된 조선의 현실이 보이지 않는 것일까. 언제 터질지 알 수 없는 분노가 들끓고 있는 이 조선의 현실이 느껴지지 않는 것일까.

"송진우가 돌아간 후 하루이틀이 지나도록 아무 소식이 없어 그를 다시 불렀소. 어찌됐건 최남선을 만나게 해달라고 했더니, 그는 최남선이 너무 바빠 만날 수 없다는 말만 반복했소."

"당시 송진우의 거동에 이상한 점은 없었나?"

"송진우에 대해서는 다소 의혹이 있었소. 처음부터 그는 이 일에 그다지

1919년 당시 조선중앙기독교청년회관. (민족문제연구소 소장)

열성이 없는 것 같았소. 두 번째 상경 때도 그런 태도에 변함이 없어 불쾌하게 여겨질 정도였소."

기약 없는 기다림이 지루하게 이어졌다. 그런데 2월 20일 전혀 예상치 못했던 일이 벌어졌다. 경우에 따라선 운동의 방향을 완전히 바꿀 수도 있는 일이었다. 독립운동에 뜻을 둔 세력이 새롭게 나타난 것이다. 기독교 감리교 세력이었다.

2월 20일 장로 이명룡이 이승훈을 찾아왔다. 그는 조선중앙기독교청년회(YMCA)에 갔다가 우연히 그곳 간사로 있는 박희도朴熙道(31세)라는 청년을 만났다고 했다. 둘이 이런저런 얘기를 나누다가 시국에 대한 얘기가 나왔는데, 그 청년도 독립운동을 염두에 두고 있는 것 같더란다. 반가운 소식에 이승훈은 조만간 그를 만나야겠다고 마음먹었다. 그런데 그날 밤 박희도가 이승훈을 찾아왔다. 그는 뜻을 함께한 동지들이 모이기로 했으니 같이 가자고 했다.

이승훈은 박희도의 집에서 새로운 사람들을 만났다. 오화영吳華英(40세),

정춘수鄭春洙(47세),* 오기선吳基善(43세)이 그들이었다. 오화영과 정춘수는 경성과 원산에서 각각 목회활동을 하는 감리교 목사들이었고, 오기선은 인천과 부천, 강화의 목사들을 감독하는 감리교 감리사였다. 평양에서 함께하기로 뜻을 모았던 감리교 목사 신홍식도 동석했다.

이승훈은 그들에게 지금까지의 운동 상황을 설명하고 독립운동에 동참해주기를 부탁했다. 그들은 기꺼이 함께하기로 뜻을 모았다. 그동안 박희도와 만나면서 독립운동 참여를 진지하게 고민해오던 이들이어서 결심은 그리 어렵지 않았다.

감리교 인사들이 합류하면서 기독교의 독립운동 세력은 크게 확대됐다. 이 무렵 이승훈은 장로 함태영咸台永(47세)과 세브란스병원 사무원 이갑성李甲成(34세)도 끌어들였다. 평양과 선천에 이어 경성의 기독교인들이 함께하게 되고 그 외의 지역에 대해서도 해당 목사를 통해 조직이 가능해지면서, 이제 기독교 세력은 독자적인 독립운동도 꿈꿀 수 있게 되었다. 그러자 그동안은 전혀 제기되지 않았던 문제가 새롭게 불거졌다. 천도교와의 합동을 계속 추진할지, 중단할지에 대한 문제였다.

이승훈은 새로 합류한 기독교인들에게 천도교와 기독교 양측이 합동을 위해 협의해온 과정을 설명했다. 그런데 감리교 인사들 중에는 천도교와 함께하는 것을 탐탁지 않게 여기는 이들이 있었다. 박희도와 원산

---

* 정춘수(1873~1953). 충청북도 청주에서 태어났다. 원산 상리교회 목사로 있을 때 박희도의 권유로 독립운동에 참여해 민족대표 33인 중 한 명이 되었다. 1938년 5월 흥업구락부사건에 연루되어 구속되었다가 9월에 전향성명서를 발표하고 풀려났다. 이를 계기로 변절하여 일제의 침략전쟁에 적극 협력했다. 국민정신총동원 조선감리회연맹 이사장을 맡는 등 각종 친일단체에서 활약했고, 일제의 침략전쟁을 옹호하는 다수의 글을 발표했다. 해방 후 감리교 안에서 친일파의 거두로 지목되어 감리교 지도자로서의 활동이 불가능해졌다. 1949년 반민특위에 체포되었으나 기소유예로 풀려났다. 1949년 10월 명동성당 노기남 주교를 찾아가 천주교로 개종했다. 한국전쟁 당시 충청북도 청원으로 피난 갔다가 사망했다(『친일인명사전』).

상리교회 목사 정춘수가 대표적인 이들이었다. 박희도는 천도교는 교의도 다르고 단체도 다른데 어떻게 함께하려고 하냐며 문제를 제기했다. 정춘수는 천도교에서 어떠한 생각으로 독립운동을 하려 하는지 알 수 없다며, 천도교와의 합동은 절대 불가하다고 주장했다. 천도교와의 합동을 원했던 이승훈은 이들의 주장을 가만히 듣고 있을 수밖에 없었다. 천도교와의 협의가 지지부진한 상황에서 적극적으로 합동을 주장할 수 없었던 것이다.

정춘수는 예심판사의 심문에서 다른 인사들도 자신의 의견에 찬성해 천도교와 합동하지 않기로 했다고 진술했다. 하지만 오화영은 천도교와 합동하지 않기로 한 것이 아니라 여유를 두고 천천히 고민해보기로 한 것이었다고 진술했다. 누구의 말이 맞았을까. 결과적으로는 오화영의 진술이 사실에 가까웠다. 천도교와의 합동 문제는 그다음 날에도, 그 다음다음 날에도 계속해서 논의가 이어졌다.

독립을 청원할 것인가, 선언할 것인가

최남선이 이승훈을 찾아온 건 2월 21일이었다. 기독교인들이 처음으로 독자적인 독립운동의 가능성을 확인한 바로 다음날이었다. 최남선은 하루라도 빨리 만나고 싶었지만 경찰의 주목을 받아 그동안 도저히 찾아올 수 없었다며 사과했다. 그는 이승훈을 곧장 최린의 집으로 안내했다.

기독교의 대표자 이승훈과 천도교의 젊은 청년 간부 최린의 만남은 그렇게 이루어졌다. 양측이 독립운동의 의사를 확인한 지 정확히 열흘 만이었다.

이승훈은 최린에게 그동안 기독교인들이 벌여온 일들을 설명했다. 그리고 앞으론 기독교인들이 독자적으로 운동을 진행하겠다고 했다. 폭탄선언이었다. 그동안 합동에 미온적이었던 천도교 측에 대한 반발의 표현이자, 그사이 급속히 진행된 기독교 세력의 운동 결과를 반영한 것이었다.

예상치 못한 발언에 최린은 당황할 수밖에 없었다. 그는 급히 이승훈을 설득하고 나섰다. '독립운동은 민족 전체의 일이고, 민족의 일에 종교나 당파의 구별이 있어선 안 된다. 독립운동의 분열은 민족의 분열을 의미하니 반드시 함께해야 한다'는 주장이었다. 최린의 말은 어느 하나 틀린 곳이 없었다. 하지만 이승훈은 자기 마음대로 결정할 수 없었다. 그는 기독교 인사들의 의견을 물어 합동 여부를 결정하겠다고 말했다.

이날 이승훈은 천도교 측에 자금 지원을 요청했다. 전날 기독교인들의 논의 과정에서 부족한 운동자금 문제가 긴급한 현안으로 떠올랐던 것이다. 하지만 논의를 거듭해도 좀처럼 해결방안을 찾을 수 없었다. 이승훈은 천도교 측에 도움을 요청하는 방법을 택했다.

이승훈의 얘기를 들은 최린은 고민에 빠졌다. 기독교 측이 요청한 금액은 자신의 힘으론 해결할 수 없는 거금이었다. 그는 교단으로 돌아가 최대한 긍정적으로 논의해볼 테니 시간을 갖고 조금만 기다려달라고 했다.

기독교의 독자적 운동을 선언한 이승훈이 곧바로 천도교 측에 자금 지원을 요청한 것을 보면, 그는 천도교 측과의 합동을 깨고 싶은 마음이 전혀 없었던 것 같다. 이승훈의 자금 지원 요청은 신의 한 수였다. 천도교 측은 양측의 관계를 깨고 싶지 않다면 자금의 일부라도 반드시 지원할 수밖에 없었고, 기독교 측은 천도교단이 자금을 지원하면 합동에 반대하는 기독교인들의 발언권을 약화시킬 수 있었다.

이승훈은 최린과의 회담 후 곧바로 기독교인들을 소집했다. 이갑성의 집에 모인 기독교인들은 천도교와의 합동 문제를 다시 논의했다. 이날도 일부 인사들이 천도교가 하려는 독립운동의 방법을 구체적으로 알아야 합동 여부를 결정할 수 있지 않겠냐고 문제제기를 하는 바람에 결론은 나지 않았다. 어떤 이는 천도교 측이 만주에서 무기를 수입한다는 소문이 있다고 말하기도 했다. 결국 문제는 상대방을 얼마나 신뢰할 수 있는가 하는 것이었다. 기독교인들은 천도교 측의 운동방법을 확인한 후 합동 여부를 결정하기로 했다. 이승훈과 함태영이 이 일을 맡았다.

이와 함께 기독교인들은 독립운동의 방법도 명확히 정했다. 일본 정부에 독립청원서를 제출하고, 이 사실을 파리강화회의에 알리는 것이었다. 사실 기독교인들이 천도교와 분리하여 독자적인 독립운동을 하려고 한 이유는 여기에서 기인했다. 기독교인들은 천도교 측이 원했던 독립선언보다는 독립청원을 선호했던 것이다.

기독교인들은 독립청원서에 참가자들의 서명을 넣기로 했다. 그런데 지금까지 운동에 참가하기로 한 인사들만으로는 부족한 감이 있었다. 기독교인들은 각지로 사람을 보내 운동에 참여할 인사들을 추가로 확보하기로 했다. 이승훈은 신홍식과 함께 평안남북도의 기독교인들을 접촉하기로 했고, 정춘수는 함경남북도, 이갑성은 경상남북도, 오화영은 개성의 기독교인들을 만나기로 했다. 덧붙여 독립청원서에 대해서는 함태영이 책임지기로 했고, 상해로 가서 파리강화회의에 조선의 독립운동 사실을 전하는 것은 감리교 목사 현순玄楯(40세)이 담당하기로 했다.

다음날 최린은 이승훈에게 그가 요구한 운동자금 전액을 지급했다. 전날 밤 최린이 손병희孫秉熙(59세)를 찾아가 기독교 측의 요구를 전달하자, 손병희가 즉석에서 그렇게 하라고 허가했던 것이다. 이승훈은 크게 기뻐했다. 단번에 자금 문제가 해결되었을 뿐만 아니라 합동 반대를 주장하는 인사들을 설득할 명분이 생겼기 때문이다.

그날 밤 이승훈은 함태영과 함께 최린의 집에 찾아가 전날 밤 있었던 기독교 측의 논의를 전하며, 세간에 천도교 측이 만주에서 무기를 수입한다는 소문이 있다는데 사실인지 물었다. 최린은 웃음을 터뜨렸다.

"상식적으로 그런 일이 가능하다고 생각하십니까?"

최린의 반문에 이승훈과 함태영도 웃음을 터뜨리고 말았다. 그것만으로도 의혹을 해소하기에 충분했다.

이승훈과 함태영은 천도교 측의 독립운동방법에 대해서 물었다. 최린은 독립선언서를 발표하고 이를 조선 인민들에게 배포할 생각이라고 대답했다. 또 일본 정부와 조선총독부, 의회, 각 정당의 수령에게는 조선의 독립을 청원하는 청원서를 보내고, 파리강화회의와 미국 대통령 윌슨에게 조선의 독립을 승인해주길 바라는 탄원서를 보낸다고도 했다.

함태영은 일본 정부에 독립을 청원하는 것은 자신들도 생각한 바이지만, 독립선언서를 발표하고 인민에게 배부할 생각은 없다고 했다. 그는 독립선언은 그만두고 독립청원만 하는 것이 어떠냐고 물었다.

최린은 함태영의 말에 강하게 반발했다. 그는 이번 독립운동이 민족자결주의라는 외부적 정세의 영향하에서 제기된 것인 만큼 민족자결의 의사를 명확히 표시해야 한다고 주장했다. 일본 정부에 청원하는 것은 단지 당사자에 대해 의견을 진술하는 것뿐이므로 민족자결의 의사를 충분히 표시할 수 없다는 것이다.

최린은 만약 기독교 측이 독립청원만을 고집한다면 더이상 합동은 불가능하다고 선언했다. 이것만큼은 결코 양보할 수 없음을 분명히 한 셈이다.

이승훈과 함태영은 천도교 측의 입장을 명확히 들은 만큼 다시 기독교인들과 논의해보겠다고 했다.

사실 독립선언을 하든 독립청원을 하든 조선의 독립을 위해서는 최종적으로 일본의 양보가 필요하다는 점에서 두 가지 운동방법 사이에 근본적인 차이는 없었다. 둘 다 기본적으로 일본의 선의와 열강의 자비심에 기댄 수동적인 운동방법이라는 점에서 그 한계가 출발부터 분명했던 것이다. 하지만 독립청원이 상대의 답변을 기다리는 일 외에는 다른 것을 기대할 수 없는 온건한 것이었던 반면, 독립선언은 참가 주체의 의지가 드러나는 운동방법이어서 경우에 따라서는 예상치 못한 결과를 가져올 수도 있었다. 이것이 두 가지 운동방법의 차이였다. 기독교인들이 독립청원을 선호하면서 되도록 독립선언을 피하고자 한 것은 바로 이러한 차이 때문이었다.

말도 많고 탈도 많았던 합동의 완성

"2월 23일 함태영의 집에 모여 운동방법을 선언서 발표로 결정한 일이 있는가?"

"그런 일이 있소. 하지만 그것이 23일인지 정확하게 기억나지 않소. 다른 이들이 그렇게 얘기했다면 아마도 그것이 맞을 것이오."

10월 29일 이승훈은 지친 기색으로 고등법원 예심판사의 질문에 답했다. 첫 심문 이후 8개월이 다 되도록 심문은 끝나지 않은 채 지루하게 이어지고 있었다. 웬만한 인내력으로는 버텨내기도 쉽지 않았다. 하지만 끝까지 정신을 맑게 해야 했다. 그래야 그들이 놓는 함정을 피할 수 있다.

2월 23일 이승훈과 함태영은 박희도, 오기선, 안세환이 함께한 자리에서 최린과의 회담 사실을 설명하고 의견을 물었다. 독립선언이 없다면 합동도 없다는 최린의 말을 전하자 좌중의 안색이 어두워졌다. 그렇게까지 얘기한다면 우리가 독립선언을 받아들이는 것이 맞지 않냐는 것이 대체적인 의견이었다. 운동방법이 다르다는 이유로 운동을 분열시킬 수는 없었다. 분위기가 한쪽으로 기울자 처음부터 독립선언에 반대해왔던 오기선도 한발 뒤로 물러섰다. 그는 앞으로 해야 할 일은 계속하겠지만, 독립선언에 서명은 하지 않겠다고 선을 그었다. 이승훈과 함태영은 향후에도 계속해서 천도교와 교섭을 이어가도록 모든 권한을 위임받았다. 다음날인 2월 24일 이승훈과 함태영이 최린의 집으로 가서 기독교의 논의가 모두 끝났음을 알렸다. 말도 많고 탈도 많았던 양측의 합동이 그렇게 완성되었다.

이승훈은 구체적인 운동 계획에 대해서는 함태영이 도맡아 최린과 협의해 처리하도록 했다. 24일부터 27일까지 최린과 함태영이 현재 우리가 알고 있는 것처럼 운동의 구체적인 계획을 결정했다. 앞에서 얘기한 대로 독립운동은 천도교의 계획처럼 민족의 의지를 독립선언서와 청원서, 탄원서의 형태로 일반 대중과 일본 정부, 파리강화회의와 윌슨에게 전달한다는 것, 운동의 시일은 3월 1일로 하고, 선언서를 발표할 장소는 파고다공원으로 한다는 것이 그것이었다.

함태영은 애초에 운동의 날짜를 3월 4일로 하는 것이 좋겠다고 생각했다. 고종의 국장이 3월 3일로 예정되어 있었으니, 그다음 날 운동을 벌이는 것이 좋지 않겠냐는 생각이었다. 하지만 최린은 국장 당일에 폭동이 일어날 가능성이 높다고 생각해 가능한 한 날짜를 앞당기기를 원했다. 세간에 고종의 독살설이 파다하게 퍼져 있어 국장일에는 어떤 일이 벌어질지 전혀 예측할 수 없는 상황이었다. 만약 폭동이 일어나면 독립운동 계획은 실행해보지도 못한 채 와해될 수 있었다. 그런데 국장 하루 전인 3월 2일은 일요일이었다. 기독교인 입장에서 일요일에 무언가를 한다는 것은 신앙적으로 맞지 않았다. 그래서 3월 1일로 날짜가 정해진 것이다.

이와 관련하여 오화영이 한 진술이 꽤 흥미롭다. 그는 학생들이 먼저 선언서를 발표하려고 했는데, 혹시 그들이 하면 난폭한 행동이 있을지 모르니 먼저 하는 것이 좋겠다고 하여 3월 1일로 정했다고 말했다. 그의 진술에 대한 진위 여부는 알 수 없다. 다만 학생들을 비롯하여 통제 불가능한 대중에 대한 공포가 이상할만치 강했다는 것이 민족대표 33인 사이에서 공통적으로 나타난 모습이었다.

2월 26일 기독교인들은 경찰의 눈을 피해 한강 인도교 근처에 있는 어느 일본인 음식점에 모였다. 이날 모임에는 감리교의 어른이라 할 수 있는 정동교회 목사 이필주李弼柱(51세)가 처음으로 함께했다. 그는 박희도가 새롭게 합류시킨 감리교 목사 최성모崔聖模(46세)의 권유로 참가했다.

기독교인들은 이날 독립선언서에 서명할 인사들을 선정했다. 이때는 이미 이전의 논의 단계에서 기독교 16인, 천도교 15인, 불교 2인으로 33인의 서명을 받기로 결정한 상태였다. 원래는 기독교와 천도교가 각각 15인씩 정하기로 했지만, 불교인 두 명이 추가되면서 32인이 되었기 때문에 33이라는 숫자로 맞추기 위해 한 명을 더 추가한 것으로 보인다. 기독교와 천도교 양자 사이에 어느 쪽을 한 명 더 추가할 것인가의 문제로 민감한 논의가 이어졌을 법하지만, 이와 관련해서 남아 있는 기록은 없다. 천도교 측의 양보로 큰 논란 없이 결정되었기 때문일 것이다.

기독교의 독립운동을 주도했던 인물들. 이승훈, 이필주, 함태영, 이갑성, 박희도(왼쪽 위에서부터 시계방향). (국사편찬위원회 소장)

2월 27일 밤 기독교인들은 정동교회 이필주의 집에 집결했다. 이날 기독교인들은 서명할 인사의 인선을 마무리하고, 천도교 측이 준비한 독립선언서와 청원서, 탄원서 등 초고를 검토했다. 기독교인들은 최남선이 쓴 문건들에 대해 대체로 만족했다. 문건을 보고 특별히 문제를 제기한 사람도 없었다. 모든 일이 끝나자 이승훈은 함태영, 이필주와 함께 최린의 집으로 갔다. 한용운과 최남선도 함께했다. 이 자리에서 독립선언서에 민족대표의 이름을 쓰고 미리 대표들에게 받아온 도장을 찍었다. 다른 문건은 깨끗이 정자로 옮겨 적거나 일본어로 번역이 필요한 상황이었는데, 아직 거기까지 준비하지 못해 별도의 용지에 이름을 쓰고 도장을 찍었다.

이것으로 거의 모든 준비가 완료됐다. 이제 남은 것은 이날 밤 인쇄된 선언서를 교단 조직을 통해 각지로 배송하고, 선천·평양·진남포·안주·의주·원산 등 미리 준비한 지역에서 동시다발적으로 독립선언과 만세시위를 조직하는 일이었다.

청원서가 통고문이 된 이유

한 가지 짚어볼 일이 있다. 일본 정부와 조선총독부, 의회와 각 정당 대표에게 보내기로 했던 독립청원서가 최종 단계의 어느 시점에서 독립통고문으로 바뀌었기 때문이다. 민족대표 33인은 대부분 이 문건을 독립청원서로 알고 있었다. 그런데 일제 당국이 증거로 들이댄 문건에는 독립통고문이란 글자가 선명히 찍혀 있었다. 도대체 어떻게 된 일일까?

이승훈은 청원서가 통고문으로 되어 있다는 건 그때 처음 알았다고 했다. 판사는 문건의 내용이 청원서라기보다 통고문이라 하는 것이 더 적합하지 않냐고 물었다. 이승훈은 문건을 보긴 했지만 내용까진 읽어보지 않아 모르겠다고 했다. 하지만 2월 27일 문건을 검토한 기독교인은 이승훈까지 해서 모두 열 명이었다. 이승훈은 제대로 읽지 않았다고 해도 나머지 아홉 명 중에는 분명히 제대로 읽은 이가 있었을 것이다. 그런데 그들은 별다른 문제를 느끼지 못했다. 모두가 이 문건을 청원서로 읽었던 것이다.

판사는 문건을 쓴 최남선에게 어찌된 일인지 추궁했다. 최남선은 자신이 쓴 초안엔 제목이 없었다고 털어놨다. 제목은 누군가가 나중에 덧붙였던 것이다. 판사는 내용상 청원서로 쓴 것인지 통고문으로 쓴 것인지 물었다. 최남선은 일본의 결단을 촉구한다는 취지로 쓴 글이라고 했다. 굳이 말하자면 청원서보다는 통고문에 더 가깝다는 것이다.

최린은 이 사태를 알았을까? 최린도 초고엔 제목이 없었다고 했다. 문건을 준비하면서 여러 차례 회의했지만 통고문이라는 제목을 넣기로 한 적도 없다고 했다. 최린은 최남선에게 청원서를 써달라고 했지 통고문을 써달라고 한 적이 없다고 했다. 또 너무 바빠서 자세히 보진 않았지만 당시에 봤을 때는 청원서에 적합한 글이라 여겼다고도 했다.

문건에 독립통고문이란 제목을 붙인 건 일본으로 건너가 문건을 전달한 임규였다. 그는 최남선의 초안을 일본어로 번역하고 정자로 깨끗하게 옮겨 적으면서 문건의 내용에 맞게 적절한 제목을 붙였다고 진술했다.

하지만 의문은 남는다. 최남선이나 임규는 이 문건의 성격이 통고문에 맞다고 생각했다. 하지만 최린이나 기독교인들은 이 문건을 청원서로 읽었다. 이 모순을 어떻게 보아야 할까?

실제로 이 문건의 내용을 보면 처음부터 끝까지 일본의 강제병합과 식민지 통치를 강도 높게 비판하고 있다. 그리고 마지막에 이르러 이렇게 말한다.

> 우리는 이제 2천만 전 민족의 희망을 걸고 조국부흥의 첫 깃발을 높이 들면서, 과거 현재 미래를 통해 필연적으로 최대한 우호를 지속하지 않으면 안 될 일본 전체에 우리의 본의를 밝히는 것이 가장 정당한 일이라 믿고 감히 거친 말로 명확한 판단을 촉구하는 바이다.

최남선이 말한 것처럼 이 글은 일본의 결단을 촉구하고 있다. 굳이 말한다면 청원보다는 통고에 가깝다. 하지만 최린이나 기독교인들처럼 이 글을 청원이라 생각하고 읽어도 크게 어긋날 부분은 없었다. 이 경우 문제가 되는 것은 '청원'이라는 말에 어울리지 않게 표현이 조금 강렬하다는 점뿐이었다.

사실 문제는 문건에 독립통고문이란 제목이 붙으면서 불거졌다. '통고'라고 정해지자 그때부터 청원보다는 통고에 더 적합한 글로 느껴지게 된 것이다. 하지만 문제의 근원은 통고에 더 적합한 글을 써놓고도 그것을 굳이 청원이라 이름 붙였던 민족대표 33인의 태도에 있다. 민족대표 33인은 정치적 파장을 최소화하기 위해 온건한 태도를 유지하고자 했다. 그래서 일본에 '통고서'가 아니라 '청원서'를 제출하려고 했던 것이다. 그들을 '비겁하다'고 비난할 수도 있다. 하지만 그들을 일방적으로 매도할 수는 없다. 조선에서 독립운동을 한다는 것이 얼마나 위험한 일인지 우리는 잘 알고 있기 때문이다. 여기서 눈에 띄는 것은 임규의 행동이다. 그는 청원서를 읽고 부족함을 느꼈다. 그는 그 부족함을 채우기 위해 내용에 어울리는 제목을 덧붙였다. 그의 행동으로 인해 독립선언이 완성됐다. 민족은 독립을 선언했고, 그 내용을 일본에 통고했다.

통고문은 이렇게 끝맺는다.

> 우리를 외롭다고 말하지 말라. 16억의 양심이 우리를 후원한다. 우리를 약하다고 말하지 말라. 2천만의 심인心刃(마음속 칼날)은 우리의 무기다. 아아, 세계는 바야흐로 정의와 인도 위에 일대 부활을 수행하려 한다. 조선과 조선인은 이제야 생존과 존영에 대한 철저한 자각을 지니고 있다. 거듭 말하겠다. 시대는 개화하고 있고 조선인은 자각했다고.

오지 않은 민족대표 4인

3월 1일 약속시간이 한참 지났는데도 민족대표 33인 가운데 기독교 측 인사 네 명이 명월관지점으로 오지 않았다. 길선주, 정춘수, 김병조, 유여대가 그들이었다.

평양 장대현교회의 목사 길선주는 황해도 장연의 사경회에 참여 중이던 2월 27일, 안세환이 보낸 사람을 통해 3월 1일 2시까지 경성으로 오라는 연락을 받았다. 길선주는 다음날인 28일 경성행 기차를 탔다. 그런데 그가 탄 기차는 3월 1일 오후 6시에야 경성에 도착했다. 예정된 도착시간을 훌쩍 넘도록 기차가 연착된 것이다. 지연되는 기차 안에서 길선주가 어떤 마음으로 시간을 보냈을지는 충분히 예상 가능하다. 생각지도 않게 무리에서 떨어진 그는 아마도 극심한 불안에 휩싸였을 것이다.

길선주는 어수선한 남대문역(현재의 서울역)에서 지나가는 사람들이 하는 말을 통해 예정대로 독립선언과 만세시위가 있었음을 알았다. 길선주는 민족대표들이 경무총감부로 끌려갔다는 소리를 듣고 자신도 그리로 향했다. 그는 경무총감부에 자수했다. 제 발로 찾아와 자수한 이유를 묻는 경찰에게 그는 선언서에 이름을 올리고도 도망갔다고 할 것 같아서 자수했다고 밝혔다.

경찰 앞에 선 길선주는 어느새 평범한 종교인으로 돌아가 있었다. 다음에도 독립운동을 할 것이냐는 물음에 그는 말했다.

"난 눈도 잘 보이지 않고 몸도 불편하오. 앞으론 독립운동을 하지 않겠소. 정치에는 일절 관여하지 않기로 했소."

그는 기독교 대부흥운동의 살아 있는 화신으로 추앙받았지만, 독립운동의 화신은 되지 못했다. 그는 민족대표 33인 중 유일하게 무죄 선고를 받았다. 공소 사실을 인정할 만한 증거가 충분하지 않다는 이유였지만, 민족 대표라는 이름에 걸맞지 않은 반성과 읍소의 결과였을 것이다.

원산 상리교회의 목사 정춘수는 경성에서 이승훈과 만나 독립운동에 참여하기로 한 후 원산으로 돌아와 지역의 기독교인들과 함께 독립선언과 만세시위를 조직했다. 그런데 독립청원을 원했던 그는 독립선언으로 결정됐다는 소식을 듣고 마음이 불편해졌던 것 같다. 그는 경성으로부터 전달된 독립선언서에서 자신의 이름을 확인했다. 망설임이 시작된 건 이때부터였을까. 그는 경성행 기차에 오르긴 했으나 처음부터 약속시간을 맞추긴 힘들었다. 3월 1일 당일에야 기차를 탔기 때문이다. 그는 밤늦게 경성에 도착했고, 오화영의 집에서 일주일간이나 머물렀다. 이미 오화영은 체포되고 가족들만 남아 있던 집이었다. 몸이 불편해서 그랬다고 했으나 단지 몸만 불편한 것은 아니었을 것이다. 정춘수는 3월 7일 오후 1시 경무총감부에 자수했다.

정춘수는 이미 선언서에 자신의 이름이 들어가 어쩔 수 없지만, 자신은 민족의 자치를 요구하는 청원서에 서명하는 것은 허락했어도 독립선언서에 서명하는 건 승낙하지 않았다고 주장했다. 그는 완전한 독립이 아니어도 조선민족에게 일정한 정도의 자치만 주어지면 괜찮다고 생각했다. 그의 이런 희미한 생각이 이후 친일로 가는 길에 디딤돌이 되었을 것이다.

검사가 물었다.

"다음에도 독립운동을 하겠는가?"

정춘수가 대답했다.

"최초의 목적을 이루지 못한다는 걸 깨달았으니 종교사업이나 하겠소."

명월관지점으로 오지 않은 인사 중에 이런 이들만 있는 건 아니었다. 관리교회의 목사 김병조는 선천에서 이승훈과 만난 후 독립운동에 참여했다. 그는 평안북도 각지에 독립선언서와 격문을 보내며 운동을 확산시키기 위해 노력했던 것으로 알려져 있다. 이후 그는 중국으로 망명해 대한민국 임시정부에 참가했다. 당시 그가 쓴 격문을 보면 격정이 넘친다. 독립선언 후 가만히 앉아 체포되길 기다리는 것은 그에게 기질적으로 맞지 않았던 것 같다. 민족대표 33인 중 유일하게 체포되지 않아 망명 전 국내에서 한 활동은 더이상 자세히 알려지지 않았다.

의주 동교회의 목사 유여대는 선천에서 이승훈과 양전백을 만난 후 독립운동에 참여했다. 양전백은 함께 경성으로 가길 원했으나 그는 의주에 남아 활동하기를 원했다. 그는 의주의 기독교인들과 함께 독립선언과 만세시위를 준비했다. 2월 28일까지 독립선언서가 도착하지 않아 누군가가 가져온 또 다른 선언서로 등사하여 만일을 대비해야 했다. 3월 1일 오후 2시 30분, 의주의 학생과 시민 700~800여 명이 서부 교회당에 모여 독립선언서를 발표하고 만세시위를 벌였다. 태극기가 휘날렸고 독립가가 울려 퍼졌다. 유여대는 현장에서 헌병대에 체포되었다.

검사가 물었다.

"조선이 독립된다 해도 예전의 조선처럼 당파의 싸움과 각국의 야심이 일어날 텐데 독립을 유지할 수 있겠는가?"

"모두가 독립정신이 충만해 있으므로 완전한 독립이 이루어질 것이오."

다시 검사가 물었다.

"실력도 없이 정신만으로 독립을 유지할 수 있겠는가?"

유여대가 대답했다.

"실력은 이제부터 양성하면 되오."

그렇다면, 우리는 '우리의 싸움'을 하겠다

학생 지도부

세상이 변할 수도 있다는 걸 모르는 것은 아니었다. 앞에 놓인 벽이 너무 견고해서 자기도 모르는 사이에 조금씩 포기해왔을 뿐이다. 얼마 전까지만 해도 세상은 영원히 변하지 않을 것 같았다. 그러나 제1차 세계대전이 끝나면서 모든 것이 달라졌다. 사람들의 머릿속에 평화와 자유가 상상되자 안팎으로부터 균열이 시작됐다. 한없이 단단해 보였던 높다란 벽이 모래로 쌓은 성처럼 금방이라도 허물어질 것 같았다.

연희전문학교 3학년생 김원벽金元璧(26세)은 쌀쌀한 바람에 옷깃을 여미며 길을 재촉했다. 수업 문제로 상의할 것이 있어 로드 교수를 만나러 가는 길이었다. 그의 연구실은 세브란스병원 안에 있었다. 병원에 들어서자

1919년 당시의 세브란스병원. 남대문역 앞에 있었다(현 연세재단 세브란스빌딩 자리). (민족문제연구소 소장)

특유의 소독약 냄새가 코를 자극했다. 김원벽은 얼굴을 찡그렸다. 바쁘게 오가는 의사와 간호부의 활기가 왠지 과장처럼 느껴졌다. 그는 언제나 삶보다 죽음이 가까운 이곳이 싫었다.

며칠 전 관수동에 있는 중국요릿집 대관원大觀園에서 모임이 있었다. 고종이 홍거薨去한 지 2~3일밖에 지나지 않아 모든 신문이 1면 톱으로 소식을 전하던 때였다.* 끝까지 무능하고 황실 유지에만 급급했던 이기적인 황제였지만, 막상 그가 세상을 떠났다고 하니 여러 생각이 들지 않을 수 없었다. 시대를 잘못 만난 그의 삶도 애련했고, 그런 황제로 인해 조선민족의 삶도 퍽이나 고단했다.

대관원의 모임은 조선중앙기독교청년회 간사인 박희도朴熙道(31세)가 주선한 것이었다. 청년회 회원을 모집하는 데 전문학교 학생들의 도움을 구하기 위해 만들어진 자리였다. 이 자리에는 김원벽과 함께 보성법률상업학교의 강기덕康基德(34세), 경성의학전문학교의 한위건韓偉健(24세)과 김형기金炯璣(24세), 경성전수학교의 윤자영尹滋瑛(26세), 경성공업전문학교의 주종의朱鍾宜(22세) 등 전문학교 학생들과 보성법률상업학교 졸업생 주익朱翼, 연희전문학교 출신의 배화여학교 교사 윤화정尹和鼎이 참여했다.

그런데 이날 모임에서 시국에 관한 얘기가 화제에 올랐다. 제1차 세계

* 고종은 1919년 1월 21일 홍거했다. 조선총독부는 당일에는 위독하다는 소식만 내보냈다가 다음날에야 그의 죽음을 공개했다. 고종의 홍거 소식은 1월 23일자 신문에 대서특필되었다.

대전이 끝나고 파리강화회의가 개최된다고 하니 이때야말로 조선이 독립을 할 적기가 아닌가. 평화의 정착을 위해 민족자결주의가 주창되었다고 하니 약소국도 독립할 수 있다는 보장이 생긴 것이 아닌가. 당장 독립운동에 나서야 한다는 의견과 좀더 사태를 관망해야 한다는 의견이 격렬히 이어졌다. 결론이 나진 않았다. 모임의 본래 목적이 여기에 있지 않았기 때문이다. 박희도는 그동안 전문학교 학생들이 서로 소원하여 만나지 못했으니 이번 기회에 정기적인 만남을 이어가자고 덕담 비슷한 말을 했다. 하지만 모두의 가슴에 남은 묵직한 돌덩어리는 두고두고 그들의 마음을 괴롭혔다.

김원벽은 괜스레 지난 신문을 들춰보고 잡지기사도 들춰가며 세계정세를 살폈다. 하지만 아무리 살펴봐도 결론을 낼 순 없었다. 누군가 이것이 답이라고 명확히 가르쳐주면 좋겠다는 생각이 들었지만 하나 마나 한 생각이라는 건 그 자신이 더 잘 알았다. 그가 답을 낼 수 없는 이유는 망설이고 있기 때문이었다. 그에겐 확신이 필요했다. 확신만이 그의 망설임을 끝낼 수 있었다.

연구실에 올라가니 로드 교수는 자리에 없었다. 잠시 자리를 비운 모양이었다. 그런데 접대용 소파에 한 외국인이 앉아 책을 보고 있었다. 눈이 마주친 후에야 누구인지 알았다. 전에 한두 번 만난 적이 있는 윤산온尹山溫 목사였다. 본명은 조지 섀넌 매큔George Shannon McCune, 선천 신성학교 교장으로 있는 미국인 선교사였다.

'데라우치 총독 암살미수사건' 조작 당시 일제는 암살 계획의 배후에 그가 있다고 지목했었다. 서북 지역의 기독교인들을 탄압하면서 눈엣가시 같던 외국인 선교사들까지 한 방에 날려버리기 위해 만들어진 저열한 시

조지 섀넌 매큔. '데라우치 총독 암살 미수사건' 조작 당시 일제는 암살 계획의 배후에 그가 있다고 지목했었다.

나리오였다. 하지만 시나리오의 수준이 너무 낮아 일제는 선교사들을 감옥에 넣기는커녕 서북의 기독교인 대부분도 무죄로 풀어줘야 했다.

윤산온은 김원벽을 알아보고 반갑게 맞아주었다. 용케도 그는 평범한 학생에 불과한 김원벽을 기억해주었다. 그는 미국에 다녀오는 길에 잠시 경성에 들른 것이라고 했다. 서로의 안부와 근황을 묻는 대화가 잦아들 무렵, 망설이던 김원벽이 물었다.

"조선 사람들이 만약 현재 자기를 억죄는 것들을 벗어버리겠다고, 그런 세상을 바꾸겠다고 일어선다면 미국인들은 어떻게 생각할까요?"

여러 번 생각해서 어렵게 꺼낸 말이었지만, 머릿속의 생각이 소리가 되어 나오는 순간 질문이 잘못된 것을 알았다. 윤산온은 김원벽의 질문에 조금 화가 난 듯했다.

"당신도 그 질문이 얼마나 바보 같은 것인지 잘 알 거예요. 그런 걸 물어봐야 무슨 소용이 있겠어요? 자신의 삶은 자신이 만들어가는 겁니다. 남이 어떻게 생각하느냐는 전혀 중요하지 않아요. 조선 사람의 운명은 조선 사람이 스스로 개척해나가야 하는 겁니다."

하숙집으로 돌아오는 길, 김원벽은 천천히 생각을 곱씹었다. 그는 세계의 정세를 올바르게 이해하고 판단하는 것이 중요하다고 생각했다. 미국을 중심으로 한 세계열강이 조선의 처지를 이해하고 동정해 독립을 승인케 하는 것이 가장 중요하다고 생각했다. 하지만 윤산온의 말을 듣는 순간

학생들의 독립운동을 지도한 강기덕(좌)과 김원벽(우). (국사편찬위원회 소장)

김원벽은 자신이 가장 중요한 것을 놓치고 있다는 사실을 깨달았다. 가장 중요한 것은 세계정세의 이해와 세계열강의 동정이 아니었다. 중요한 것은 나였다. 우리였다. 내가 움직이고 우리가 움직여야 세상을 바꿀 수 있었다. 행동하지 않는 이에게 미래는 영원히 변하지 않는 벽이다. 벽을 무너뜨리려면 나부터 행동에 나서야 했다.

며칠 후 강기덕이 여러 차례 김원벽을 찾아왔다. 김형기도 찾아왔다. 그들은 함께 독립운동을 하자고 했다. 다수의 학생들이 뜻을 모으고 있으니 함께하자고 했다.

며칠간 무겁게 머리를 짓누르던 고민은 그렇게 끝났다. 김원벽은 독립운동을 하기로 결심했다.

웬만해선 당황하지 않는 피의자

"독립운동을 하게 된 동기는 무엇인가?"

3월 9일 보성법률상업학교 3학년생 강기덕은 검사의 심문을 받았다. 검사의 추궁은 맹렬했지만, 강기덕은 담담했다.

"2월 15일 조선중앙기독교청년회관에 갔는데 그곳 간사 박희도가 천도교인들이 독립운동을 하려고 한다고 얘기해줬소. 그래서 다른 학생들과 얘기 끝에 운동에 참여하기로 했소."

강기덕의 진술은 정확한 것이 별로 없었다. 아무래도 강기덕은 진실을 말할 생각이 없어 보였다.

"왜 순사 앞에서 한 말과 지금 하는 말이 다른가?"

강기덕의 경찰조서는 현재 남아 있지 않아 확인할 수 없다. 하지만 그의 진술은 경찰 심문 때와 상당히 달랐나보다. 검사가 이를 지적하며 따지자 강기덕이 말했다.

"순사는 지금처럼 상세하게 묻지 않았소. 나는 그저 묻는 대로 답했을 뿐이오."

강기덕은 웬만해선 당황하지 않았다. 검사가 다른 피의자 심문을 통해 새로 알게 된 사실을 추궁하면, 이전에 자신이 했던 진술에 새로운 사실을 교묘히 끼워 맞춰 답변했다. 전에는 물어보지 않아서 말하지 않은 것이라거나, 전에는 생각나지 않았는데 이제야 생각난다는 식이었다. 앞의 일을 뒤의 일과 섞어 대강 답하는 것도 다반사였다. 그 과정이 너무나 자연스럽고 뻔뻔해 그때마다 질문을 하는 취조자는 기가 막힐 수밖에 없었다. 마치 그들을 곤혹스럽게 만드는 것도 독립운동의 일환이라고 생각하는 듯했다.

"그대는 어찌하여 독립운동을 하려고 했나?"

강기덕은 그렇게 당연한 것을 뭐하러 묻느냐는 듯 말했다.

"조선 사람이니 독립을 하려고 한 것이오."

간단한 대답이었지만 이 말만큼 정곡을 찌르는 말도 없었다.

"총독정치를 어찌 생각하는가?"

"총독정치는 조선인과 일본인의 차별이 심해 반대하오."

"그래서 어떤 수단으로 독립을 하려 했나?"

"조선 사람이 일본에 복종하지 않는 모습을 보여 독립을 성취하려고 했소."

사실 대관원 모임 이후 강기덕, 김원벽 등 전문학교 학생들은 주변의 의견을 청취하며 독자적인 독립운동의 가능성을 모색했다. 그들은 따로 독립선언서를 준비하고, 고종 국장을 전후해 이를 선포한 후 시위를 벌이고자 했다. 독립선언서의 집필은 대관원 모임에 참여했던 주익이 맡았다. 이렇듯 학생들의 독립운동 계획이 어느 정도 모양을 갖추게 된 것은 2월 10일 무렵이었다.

"피고는 주익 등과 함께 조선청년독립기성동맹인회 명의로 독립선언서를 만들어 이관李瓘(60세)에게 교열을 부탁한 적이 있는가?"

"그런 적 없소. 나는 그 일에 대해 전혀 모르오."

경성지방법원 예심판사가 학생들이 만든 독립선언서에 대해 추궁하자, 강기덕은 전혀 모른다며 딱 잡아뗐다. 하지만 판사는 이미 첨삭이 표시된 선언서 교정본까지 확보하고 있어 강기덕을 곤란하게 만들었다.

이관은 천도교 도사실 편집원으로 『천도교월보』를 제작하는 일을 해왔다. 그는 원래 유생이어서 한문에 능숙했다. 주익은 틈틈이 그에게 한시를 배웠다. 그런데 2월 20일 즈음 주익이 자신이 기초한 선언서를 들고 와 교열을 부탁했다.

주익은 "일본 유학생들이 2월 8일 독립선언서를 발표하고 시위운동을 했는데, 지금 조선 안에 있는 사람과 연락을 취하기 위해 일본에서 많이 들어왔다. 그래서 우리도 운동을 할 생각이다"라고 말했다.

이관은 망설였지만 결국 돕기로 했다. 첫 번째 원고는 너무 미흡해 그대로 돌려보냈지만, 다시 수정해온 원고는 별로 고칠 것이 없을 만큼 괜찮았다. 주익과 강기덕이 고쳐 쓴 것이었다. 이관은 이 원고를 바탕으로 몇 군데 잘못된 부분을 수정해 주익에게 주었다. 고친 부분이 별로 없자 주익은 눈으로 수정한 부분을 확인한 후, 집에 있는 원본에 직접 수정하겠다며 첨삭된 원고를 남겨두고 돌아갔다. 이 과정에서 첨삭이 표시된 교정본이 이관에게 남았고, 이관이 이를 폐기하지 않고 갖고 있다가 경찰에 압수되면서 추궁의 빌미를 제공하고 말았다.

선언서의 내용은 김원벽의 진술로 요지만 남아 있다.

"일본은 중국, 러시아와 싸워 조선을 합병했다. 일본은 조선을 식민지로 인식하고 일본인의 발전을 도모한다. 합병의 취지는 일본인과 조선인의 동화에 있고 조선인에게 동일한 권리와 이익을 준다고 했으나 실제는 그렇지 않다. 관리의 임명은 하급 관리에 한하고 교육은 최고 학문을 가르치지 않으며 산업은 일본인에게만 이익이 많고 조선인의 이익은 적다. 일본의 조선 통치는 동양의 평화도 해친다. 따라서 조선은 민족자결주의에 입각하여 독립을 선언한다."

이것이 선언서의 주요 요지였다. 김원벽은 선언서의 내용에 대해 주익과 강기덕, 한위건과 자신이 주로 상의했다고 했다.

"전문학교 학생 중 웅변가는 누구인가?"

4월 17일 경성지방법원 예심 심문에서 예심판사가 강기덕에게 한 질문은, 사실상 전문학교 학생들 중에 독립운동을 주도한 인물이 누군지를 묻는 것과 마찬가지였다. 강기덕은 이렇게 답했다.

"나는 별로 웅변을 연습하지 않았소. 하지만 웅변가라면 나와 김원벽, 한위건일 것이오."

강기덕, 김원벽과 함께 학생들의 독립 운동을 주도한 한위건. 끝까지 붙잡히지 않아 그의 활동은 많은 부분 비밀에 휩싸여 있다.

전문학교 학생들 중 독립운동을 주도한 인물은 강기덕의 말대로 김원벽과 한위건, 그리고 그 자신이었다. 김원벽도 자신들 세 명이 결정하면 별다른 이의제기 없이 일사천리로 진행되었다며, 자신들이 운동을 주도했다는 것을 사실상 인정했다.

한위건은 함경남도 홍원 출신으로 경성의학전문학교 학생이었다. 머리도 비상하고 지도력과 조직력을 두루 갖춘 인물이었다. 강기덕과 김원벽의 진술에는 한위건이 상당히 중요한 일을 많이 한 것으로 나온다. 학생들 가운데 최고 지도자인 것처럼 느껴질 정도이다.

문제는 한위건이 끝까지 붙잡히지 않았다는 점이다. 강기덕과 김원벽은 한위건이 체포되지 않았다는 사실을 알고 있었기 때문에 자신들이 한 일을 그에게 미룰 수 있었다. 그들의 진술을 전적으로 믿을 수 없는 이유가 여기에 있다. 하지만 그들의 진술을 믿지 않고 그들의 역사를 쓴다는 것 또한 불가능하다. 그들의 진술 속에 숨어 있는 은폐된 진실을 찾아내려고 노력할 수밖에, 달리 방법이 없다.

지방법원 예심판사는 강기덕이 거듭해서 한위건을 언급하자 이렇게 물었다.

"한위건과는 어떻게 그런 상의를 하는 관계가 되었는가?"

강기덕이 대답했다.

"2월 17~18일경 한창환韓昌桓(25세)이 찾아와 천도교인과 기독교인이 따로 독립운동을 한다는 사실을 알려줬소. 박희도에게 들었다고 했소. 그 말을 듣고 학생들도 운동에 좀더 박차를 가해야 하는데 어디 좋은 사람이 없느냐고 물었소. 그는 한위건을 추천했소. 그래서 만나게 된 거요."

그러나 강기덕의 진술은 사실과 달랐다. 그는 2월 중순에야 한위건을 알게 된 것처럼 말했지만, 실제로는 훨씬 이전부터 그를 알았을 가능성이 높다. 두 사람 모두 서북친목회의 회원이었기 때문이다. 강기덕은 한위건에 관한 한 애써 사실을 숨기고자 했다. 그것은 김원벽도 마찬가지였다. 김원벽이 한위건의 이름을 입에 올린 것은 2월 12일 세브란스병원 안 예배당에서 있었던 음악회가 처음이었다.

독립운동을 단 1회로 끝내선 안 된다

2월 12일에 있었던 음악회는 기독교 행사여서 참석자 중에 기독교인들이 많았다. 김원벽도 그중 한 명이었다. 그런데 음악회가 끝난 후 세브란스병원에서 사무원으로 일하는 이갑성李甲成(34세)이 잠시 보자고 불렀다. 이갑성을 따라 그의 집에 갔더니 전문학교 학생들이 몇 명 모여 있었다. 한위건, 김형기, 윤자영, 배동석裵東奭(29세), 이용설李容卨(25세)*이 그들이었다.

---

* 이용설(1895~1993). 평안북도 희천에서 태어났다. 평양 숭덕학교, 숭실중학교를 졸업하고 세브란스의학전문학교에 입학했다. 1919년 3·1운동 당시 한위건, 윤자영, 한창환 등과 함께 제2선 간부 역할을 맡아 활약했다. 3월 5일 시위 이후 《조선독립신문》 발간에 참여하며 지속적인 활동을 벌이다가 그해 가을 중국으로 망명했다. 1922년 흥사단 예비단우로 입단했다. 그해 귀국했다가 1924년 미국으로 건너가 1926년 노스웨스턴대학교 의과대학을 졸업했다. 그해 귀국하여 세브란스의학전문학교 조교수에 임용되었고, 1928년 교수로 승진했다. 1937년 경성제국대학 의학박사 학위를 받았다. 1938년 동우회사건에 연루되어 1940년 징역 2년 집행유예 3년을 선고받았다. 이후 변절하여 임전대책협의회 등 각종 친일단체에 가담해 일본의 침략전쟁을 미화하고 선전하는 글을 발표하는 등 적극적인 친일활동을 벌였다. 해방 후 미군정청에 발탁되어 보건후생국 조선인 국장이 되었고, 1947년에는 보건후생부장이 되었다. 1948년부터 1952년까지 세브란스의과대학 학장, 1955년부터 1962년까지 세브란스병원 원장을 지냈다. 1950년 제2대 민의원에 당선되었다. 1966년부터 흥사단 이사장을 맡았다(『친일인명사전』).

이갑성은 학생들도 독립운동을 계획하고 있느냐고 물었다. 그는 학생들의 움직임을 알고 싶어했다. 김원벽은 학생 두세 명이 독립운동을 계획하고 있다고 두루뭉술하게 얘기했다. 그는 이미 박희도라는 연결고리를 가지고 있었기 때문에, 이갑성에게는 운동 상황을 자세히 얘기하고 싶지 않았던 것이다. 대관원 모임 이후 박희도는 강기덕과 김원벽에게 독립운동에 관한 소식을 전해주고 있었다. 김원벽은 조선중앙기독교청년회 회원으로 활발히 활동했기 때문에 원래부터 박희도와 친밀했다. 김원벽은 학생측을 대표하여 박희도와의 논의를 전담하다시피 했다. 반면 이갑성은 경신학교 동창이라 전부터 알고는 있었지만 별로 가까운 사이가 아니었고, 평소에도 만날 기회가 거의 없었다. 김원벽에게는 굳이 이갑성과 관계를 유지할 이유가 없었다.

참석자들은 파리의 강화회의에 조선인이 관계하고 있고, 일본에서 유학생들이 독립선언을 했으며, 간도의 조선인들도 크게 활동하고 있다는 소식을 주고받았다. 하지만 이날 오고간 정보가 그리 특별한 것은 아니었던 듯하다. 이갑성이 주도한 모임은 이틀 뒤인 2월 14일에도 한 번 더 있었지만, 그 후엔 더이상 이어지지 않았다. 이갑성은 박희도에 이어 전문학교 학생들과 연결된 두 번째 기독교 인사였지만 박희도만큼 밀접한 관계는 만들지 못했던 것이다.

김원벽의 진술에서 한위건의 이름은 이갑성이 주도한 바로 이 모임에서 처음 등장했다. 이때까지만 해도 그는 독립운동에 참여하고자 한 여러 전문학교 학생 중 한 명에 불과한 듯 보였다. 강기덕은 한위건이 중요한 역할을 한 것은 2월 17~18일 이후, 한위건이 강기덕에게 독립운동을 위해 전문학교별로 대표자를 정해두어야 한다고 권유하면서였다고 했다. 강기

학생대표자회의가 열렸던 승동교회. 학생대표들이 모였던 대표적인 장소이다.

덕은 한위건과 상의해 학교별 대표자를 선정했다.

각 전문학교의 대표자는 동지가 될 수 있을지 신원과 인격을 조사한 뒤 괜찮다 싶으면 직접 만나서 이야기하고, 당사자의 승낙을 얻어 결정했다. 그렇게 선정된 대표자는 보성법률상업학교 강기덕, 연희전문학교 김원벽, 경성의학전문학교 김형기, 경성공업전문학교 김대우金大羽(20세)* 등이었다. 한위건이 경성의학전문학교의 대표가 되지 않은 것은 자신이 표면의 책임자가 되는 것을 원치 않았기 때문이다. 여기엔 특별한 이유가 있었다.

대표자 선정이 어느 정도 마무리되자 강기덕과 한위건, 그리고 김원벽은 대표자회의를 소집했다. 회의는 2월 20일 승동교회에서 열렸다. 장소

---

* 김대우(1900~1976). 평안남도 강동에서 태어났다. 경성공업전문학교 재학 중 3·1운동에 참여하여 경성공업전문학교 학생대표로 활동했다가 체포되어 징역 7개월, 형집행정지 3년을 선고받았다. 조사 초기엔 학생대표로 활동한 사실을 인정했으나 얼마 지나지 않아 모든 활동을 부정했다. 이후 변절하여 규슈제국대학을 졸업한 후 1926년 내무국 지방과 속으로 임명되었다. 1928년 2월 박천군수, 1930년 평안북도 이사관으로 승진하여 평안북도 내무부 산업과장으로 근무했다. 1932년 경상남도 산업부 산업과장, 1934년 학무국 사회과장, 1936년 학무국 사회교육과장, 1939년 전라남도 참여관 겸 내무부장, 1940년 경상남도 참여관 겸 산업부장을 역임했다. 1943년 전라북도지사로 승진했고, 1945년 6월 경상북도지사로 해방을 맞았다. 관료로 재직 당시 국민정신총동원조선연맹 등 각종 친일단체에서 활약했다. 1949년 반민특위에 체포되어 공민권 3년 정지를 구형받았으나 결심 공판에서 증거 불충분으로 무죄 석방됐다. 1960년 제5대 참의원선거에 출마했다가 낙선했다(『친일인명사전』).

를 빌린 것은 김원벽이었다. 그는 오랫동안 승동교회를 다니며 교회 일에 솔선수범한 터라 교회 안에서 회의공간을 빌리는 정도는 그리 어렵지 않았다.

이날 회의에는 한위건과 5개 학교 대표자 외에 경성전수학교의 전성득全性得과 윤자영, 세브란스의학전문학교 김문진金文珍과 이용설이 참여했다. 경성전수학교와 세브란스의학전문학교 대표자는 누구로 할지 아직 정하지 못해 어쩔 수 없이 후보자 두 명이 함께 자리한 것이었다. 논의 끝에 경성전수학교 대표자는 전성득으로, 세브란스의학전문학교 대표자는 김문진으로 결정됐다. 윤자영과 이용설은 대표자가 되진 않았지만 이후에도 학생들의 독립운동에 적극적으로 참여했다. 강기덕의 의논 상대였던 한창환도 대표자는 아니었지만 끝까지 독립운동을 함께한 대표적인 인물이었다.

전문학교 대표자들은 앞으로 있을 독립운동에서 책임지고 모교의 학생들을 참여시킬 수 있도록 노력할 것을 결의했다. 또한 천도교와 기독교가 추진하고 있는 독립운동에도 최대한 협조하기로 했다. 당시는 천도교와 기독교 측이 각자 독립운동을 준비하고 있다는 소식이 알려진 상태로, 양측이 합동을 추진하고 있으나 성사 여부는 불투명한 상태였다. 학생들은 일단 독자적인 독립운동 계획을 계속 진행하면서 사태의 추이를 살피기로 했다. 앞서 살펴본 대로 주익은 이즈음 선언서 집필을 마치고 이관을 통해 선언서를 가다듬고 있었다.

그런데 이날 회의에서 한위건이 매우 중요한 제안을 하나 했다. 만약 학생들이 천도교와 기독교의 독립운동에 합류해 운동을 벌이게 되더라도, 그것으로 끝내지 말고 학생들이 주도하는 운동을 계속해서 벌여나가자는 것이었다.

김원벽은 이것을 이렇게 표현했다.

"독립운동은 한 번만으로 성공할 수 있는 일이 아니므로 제1회에 선언서를 발표한 사람이 체포되면 제2회, 제3회, 계속하여 운동을 하지 않으면 안 된다."

독립운동을 단 1회로 끝내선 안 된다는 학생들의 생각은 향후 운동의 전국적 확산에 상당한 영향을 미쳤다는 점에서 큰 의미가 있다. 또한 천도교와 기독교 측의 운동에 협조는 하되 거기에 종속되지 않고 독자적인 운동을 펼치겠다는 생각도 소중했다. 이런 생각이 있었기에 민족대표들이 독립운동의 지도를 포기했을 때, 학생들이 나서 그들을 대신할 수 있었다. 학생들이 종교인들과 일정하게 거리를 두고 있지 않았다면 이런 일은 불가능했을 것이다.

전문학교 대표들은 한위건의 의견에 모두 찬성했다. 이를 실행하기 위해선 약간의 준비가 필요했는데, 각 단계의 운동을 실행할 책임자를 나누어 배치하는 일이 그것이었다. 천도교와 기독교의 운동에는 전문학교 학생들의 동원을 최소화하는 대신 중등학교 학생의 참여를 독려하기로 했다. 제2차 독립운동에는 각 전문학교 대표자들과 전문학교 학생들이 앞장서기로 했다. 그리고 그 이후의 독립운동은 표면에 나서지 않았던 이들, 즉 한위건과 윤자영, 한창환과 이용설이 책임지기로 했다. 주요한 간부를 남겨 후일의 독립운동을 도모하도록 하는 전술이었다. 이것이 한위건이 학교 대표자로 나서지 않았던 이유였고, 강기덕과 김원벽이 한위건에 관해 최대한 거짓 진술로 일제 당국을 속이고자 했던 까닭이었다. 강기덕과 김원벽은 대관원 모임에 참석한 사람들 중에 한위건의 이름을 일부러 빼고 진술했고, 한위건의 이름을 입에 올리는 시점을 최대한 늦춰 한위건의 자유로운 활동을 확보하고자 했다. 강기덕과 김원벽의 심문투쟁은 성공했다. 일제는 3·1운동이 시작된 지 한 달이 다 되어서야 한위건의 존재를 알았다.

천도교와 기독교 측의 운동이 언제 실행될지 아직 정해지지 않았으므로, 전문학교 대표자들이 나서는 제2차 독립운동의 구체적인 날짜는 결정하지 못했다. 천도교와 기독교 측의 운동이 끝난 후에 실행한다는 정도의 계획만 정했을 뿐이다. 그런데 학생들의 독자적인 독립운동 계획은 처음부터 차질이 생겼다. 문제가 불거진 것은 주익이 기초한 학생들의 독립선언서였다.

갈등의 이유

"학생들이 독자적인 독립선언의 발표를 중지한 것은 무엇 때문인가?"

경성지방법원 예심판사의 질문에 김원벽이 대답했다.

"2월 20일경 선언서를 인쇄하려고 했소. 그런데 박희도가 기독교, 천도교 측에서도 독립운동 계획이 있으므로 하나의 운동에 두 가지 선언서가 있는 것은 우스운 일이라며 자신들의 계획에 합류해달라고 했소. 우리는 그것에 동의하고, 선언서는 난로에 넣어 소각해버렸소."

독립선언서는 학생들의 독자적인 독립운동 계획을 내용적으로 완성시키는 중요한 요소였다. 그런데 학생들의 독립선언서 발표를 탐탁지 않게 여기는 사람들이 있었다. 어쩌면 학생들의 독자적인 독립운동 자체에 거부감을 가지고 있었을지도 모르겠다. 그들은 독립운동을 준비하고 있던 천도교와 기독교 인사들이었다. 그 중심에 강기덕과 김원벽을 통해 긴밀한 관계를 유지하고 있던 박희도가 있었다.

학생들이 독자적인 독립선언 계획을 중지한 시점과 관련하여 김원벽의 진술은 혼란하기 그지없다. 위의 진술처럼 어느 때는 2월 20일경 중지했다고 했다가, 어느 날은 2월 22~23일에 중지했다고 하고, 어떤 때는 2월 25~26일경 중지했다며 여러 차례 진술을 번복했기 때문이다. 왜 이런 진술이 나오게 된 것일까? 추측해보면 이것은 단순히 김원벽의 착오일 수도 있지만, 20일과 22~23일, 25~26일이 모두 이 문제와 관련하여 김원벽과 박희도 사이에 논란이 벌어진 날일 가능성이 높다.

박희도의 진술로 당시의 사정을 추론할 수 있다. 박희도는 경성지방법원 예심판사의 심문에서 학생들이 끝까지 독자적인 독립선언을 포기하지 않았다고 했다. 그래서 양측의 합동이 결렬됐다고까지 했다. 그러나 박희도의 진술은 사실이 아니다. 어느 특정 시점에 양측은 합동하기로 했고, 학생들은 독자적인 독립선언서의 발표를 포기했기 때문이다. 박희도가 양측의 합의가 결렬됐다고 허위로 얘기한 데는 다른 사정이 있었다. 이는 경성지방법원 예심 심문 단계에서 일제가 민족대표 33인에게 내란죄를 적용하려고 한 것과 관련있다. 일제 당국은 민족대표가 독립선언으로 전국 각지에서 폭력시위를 야기해 정부를 전복하려 했다고 주장했던 것이다. 내란죄가 적용되면 만세시위를 주도한 학생들과 밀접한 관계를 맺고 있던 박희도는 상당히 불리해질 수밖에 없었다. 때문에 이 시기 민족대표들은 학생과의 연관성을 대부분 부인했는데, 박희도도 그런 점에서 학생들과의 연관성을 부정하기 위해 양측의 협의가 결렬되었고 더이상 학생들의 일에 관계하지 않았다고 거짓말을 한 것이다.

박희도의 진술에서 양측의 합동이 결렬됐다는 거짓말을 빼고 나면, 학생들이 독자적인 독립선언을 쉽사리 포기하지 못했지만 결국 합동에 이르게 되었다고 정리할 수 있다. 학생들이 상당 기간 독자적인 독립선언 계획을 유지했으며 이로 인해 양측이 갈등을 겪었을 개연성이 있는 것이다. 실제로 박희도의 진술을 들은 예심판사가 김원벽을 추궁하자, 김원벽도 박희도와 협의하는 과정에서 갈등이 있었음을 인정했다. 그는 처음엔 갈등이 있었지만 자신들이 선언서 발표를 포기하면서 문제가 풀렸다고 진술했다.

김원벽에 의하면 최초의 합의는 2월 23일 이루어졌다. 이즈음 천도교와 기독교의 합동이 가시화되면서 학생들과의 합동 논의도 구체화되었던 것이다. 학생들의 독자적인 독립운동 계획이 본격적으로 문제가 된 것도 이때부터였다.

김원벽과 박희도는 격렬한 논쟁 끝에 네 가지 항목에 합의했다.

1. 학생 측에서 선언서를 발표하지 말 것.
2. 중등 이상의 학생 측 사람은 3월 1일 선언서 발표 때 모두 참가하도록 할 것.
3. 그 뒤의 운동은 학생 측에게 맡길 것.
4. 3월 1일 운동에 전문학교 학생들은 가급적 나오지 않게 할 것.

앞의 두 항목은 박희도의 요구사항으로 보이고, 뒤의 두 항목은 김원벽의 요구사항으로 보인다. 박희도는 3월 1일에 있을 독립운동에 학생 측의 협조를 구하면서 독자적인 선언서 발표를 포기하도록 종용했고, 김원벽은 3월 1일 집회에 전문학교 학생들을 가능한 한 나오지 않도록 한다는 자신들의 계획에 대해 양해를 구하면서 이후의 독립운동은 학생들에게 전적으로 맡겨달라고 요구했다.

그러나 합의 후에도 문제는 완전히 해결되지 않았고 종교계와 학생 측의 갈등은 계속됐다. 이로 인해 김원벽과 박희도는 이 문제를 처음부터 다시 논의해야 했다. 양측의 갈등이 최종적으로 봉합된 시점은 언제일까? 그것은 2월 25~26일 무렵이었다.*

추측건대 종교계와 학생 측은 김원벽과 박희도의 합의 내용을 완전히 받아들이는 데 시간이 필요했던 것으로 보인다. 종교계에선 학생들의 선언서 발표를 막긴 했지만 학생들의 독자적인 운동에 대해 깊은 우려가 있었을 것이고, 학생들은 선언서 발표 금지로 운동의 완결성에 흠집이 생긴 데 대해 불만이 있었을 것이다.

이와 관련하여 되새겨볼 문제가 하나 있다. 2월 28일 민족대표 33인이 독립선언서의 발표 장소를 파고다공원에서 명월관지점으로 변경할 때 이 문제를 최초로 제기한 사람이 박희도였다는 최린의 진술이 그것이다. 최린에 의하면 박희도는 학생들이 파고다공원으로 모이면 어떤 일을 할지 모르므로 잘 생각해보지 않으면 안 된다고 했다. 그의 문제제기로 민족대표들 사이에 우려가 확산되었고 결국 독립선언의 장소는 파고다공원에서 명월관지점으로 변경되었다. 이것이 사실이라면 박희도의 말이 의미하는

---

* 기존 연구에서는 2월 23일 학생과 종교계 사이에 합동이 이루어졌다고 파악했다. 이것은 일제가 정리한 경성지방법원 예심종결서의 내용을 그대로 따른 것이다. 하지만 박희도가 양측의 합의 시점을 26일 밤으로 진술했다는 점, 김원벽의 진술은 때에 따라 오락가락하지만, 기억이 비교적 가장 분명했을 검찰 심문에서 25~26일경으로 진술했다는 점으로 판단할 때 양측의 최종 합의 시점은 25~26일로 보는 것이 맞다. 정황상으로도 이 시점은 천도교와 기독교 세력이 완전히 합동한 후여서 학생들과의 갈등도 완전히 끝내야 할 시점이었다.

바는 무엇인가.

기존 연구에서는 박희도나 이갑성이 학생들과 접촉하면서 그들의 운동을 권유하고 독려한 것으로 이야기한다. 박희도나 이갑성의 행동에는 분명 그런 측면이 있다. 하지만 그 이면엔 학생들의 동향을 파악하고 영향을 미쳐, 자신들이 생각하는 독립운동으로 끊임없이 학생들의 행동을 제어하려는 의도도 있었음을 지적하지 않을 수 없다. 문제는 그러한 의도가 생각보다 잘 먹히지 않았다는 점이다. 앞서 언급했듯이 학생들은 종교계의 독립운동과 거리를 두고 있었고, 자신들의 독자적인 독립운동을 끝까지 유지하고자 했다. 2월 28일에 있었던 박희도의 발언은 제어되지 않는 학생들의 운동에 대한 불안감의 표현이었을 것이다. 어쩌면 그는 자신이 학생들을 가장 잘 이해하는 사람이라고 자부했을지 모른다. 그러나 실제로 그는 학생을, 대중을 가장 모르는 사람이었다.

숨가쁜 하루가 지나고……

2월 28일 저녁, 불 꺼진 승동교회에 청년 몇 명이 은밀히 모여들었다. 창밖의 불빛이 예배당 안으로 들어와 붉은 실루엣을 만들었다. 청년들은 실루엣만으로도 충분히 서로의 얼굴을 알아볼 수 있자 굳이 불을 켜지 않고 회의를 시작했다. 3월 1일 독립운동을 앞두고 열린 학생 지도부의 마지막 회의였다.

학생들은 각 전문학교 대표자와 경찰의 주목을 받아 체포될 위험이 있는 사람들은 3월 1일 집회에 가능한 한 참여하지 않도록 했다. 또 내일 있을 집회와 시위에서 폭력행위 같은 불상사가 발생하지 않도록 최대한 주의하기로 했다.

이날 학생들이 주도하기로 한 제2차 독립운동의 날짜와 장소, 시간이 정해졌다. 한위건의 제안을 통해서였다. 학생들은 제2차 독립운동을 3월 5일 아침 9시에 남대문역에서 진행하기로 했다. 3월 2일은 일요일이고, 3월 3일은 고종의 국장이 있는 날이며, 국장 다음날인 3월 4일은 국장의 여운이 남아 아무래도 어수선할 것이 예상되었으므로, 3월 5일이 여러 면에서 최선의 선택이라 여겨졌다.

경성 시내에 배포할 선언서를 중등학교 대표자들에게 분배하는 일은 강기덕과 김문진이 맡기로 했다. 이틀 전인 2월 26일 이갑성이 강기덕을 찾아와 선언서의 시내 배포를 맡아달라고 부탁했었다. 강기덕은 3월 1일 독립운동에 최대한 협조하기로 한 만큼 기꺼이 이 일을 맡았다.

강기덕은 이갑성과 함께 논의하여 중등학교의 대표자를 선정했다. 선언서의 시내 배포와 3월 1일 당일 학생 동원을 맡아줄 책임자가 필요했던 것이다. 물론 모든 중등학교에 대표자를 선정하지는 못했다. 주변의 인맥을 총동원하여 가능한 한 많은 이를 확보할 뿐이었다.

2월 28일 강기덕은 일찌감치 세브란스병원에 입원했다. 혹시 있을지도 모를 경찰의 감시를 피하기 위해서였다. 최고의 학생 지도자에 걸맞은 주도면밀한 모습이었다. 그가 입원함으로써 세브란스병원 사무원 이갑성은 누구의 주목도 받지 않은 채 강기덕의 병실을 찾아와 거사 전 최종 논의를 진행할 수 있었다.

승동교회의 회의가 끝날 무렵, 이갑성은 보성사 사장 이종일李鍾一(62세)에게 선언서 1천500매를 받아 강기덕에게 전달했다. 강기덕은 선언서를 은밀히 정동교회로 옮겼다. 정동교회에는 김문진이 중등학교 대표들을 집결시키고 기다리고 있었다. 중앙, 보성, 선린, 배재, 휘문, 조선약학교 등을 다니는 15~16명 정도의 학생들이었다. 강기덕은 한 사람당 100매 정도씩을 나누어주면서 지역을 할당해 3월 1일 2시 이전에 모두 배포하도록 했다.*

3월 1일의 해가 떠오르기 전, 독립운동의 마지막 무대가 된 곳은 정동교회였다. 이곳이 독립운동에 참여한 학생들로 북적이기 시작한 것은 2월 26일 무렵부터였다. 목사 이필주李弼柱(51세)가 독립운동에 참여하기로 결정하면서 정동교회 안에 있는 자신의 집을 기꺼이 학생들을 위해 개방했기 때문이다. 일제 당국은 김원벽에게 어떻게 이필주의 집을 빌리게 되었는지 추궁했다. 김원벽은 단호하게 모른다고 대답했다. 하지만 감리교도인 김원벽이 모른다면 이 세상에 그걸 아는 사람은 아무도 없을 것이다.

그렇게 숨가쁜 하루가 지나고 새날이 밝았다. 학생들은 한 달여 시간을 불태워 여기까지 달려왔다. 그러나 그들에겐 자신들이 생각했던 것보다 훨씬 더 많은 역할이 기다리고 있었다. 그것은 버거운 일이었지만 결코 피할 수 없는 일이었다.

3월 1일 오전 10시경, 강기덕의 병실 문을 급히 두드리는 사람이 있었다. 강기덕은 긴장했다. 그는 오늘 파고다공원에 가지 않기로 했기 때문에

* 경성에 선언서가 뿌려진 시점을 두고 증언이 엇갈린다. 강기덕에게 선언서를 분배받은 학생들은 대개 3월 1일 2시에 임박하여 할당된 지역의 가옥에 배포하거나 가두에서 행인들에게 나누어주었다고 진술했다. 하지만 최린은 3월 1일 아침에 이미 집안에 선언서가 떨어져 있었다고 회고했다. 경성 시내에 선언서를 뿌린 학생들은 강기덕 그룹에 속한 이들만 있었던 것이 아니었다. 천도교와 기독교, 불교 교단은 강기덕 그룹과 별개로 자신들과 친밀한 관계를 맺고 있던 학생들을 동원해 선언서를 배포했다. 한용운이 불교중앙학림 학생들을 동원해 선언서를 뿌린 것이 대표적인 예이다. 또 강기덕 그룹에 속했다 하더라도 선언서를 배포한 학생이 모두 검거된 것은 아니어서 남아 있는 진술이 모든 사례를 대변한다고 볼 수도 없다. 이런 점에서 3월 1일 새벽이나 아침에 선언서를 배포한 학생도 충분히 있을 수 있다. 물론 강기덕 그룹의 학생들이 거짓말을 한 것일 수도 있다. 일제 경찰 당국은 2월 28일 밤부터 3월 1일 아침까지 시내 각처에서 독립선언서를 발견하고 수사에 들어갔다고 보고했다(국회도서관 편, 『한국민족운동사료(3·1운동편)』 其三, 국회도서관, 1977).

찾아올 사람이 없었다. 강기덕은 잔뜩 경계한 몸짓으로 조심스럽게 문을 열었다. 문틈으로 비친 얼굴을 본 후에야 겨우 마음을 놓았다. 어젯밤 선언서를 함께 분배했던 김문진이었다. 그런데 그의 표정이 이상했다. 그는 금방 울음을 터뜨릴 것 같은 표정으로 입을 열었다.

학생과 대중에 대한 뿌리깊은 불신

심각한 표정으로 김문진의 얘기를 듣고 있던 강기덕이 자리에서 일어섰다.

"가보자."

앉아 있다고 해결될 일이 아니었다. 직접 만나 왜 그런 결정을 했는지 물어야 했다. 바로잡을 수 있다면 바로잡아야 했다. 민족대표들이 왜 갑자기 독립선언 장소를 파고다공원에서 명월관지점으로 변경했는지 그 이유를 알아야 했다.

이날 명월관지점에 간 사람은 김원벽과 김문진, 그리고 한국태韓國泰라는 사람이었다. 한국태는 명천인지 성진 출신으로 세브란스의학전문학교에서 강의를 하는 강사라고 했다. 강기덕은 그가 언제부터인가 별다른 이유 없이 자신들을 따라왔다고 했다. 파고다공원과 명월관지점 주변은 이미 학생들과 종교인, 시민들로 붐비고 있었는데 군중 속에 있던 그가 우연히 장소 변경 소식을 듣고 분노해 따라왔던 것으로 보인다.

강기덕은 명월관지점으로 들어가 민족대표들을 만났다. 그는 손병희와 기타 민족대표들에게 장소를 변경한 이유를 물었다. 그들은 "파고다공원에서 선언서를 발표하면 경찰이 자신들을 현장에서 체포할 것이고, 학생과 군중들이 그것을 보면 폭동이 일어날지 모른다"고 했다. 폭동의 위험을 최소화하기 위해 장소를 변경했다는 답변이었다.

강기덕은 납득하지 못했다. 학생과 대중에 대한 저들의 뿌리깊은 불신에 분노할 수밖에 없었다.

강기덕은 말했다.

"민족대표가 파고다공원에 가지 않으면 그것이 오히려 폭동의 원인이 됩니다. 파고다공원에서 선언서를 발표한다고 학생과 시민을 모아놓고 갑자기 명월관지점에서 한다고 하면 거짓말을 하는 것과 마찬가지입니다. 당장 파고다공원으로 가셔야 합니다."

하지만 누군가가 말했다.

"우리가 가지 않아서 폭동이 일어난다면 그것은 우리가 책임지겠소. 선언서는 여기서 발표해도 전혀 문제가 되지 않소. 우리는 여기서 발표할 테니 당신은 돌아가는 게 좋겠소."

강기덕은 얼굴이 확 달아오르는 걸 느꼈다.

"그때 책임진다고 말한 사람은 누구인가?"

예심판사의 질문에 강기덕이 대답했다.

"모르겠소. 난 그때 실례되는 태도를 취하고 말았소. 거기에 있던 사람들이 나의 팔을 잡고 제지했고, 그곳은 무척이나 혼란해져버렸소."

참아야 했지만 강기덕은 참지 못했다. 분노가 그의 이성을 모두 잠식한 것 같았다.

강기덕은 만류하는 사람들에 의해 끌려나오다시피 해서 명월관지점을 나왔다. 몇몇 사람이 따라나와 차분한 말투로 그를 설득하고 나섰다. 그러나 그의 귀에 그 말이 들어올 리 없었다. 바로 그때 강기덕은 이제 막 명월관지점으로 들어가는 이갑성과 눈이 마주쳤다. 이갑성은 무언가 얘기할 듯하다가 말없이 문 안으로 사라졌다.

"손병희 등이 파고다공원에 나오지 않은 것에 대해 어떻게 생각하는가?"

예심판사의 질문에 강기덕이 답했다.

"마음에 불평이 있었소."

28일 밤 민족대표가 장소를 변경했을 때 박희도나 이갑성은 학생 지도부에 이 사실을 알리고자 했을 가능성이 높다. 그 대상은 김원벽이었을 수도 있고, 강기덕이었을 수도 있다. 하지만 강기덕의 말과 행동을 보면 그 소식이 그에게까지 닿지 못했거나, 닿았더라도 충분히 납득하지 못했던 것 같다.

강기덕은 파고다공원의 학생과 시민들에게 민족대표가 오지 않기로 한 사실을 알리고, 계획대로 집회를 진행하도록 했다. 강기덕은 어떠한 상황에 처하더라도 불법적인 행동을 하지 말라고 당부했다.

강기덕은 병원으로 돌아가지 않고 남산공원으로 향했다. 인근에 있는 조선총독부와 경무총감부가 신경쓰였지만 그곳만큼 시내가 한눈에 내려다보이는 곳은 없었다. 얼마 지나지 않아 조선민족이 온 힘을 다해 부르는 만세의 함성이 공원 안까지 들려왔다. 학생과 군중들이 대열을 갖추고 행진하는 모습이 보였다.

휑했던 마음이 어느새 다시 뜨거워졌다. 주체할 수 없을 만큼 많은 눈물이 흘러내리기 시작했다.

남산공원. 이곳에서 강기덕은 조선민족이 온 힘을 다해 부르는 만세의 함성을 들었다. 이곳은 시내를 한눈에 볼 수 있는 곳이자, 인근에 조선총독부와 경무총감부가 위치해 헌병경찰의 움직임도 파악할 수 있는 곳이었다. (민족문제연구소 소장)

확실해진 것이 하나 있었다. 이것은 그들의 싸움이 아니라, 우리의 싸움이라는 점이었다. 학생들만으로 제2의 독립운동을 하기로 했을 때부터 학생들은 어쩌면 그 사실을 알고 있었는지도 모른다.

만세의 함성이 뒤흔든 3월 5일

3월 5일의 해가 밝았다. 이날은 오로지 학생들만의 힘으로 준비한 제2차 만세시위가 있는 날이었다. 학생 지도부는 3월 1일의 시위에서 가능한 한 전문학교 학생들을 모두 제외할 정도로, 3월 5일의 시위에 모든 역량을 집중시키고자 했다. 독립운동이 결코 한 번으로 끝나는 것이 아니라, 독립이 되는 그날까지 제2, 제3의 운동으로 계속될 것임을 보여주기 위한 시위였기 때문이다.

남대문역 앞 도로는 예정시각인 오전 9시가 되기 한참 전부터 사람들로 붐비기 시작했다. 9시가 다 되어갈 무렵엔 발 디딜 틈도 없을 정도였다. 이 많은 사람들이 도대체 어디에 있다가 나타난 것일까.

일제 당국은 이날 모인 군중이 약 1만 명이었다고 기록했다. 3월 1일에 모인 군중을 2천~3천 명이라고 기록했던 그들이 1만 명이라고 했으니 최소한 세 배 이상의 군중이 더 모인 셈이었다. 그러나 우리는 알고 있다. 예나 지금이나 경찰 당국의 집계는 정확하지 않다는 것을 말이다. 우리는 그들이 언제나 시위 군중의 규모를 말도 안 되는 수준으로 축소해서 기록하려 한다는 것도 잘 알고 있다. 이러한 사실을 감안하면 이날 실제로 모인 군중의 수는 3만이 될 수도 있고 5만이 될 수도 있고 10만이 될 수도 있다. 진실은 알 수 없다. 그저 각자의 깜냥대로 믿고 싶은 숫자를 믿을 수밖에.

이날 이렇게 많은 사람들이 모일 수 있었던 이유는 무엇일까. 두 가지 정도를 생각해볼 수 있다. 하나는 학생 지도부가 쏟아부은 조직력이다. 이날 그들은 이후의 운동을 책임질 몇몇 간부를 제외하고 동원할 수 있는 모든 인맥과 역량을 총동원했다. 그것이 많은 사람들을 끌어모으는 데 기본적인 힘이 되었을 것이다.

하지만 이보다 더 중요한 이유가 있었다. 바로 3월 1일 시위가 가져온 효과였다. 일제 당국은 이날 시위를 제대로 막지 못했다. 시위대는 경성의 주요 지점을 모두 통과하며 만세를 불렀고, 총독부청사 등 주요 관공서만 지킨 채 어쩔 줄 몰라 하며 우왕좌왕하는 경찰과 군대의 모습을 곳곳에서 목격했다. 많은 사람들이 그 광경을 보고, 오랫동안 자기 앞을 가로막고 있던 벽이 무너지는 경험을 했다. 사람들은 경찰과 군대의 공포를 이겨낼 용기를 얻었다. 이것이 2차 시위에 더 많은 사람이 나오게 된 이유였다.

사람들은 시위에 나오며 각자가 가져올 수 있는 것들을 가지고 나왔다. 구호를 적어넣은 깃발이 대표적이었다. 사람들이 모이는 집회엔 언제나 그러하듯이 전에는 존재하지 않았던 많은 것들이 새롭게 등장한다. 새로운 생각이 태어나고 새로운 인식이 자라난다. 3월 5일 남대문역 일대를 붉게 물들인 붉은 수건도 그중 하나였다. 사람들은 붉은 수건을 머리띠인 양 머리에 두르기도 하고, 완장처럼 팔에 감기도 하고, 손에 들고 흔들기도 하면서 만세를 불렀다. 붉은 수건은 내 가슴을 뜨겁게 달구는 불덩어리를 내 친구, 내 이웃에게 전하는 도구였다.

붉은 수건은 수레에 담겨 현장에서 대량으로 배포됐다. 그렇게 많은 수건을 미리 준비해 나눠준 사람들은 누구였을까. 일제 당국은 3월 5일 시위에 참석했다가 붙잡힌 거의 모든 조선인들에게 그들이 누군지를 캐물었다. 하지만 끝까지 그들의 존재를 제대로 알아내지 못했다.*

9시가 조금 지난 시각, 군중 속에서 두 대의 인력거가 나타났다. 인력거에 탄 청년들의 손에는 미리 약속이라도 한 듯 '조선독립'이라고 쓴 깃발이 들려 있었다. 강기덕과 김원벽이었다. 군중들은 인력거를 앞세우고 행진을 시작했다. 만세의 함성이 온 시내를 뒤흔들었다.

---

* 보성고등보통학교 2학년 길원봉(吉元鳳, 16세), 최완규(崔完奎, 25세), 김기세(金基世, 16세)는 3월 5일 아침, 급장인 이시영(李時英, 22세)에게 붉은 수건을 받았다. 이시영은 그날 아침 전옥결(全玉玦, 24세)에게 붉은 수건 세 장을 받았다고 한다. 전옥결은 붉은 수건으로 머리띠를 두르고 만세를 부르라고 했다. 또 이시영은 현장에서 수레째 가져와 수건을 나눠주는 모습을 목격했다. 아마도 전옥결이 붉은 수건을 준비한 사람들 중 하나이거나 준비한 사람들과 연결되어 있던 사람일 것이다. 전옥결은 보성고등보통학교 4학년생으로 장채극(張彩極, 22세)과 함께 보성고등보통학교의 학생대표로 활약했다. 장채극과 전옥결은 강기덕과 연결되어 있었다. 일제 공안 당국은 전옥결에게 누구로부터 붉은 수건을 받아 나눠준 것인지 추궁했지만, 전옥결은 이름을 모르는 누군가에게 받아 이시영에게 주었던 것이라고 발뺌했다. 장채극과 전옥결의 활약은 여기서 그치지 않는다. 그들의 활동은 뒤에 더 자세히 나온다.

'만세'로 조선인은 하나가 되었다. 그들은 독립과 민주주의와 자유를 위해 싸웠다. 어느 순간부터인가 그들은 새로운 세상을 꿈꾸기 시작했다. 아무도 억압받지 않는 세상, 아무도 차별받지 않는 세상, 아무도 착취당하지 않는 세상이 그것이었다.

강기덕은 시위를 시작한 지 10분 만에 경찰에 체포되었다. 김원벽은 좀 더 오래 버텼지만 그 역시 많이 길지는 않았다. 시위의 경험이 부족해 지도자를 보호하는 방법을 익히지 못했기 때문이다. 하지만 그래도 괜찮았다. 그런 것은 금세 배울 수 있으니까. 그리고 누군가 다음 사람이 그들이 떨어뜨리고 간 깃발을 주워 흔들면 될 테니까 말이다.

봄은 아직이었다. 하지만 조선인들의 마음은 이미 봄이었다.

호외 1

일제 군경 당국과 조선의 지식인들은 언제 3·1운동을 알게 됐을까

3·1운동은 천도교·기독교·불교 인사들과 학생, 해외 거주 조선인 등 많은 사람이 함께 계획했음에도 운동이 시작될 때까지 비밀을 유지했다. 그래서 3·1운동은 흔히 기적 같은 일로 받아들여진다.

일제 군경 당국은 3·1운동을 언제 알게 됐을까? 일제 군경의 최초 기록은 이렇게 전한다.

"2월 28일 밤 경성의 모某 지역에서 독립선언서를 발견했고, 3월 1일 아침 경성 각지의 조선인 거주지에서 격문을 발견하여 엄중 수사 중이다."

이는 3·1운동 당시 경기도 제3부(이전의 경무부) 부장으로 부임해온 지바 료千葉了의 증언으로도 확인된다. 그는 3월 1일 새벽 어떤 첩보망이 독립선언서를 입수해서, 즉시 우쓰노미야 다로 조선군사령관에게 전달했다고 회고했다. 우쓰노미야는 정무총감, 내무부장 등 관계자들과 함께 회의를 했는데, 그들은 독립선언서가 진짜인지 가짜인지도 쉽사리 판단을 내리지 못했다고 한다. 결국 그들은 민족대표 33인의 집을 조사해보기로 했는데, 집들이 모두 비어 있자 그때부터 이게 진짜일 수도 있겠구나 싶어 걱정을 했단다.*

* 윤치호는 3월 1일 일기에서 이날 오후 1시 형사들이 YMCA회관으로 몰려와 문건을 찾는다고 사무실과 서랍을 샅샅이 뒤졌다고 썼다. 물론 형사들은 아무것도 발견하지 못했다.

그 후의 상황은 우리가 이미 잘 알고 있다. 민족대표가 먼저 전화를 걸어 명월관지점에 있다는 사실을 알렸고, 일제 당국은 그제야 그들의 소재를 파악해 체포하게 되었다.

결국 일제 군경은 만세시위가 벌어지는 3월 1일 오후 2시까지 사건의 정황을 제대로 파악하지 못했다. 우쓰노미야도 2월 27일 권동진이 한 경고를 3·1운동과 같은 독립운동으로 연결시키지 못했다.

그럼 독립운동에 참여하지 않았던 이들 중 조선의 지식인들은 언제쯤 3·1운동을 알게 됐을까? 이는 하루도 빠짐없이 일기를 썼던 윤치호를 통해 어느 정도 가늠해볼 수 있다. 단 윤치호는 1919년 1월 말경 최린, 최남선 등에게 독립운동 참여를 권유받았다. 그는 참가를 거부했지만, 이때 파리강화회의에 조선인들이 일제통치에 불복한다는 의사를 표명하려 한다는 사실을 알았다. 때문에 이 부분을 제외하고 3·1운동의 구체적 계획을 언제 알았는지를 추적해야 한다.

주목할 만한 내용의 일기는 2월 20일 처음 나온다. 양주삼梁柱三*이 고종 장례식이 진행되는 도중 소요가 일어날지도 모른다고 걱정했다는 내용이다. 이즈음 고종의 장례식에서 뭔가 일이 벌어질지도 모른다는 불안감은 그만의 생각이 아니었을 것이다.

2월 23일 윤치호는 도쿄 YMCA 간사 피셔의 강연을 들으러 온 청년, 학생의 분위기에 놀란다. 청년과 학생들 대부분이 애국심과 정치에 관한 이야기만 듣고 싶어했기 때문이다. 그는 청년, 학생들이 약간만 자

* 양주삼(1879~?). 일제하 조선 감리교의 1인자로 협성신학교 교수, 종교교회 목사등을 지냈다. 1936년 신사참배를 수용하고, 1939년 국민정신총동원조선연맹 등 각종 친일단체에 참가하면서 일제의 침략전쟁을 옹호하는 등 적극적인 친일활동을 벌였다(『친일인명사전』).

극해도 불이 붙을 것 같은 기세였다고 썼다.

윤치호는 2월 24일 경성에 떠도는 소문을 기록했다. 경성에 집결해 있는 학생들이 고종의 장례행렬 도중에 폭탄을 이용하여 소요를 일으킬 계획을 세우고 있다는 소문이었다. 사실과 부합하지 않을 뿐만 아니라 황당한 이야기이다. 윤치호는 아직 구체적인 진실에 접근하지 못했다.

그런데 2월 26일의 일기는 다르다. 경성의학전문학교 학생 정화기鄭華基가 소식을 전해주었기 때문이다. 윤치호는 그를 통해 비로소 3·1운동에 관한 구체적 진실을 알게 되었다. 정화기는 경성의 모든 중등학교 학생들이 고종 장례식의 하루나 이틀 전에 동맹 휴학을 벌이기로 결정했고, 지위와 명성을 가진 인물이 이 음모의 배후라고 전해주었다. 그리고 그는 학생들 사이에서 윤치호가 독립선언서에 서명하기를 거부했다는 소문이 돌고 있다고 덧붙였다.

이렇듯 윤치호는 일본인 당국자들보다 이틀이나 먼저 3·1운동의 실체에 접근할 수 있었다. 개인에 따라 편차가 있겠지만 조선의 지식인들은 대개 윤치호와 비슷한 경험을 했을 가능성이 높다. 조선인들과 일본인들 사이엔 눈에 보이지 않는 시차가 존재했던 것이다.

하지만 3월 1일 만세시위가 벌어지자 조선중앙기독교청년회 총무 윤치호는 YMCA회관을 완전 봉쇄했다. 골치 아픈 문제에 연루되지 않기 위해서였단다. 그리고 다음날 《오사카마이니치신문》과 인터뷰를 한다. 인터뷰에서 그는 이렇게 말했다.

"약소민족이 강한 민족과 함께 살아야만 할 때, 약소민족이 취할 수 있는 최선의 방책은 강한 민족의 호의를 구하는 것이다."

세계정세를 보는 윤치호의 눈은 탁월했다. 그는 파리강화회의에 조선 문제가 상정되지 않으리라는 것을 예측할 정도였다.

그는 말했다. "학생들의 어리석은 소요는 일본의 무단통치를 연장시킬 뿐"이라고.

하지만 그는 알지 못했다. 3·1운동이 조선과 조선인에게 가져올 거대한 변화를 말이다.

호외 2

열여섯 살 채순병이 전단을 뿌린 이유

경고警告

내일 5일 오전 8시 나팔이 한 번 울리면, 우리 2천만 동포는 준비해두었던 태극기를 들고 오전 8시 30분까지 남대문 부근에 집합하라.

1919년 3월 4일 밤, 경성 시내에 전단지 수백 장이 뿌려졌다. 반지半紙*를 절반으로 자른 종이에 등사판으로 인쇄한 것으로, 3월 5일 경성에서 있었던 제2차 만세시위의 시간과 장소를 알리는 전단이었다. 내용으로 보면 이 전단은 3월 5일 시위를 주도한 지도부가 만든 것처럼 보인다. 하지만 실상은 그렇지 않았다.

전단을 만든 이들은 사립국어보급학교 고등과에 다니던 채순병蔡順秉(16세), 중동야학교에 다니던 김종현金宗鉉(19세), 경성고등보통학교에 다니던 최강윤崔康潤(19세)이었다. 한 하숙집에 살던 이들은 주변 사람들을 통해 3월 5일 시위가 있다는 소식을 들었다. 그런데 이야기하는 사람마다 모이는 시간과 장소가 제각각이었다. 장소는 남대문이라거나 대한문 앞이라거나 의주통義州通(현재의 의주로)이라고 얘기하는 사람이 있었고, 시간은 오전 8시 반이라거나 정오라거나 정확한 시간 없이

* 얇고 흰 일본 종이를 말한다. 가로 35센티미터, 세로 25센티미터 정도의 크기였다.

오후라고 얘기하는 사람까지 있었다.

이래서는 될 일도 안 된다고 생각한 세 사람은 사람들에게 정확한 시간과 장소를 알려야 한다고 생각했다. 그래서 그들은 가지고 있던 돈을 모아 종이를 사고, 등사기를 돌려 전단지 400여 장을 만들었다. 그리고 구역을 나눠 학생들이 하숙을 할 만한 집들을 골라 전단지를 뿌렸다.

그들은 만세시위의 지도부가 아니었다. 누구도 그들에게 전단지를 만들어 배포하라고 하지 않았다. 하지만 그들은 했다. 자신들이 보기에 부족하다 싶은 부분을 스스로의 힘으로 채워넣었다. 언제나 그러하듯 자발성이 운동을 키운다. 3·1운동도 그러했다.

"그대는 어찌하여 독립운동을 하려고 했나?"

"조선 사람이니 독립을 하려고 한 것이오."

"그래서 어떤 수단으로 독립을 하려 했나?"

"조선 사람이 일본에 복종하지 않는 모습을 보여 독립을 성취하려고 했소."

– 보성법률상업학교 3학년 강기덕에 대한 검사의 심문에서 오간 말

2장

희망의 빛이 방방곡곡 비출 때까지, 목숨걸고 횃불을 들다

전달자들

2천만 동포의 영혼과 삼천리강산을 가진 우리 민족은 맨손임을 걱정하지 말라. 철함 대포는 각자의 마음속에 있다.

–《각성호회보》 제3호

만인이 죽어
백만 인을 살리는 길

보성사 사무원 인종익

인종익印宗益(49세)은 어금니를 꽉 깨물었다. 입술이 부어 잘 다물어지지 않았지만 그래도 온 힘을 다해 앙다물었다. 경성에서 내려오는 동안 수없이 상상한 장면이었다. 모든 것을 각오했다고 믿었다. 하지만 미처 각오하지 못한 것이 있음을 알았다. 상상을 뛰어넘는 실제를 각오하기란 가능하지 않았던 것이다.

청주로 오는 차 안에서 우연히 오면수吳勉秀(52세)를 만났을 때 너무 반가웠다. 운이 좋다고, 저절로 일이 풀려간다고 생각했다. 오면수가 술이나 한잔하자고 했을 때 거절했어야 했다. 하지만 그러지 않았다. 순간 그는 자신의 사명을 잠시 잊었다. 오랜 지인을 만난 반가움에 긴장의 끈을 놓고 말았다. 순사들이 자신을 주시하고 있다는 것을, 순사들이 눈앞에 와 설 때까지도 알지 못했다.

안면을 가격당할 때마다 뇌 속까지 흔들리는 듯한 충격을 느꼈다. 아무리 정신을 차리려 해도 차릴 수 없었다. 피인지 침인지 모를 액체가 끊임없이 흘러나오고 시큼한 피비린내가 입안에 진동했다. 찢어진 눈두덩에서 흐른 피가 눈앞을 가리고, 눈꺼풀이 부풀어올라 두 눈을 덮었다. 시야가 흐려지자 정신도 흐려졌다. 이대로 정신을 놓을 수는 없었다. 눈을 뜨고 정신을 똑바로 차려야 했다. 앞으로 이틀, 이틀만 버틸 수 있다면. 갑오년에 떠나보낸 동료들의 환영이 눈앞에 떠올랐다.

청주경찰서 경부 이성근李聖根(33세)* 은 인종익을 바라보며 가볍게 한숨을 쉬었다. 체포한 지 몇 시간이 흘렀지만 그는 입도 벙긋하지 않았다. 아무리 두들기고 매달아도 묵묵부답이었다. 부풀어오른 눈꺼풀을 들어올릴 때 간혹 보이는 눈빛은 여전히 살아 있었다. 이런 눈빛을 가진 사람이 쉬이 비밀을 털어놓을 리 없다는 것을 경험적으로 너무나 잘 아는 그였다. 그러나 걱정은 하지 않았다. 두드리고 매달다가 살살 어르고 달래면 결국 어느 순간 봇물 터지듯 없는 것까지 털어놓는 게 인간이라고, 여태껏 그렇

* 이성근(1887~?). 황해도 금천에서 태어났다. 1907년 황해도에서 순검이 되었다. 1909년 경부채용시험에 합격하여 황해도 송화경찰서 경부가 되었다. 1914년 충청북도 음성경찰서로 옮겨왔고 1916년 청주경찰서로 자리를 옮겨 사법주임이 되었다. 3·1운동 당시의 공로를 인정받아 1919년 10월 경무국 고등경찰과 속으로 영전했고, 1920년 3월 경시로 승진해 평안북도 경찰부 고등경찰과장이 되었다. 이후 수차례에 걸쳐 조선의 독립운동가를 검거하는 공로를 세워 고등관 5등의 이사관으로 승진해 전라남도 산업과장이 되었다. 함경북도 참여관, 내무부장을 거쳐 1939년 5월 고등관 2등의 충청남도지사가 되었다. 1941년 6월 조선총독부의 기관지인 《매일신보》 사장으로 임명되어 해방될 때까지 복무했다. 1949년 반민특위에 체포되었으나 병보석으로 풀려났다. 1950년 8월 한국전쟁 당시 납북되었다. 일제강점기 대표적인 1급 친일파이다(『친일인명사전』).

지 않은 인간은 본 적이 없다고 굳게 믿었다. 단지 시간이 남들보다 좀더 오래 걸릴 뿐, 인종익도 다르지 않을 거라고 확신하는 그였다.

경무총감부의 전보에 의하면 어제 경성은 발칵 뒤집어진 듯했다. 어리석고 순한 조선인들이 벌떼처럼 일어나 독립을 선언하리라고 누가 상상이나 했겠는가. 하긴 '동화'를 얘기하면서도 그렇게 대놓고 조선인을 차별하니, 바보가 아닌 이상에야 불만이 쌓이지 않을 리 없다. 애초부터 힘으로 억누르기만 하면 되리라 여긴 것이 잘못이라면 잘못이었을 것이다.

문득 이성근의 얼굴에 미소가 번졌다. 왠지 이번 일이 자신에겐 좋은 기회가 되리라는 예감 때문이었다. 몇 년 전 황해도에서 이곳 충청북도로 옮겨올 때만 해도 그는 기분이 영 좋지 않았다. 물산이 빈약한 충청북도는 흔히 '소천지小天地'*라 불렸고, 이곳의 관직은 한직 중 한직으로 여겨졌다. 관운은 여기까지인 듯했다. 그런데 나쁜 운이 오늘 바뀌었다. 전보를 받고 곧바로 부하들에게 청주경찰서 앞에 있는 천도교구를 주시하라 했더니 인종익이 걸려든 것이다. 몸수색을 하자 독립선언서 200여 매가 쏟아졌다. 이성근은 부하들을 내치고 직접 심문에 나섰다. 어쩜 인종익은 자신을 경성으로 안내할 귀인일지도 모른다.

"인심은 물이요, 한강이오"

"천도교인인가?"

"그렇소. 갑오년부터 믿고 있소."

"직업은 무엇인가?"

---

* 《매일신보》, 1919년 12월 9일. 이후 충청북도는 '삼등도(三等道)'라 불리기도 했다(北岳山人, 「十三道知事人物評, 忠北知事 金東勳君」, 『삼천리』 9(1), 삼천리사, 1937).

"보성사의 사무원이오."

"보성사는 무얼 하는 곳인가?"

"보성고등보통학교에 부설되어 있는 조그만 인쇄소요."

인종익이 말문을 열었다. 고문과 구타는 견디기 어려웠다. 침묵으로 일관할 수 없다면 조금이라도 정신이 온전할 때 말하는 게 나았다. 그래야 숨길 것을 숨길 수 있었다.

"가져온 인쇄물은 무엇인가?"

"일본의 굴레를 벗어나 조선의 독립을 도모하는 선언서요."

"몇 매나 가져왔나?"

"모르오. 인쇄소에서 손에 잡히는 대로 들고 왔소."

"경성을 출발한 것은 언제인가?"

"어제 3월 1일 오후 1~2시경 남대문역에서 남행 열차를 탔소. 5~6시 즈음 부강芙江역에서 내려 하룻밤을 묵고, 오늘 오후 4시쯤 청주에 도착했소."*

"부강에서는 어디서 숙박을 했나?"

"부강역 부근에 있는 주막에서 묵었소."

"주막을 떠난 것은 언제인가?"

"오늘 오후 3시쯤이오. 부강역에서 청주행 차를 탔소."

한번 입이 열리자 인종익의 답변은 거침이 없었다. 이성근은 의심했다. 언제 진술을 거부했냐는 듯 물어보지 않은 것까지 술술 털어놓는 것이 수상했다. 어떻게 말할지 준비할 시간이 필요했던 건가. 경성에서 청주로 오

---

* 「인종익 신문조서(제1회)」(청주경찰서 신문조서)(국사편찬위원회 편, 『한민족독립운동사자료집』 13, 국사편찬위원회, 1990에 수록). 원문은 3월 3일로 표기되어 있지만 심문이 있었던 날이 3월 2일이므로 오기이다.

기까지 일정에 서두른 기색이 전혀 없는 점도 이상했다. 하긴 이렇게 얘기하든 저렇게 얘기하든 이성근은 의심을 품었을 것이다. 1907년 황해도에서 순검이 된 이래 그는 남의 말을 제대로 믿어본 적이 없었다.

"청주교구장 오면수를 만난 건 언제인가? 실은 어제 만나 그의 집에서 묵은 게 아닌가?"

"아니오. 오늘 부강에서 청주로 오는데 오면수가 우연히 내가 탄 차에 탔소. 운전수에게 물어보시오. 그럼 거짓이 아니라는 걸 알 거요. 오면수는 전부터 알던 사이라, 그가 술이나 한잔하자고 하여 넉 잔을 대접받았소. 그 후 그가 청주교구로 가자고 하여 어쩔 수 없이 따라나섰는데, 순사들에게 미행당해 이렇게 체포된 것이오."

인종익은 원래 청주교구에 올 생각도, 교구장 오면수를 만날 생각도 전혀 없었다고 주장했다. 자신의 사명은 청주에 잠입하여 밤사이 시내 곳곳에 선언서를 배포하고 떠나는 것이었다고 했다. 그런데 우연히 오면수를 만나게 되었고, 이로 인해 순사들의 이목을 끌게 되면서 일이 틀어졌다는 것이다. 인종익은 오면수 때문에 일을 망쳤다며 그를 원망하고 또 원망했다.

이성근은 인종익의 표정을 살폈다. 연기를 하는 것인지 사실을 얘기하는 것인지 알 수 없었다. 연기라면 배우를 해도 되겠다 싶었다. 거짓말을 하는 게 아니라면, 숨기려고 하는 건 이것이 아니라는 말이다.

"똑바로 답하라. 선언서는 어디어디 배포할 예정이었나?"

"청주에만 배포할 계획이었소. 다른 사람도 대개 한 곳만 지정받았을 것이오."

"그럼 충주나 대전, 공주에는 누가 파견되었나?"

"누군지는 모르지만 큰 도시에는 모두 파견되었을 것이오."

"선언서는 얼마나 인쇄했나?"

"2월 28일 하룻밤 동안 인쇄했다고 하는데, 인쇄기 한 대가 한 시간에 3천 매를 인쇄할 수 있으니 꽤 많은 양이었을 것이오. 보성사에는 그런 인쇄기가 모두 다섯 대 있소."

"당신은 인쇄하지 않았나?"

"그날은 숙직이 아니어서 일찍 퇴근했소."

"그럼 인쇄와 배포의 책임자는 누구인가?"

순간 인종익은 입을 다물었다. 모른다고 잡아뗄 수도 없고, 숨기려야 숨길 수도 없으니 이야기해야 했다. 차마 입이 떨어지지 않았다.

"인쇄 책임자는 이종일李鍾一(62세)*이오. 선언서와 여비를 주면서 청주로 가라고 한 것도 그였소."

인종익은 힘겹게 그의 이름을 털어놨다. 이종일은 천도교 월보과장이자 보성사 사장이었다. 민족대표 33인 중 한 명이었으니 이미 체포되었을 것이다. 수년간 그와 함께한 시간이 떠올라 마음이 어지러웠다. 그의 고난이 자신의 것보다 수월하길 빌었다.

"여비는 얼마나 가지고 왔나?"

"37원을 받았소."

"경성에서 청주인데 어째서 37원이나 받았나?"

"청주에 선언서를 배포한 후 한동안 몸을 피하라 했소. 그래서 조금 여유 있게 준 것이오."

---

* 이종일(1858~1925). 충청남도 태안에서 태어났다. 1898년부터 1910년까지 《제국신문》 사장 겸 기자를 역임했다. 1919년 당시 천도교 월보과장이자 보성사 사장으로 독립선언서의 인쇄를 책임졌다. 민족대표 33인 중 한 명이다.

"선언서를 배포한 후 그다음 목표는 무엇인가? 각지에서 폭동소요를 일으킬 작정이었는가?"

"그건 아니오. 우리의 목적은 민족자결주의를 널리 알리고, 우리 민족에게 독립 의지가 있음을 만천하에 알리는 것이오."

이성근은 인상을 찌푸렸다.

"그게 가능하다고 생각하나? 도대체 이렇게 무모한 일을 벌이는 이유가 무엇인가?"

이종일. 민족대표 33인 중 한 사람으로, 독립선언서의 인쇄를 책임졌다. (국사편찬위원회 소장)

이번엔 인종익이 얼굴을 찌푸렸다. 같은 조선인이면서도 그 뜻을 전혀 이해하지 못하다니, 그런 그가 너무 한심하게 보였다. 인종익은 그의 눈을 똑바로 쳐다보며 말했다.

"우린 무모하다고 생각하지 않소. 지금이 가장 적기이고, 바로 지금 해야 할 일이 이것이라 생각하오. 원래부터 성공을 기대하고 한 일은 아니었소. 하지만 이번에 실패하면 누군가가 우리 뒤를 이을 것이오. 100명이 죽으면 100명이 나올 것이오. 인심은 물이요, 한강이오. 아무리 막아도 물은 새어나오게 되지 않겠소?"

이성근은 그의 말에 끌끌 혀를 찼다. 자신의 도발에 기대 이상의 답변이 나왔다. 하지만 왠지 그의 눈을 똑바로 쳐다보기 어려워 고개를 돌렸다. 이성근은 몇 가지를 더 묻는 듯 마는 듯하다가 서둘러 심문을 끝냈다.

무수한 고문과 구타에도 은폐하려던 진실

이틀 후인 3월 4일 이성근은 다시 인종익을 조사실로 불렀다. 그동안 청주교구장 오면수와 체포 당시 현장에 있었던 천도교인 몇 명을 심문했지만 성과는 없었다. 오면수는 인종익에게 선언서 배포를 부탁받은 바 없고, 이에 관해 천도교 중앙에서 연락받은 바도 없다고 했다. 단지 차에서 우연히 인종익을 만나 함께 술을 한잔한 것뿐이라는 주장이었다. 이성근은 인종익이 부강에서 청주로 올 때 탔던 차의 운전수 우치카와內川勘四郎를 찾아내 심문했지만, 그의 답변도 그들의 주장을 확인해주는 데 그쳤다. 무언가를 숨기는 건 분명한데 그게 무엇인지 알 수 없었다. 답은 인종익에게 있었다.

고문과 구타의 강도는 점점 더 강해졌다. 이성근이 아는 한 다른 방법은 없었다.

"똑바로 말해라. 버틸수록 네 몸만 축날 뿐이라는 걸 모르겠나?"

그것은 사람의 몸이 당해낼 고문이 아니었다.

"사실을 말하겠소."

이성근의 눈이 번쩍 뜨였다.

"경성을 떠난 것은 3월 1일 오후가 아니라 2월 28일 오전이었소. 대전에 내려 호남선을 타려고 했는데 기차 편이 없었소. 어쩔 수 없이 대전에서 1박을 하고, 다음날인 3월 1일 새벽 6시에 첫차를 타고 이리(현재의 익산)에 내려서 경편열차로 갈아타고 12시경 전주에 도착했소. 오후 1시에 다시 경편열차를 타고 이리로 돌아가 호남선을 타려고 했는데 기차가 만원이라 타지 못했소. 부득이 이리역 주변에 있는 이리시장 최모 주막에서 1박을 하고 다음날인 3월 2일 아침 7시 30분에 기차를 타고 대전에 내렸소. 대전에서 열차를 갈아타고 오후 2시쯤 부강에 도착했고, 3시쯤 차를 타고 청주로 온 것이오."

"전주엔 한 시간밖에 체류하지 않았다는 말인데, 도대체 무엇 때문에 간 것인가?"

"전주에 있는 천도교구실에 선언서를 전달하러 갔소. 이종일이 전주교구장에게 미리 통지해두었다고 했소. 그런데 교구장은 상경 중이라 부재중이었고 그 밑에서 일하는 사람이 대신 받기로 했다고 해서 주고 왔소."

"그의 이름은 무엇인가?"

"모르오. 처음 보는 사람이었소."

"선언서는 얼마나 주었나?"

"실은 경성에서 가져온 선언서가 2천 매 정도 되오. 청주에 배포하려던 200매를 제외하고 모두 주고 왔으니 1천800매 정도 될 것이오."

"전주교구실에 미리 연락하고 전달한 것이라면 청주교구실에도 그렇게 한 것이 아닌가?"

"아니오. 이종일이 청주에는 미리 연락하지 않았다고 했소. 그래서 내가 직접 배포하려고 한 것이오."

"경유했던 이리와 대전에도 선언서를 배포한 것이 아닌가?"

"아니오. 그곳은 단지 경유지였을 뿐이오."

"그게 다는 아닐 것이다. 바른대로 대라."

"아니오. 다른 곳에는 배포하지 않았소."

"그럼 전주는 도대체 지금까지 왜 숨긴 것인가?"

인종익은 이성근을 물끄러미 한 번 쳐다보고는 말을 이었다.

"3월 3일까지는 비밀로 하려고 한 것이오. 전주에서도 배포할 시간이 필요하지 않겠소? 아마 3월 2일 밤이나 3월 3일 이른 아침에 내가 전해준 선언서를 모두 배포하였을 것이오."

무수한 고문과 구타에도 버티며 진술하지 않았던 이유, 진술을 시작한 후에도 진실을 은폐한 이유는 바로 이것이었다.

"그럼 선언서를 인쇄한 날짜도 속인 것인가?"

"그렇소. 실은 2월 28일 밤에 인쇄한 것이 아니라 2월 27일 밤에 인쇄했소."

"여비는 얼마나 받았나?"

"40원 정도 받았소. 37원이란 것도 거짓이었소."

또 하나의 진실

이성근은 급히 전주경찰서에 수사를 의뢰했다. 인종익이라는 자가 천도교 전주교구에 선언서를 전달했다고 하니 사실 여부를 확인해달라는 의뢰였다. 마음이 급해진 이성근은 다음날인 3월 5일에도 심문을 계속했다. 전날 성과가 있었던 만큼 더욱더 강한 고문과 구타로 인종익을 몰아쳤다.

"경성에서 가져온 선언서는 2천 매가 아니라 4천 매였지? 전주에만 미리 통보한 게 아니라 청주에도 미리 통보했지?"

그는 인종익의 진술 전체를 의심하며 사실 하나하나를 재확인했다. 전주를 숨기려 한 것을 보면 분명 다른 곳도 숨기고 있을 공산이 컸다. 하지만 인종익은 전주와 청주 외에는 없다고 완강히 부인했다.

"독립을 선언한 후 황제를 다시 세울 생각이었나?"

인종익이 고개를 들어 이성근을 쳐다봤다. 그는 천천히 입을 열었다.

"지금의 세계는 모두 민주공화정이오. 독립이 되면 민주공화정을 세우는 게 낫지 않을까 싶소."

"그럼 손병희를 대통령으로 삼을 생각이었나?"

인종익은 가만히 고개를 저었다.

"아니오. 민주공화정이 세워지면 일반 민주의 선거로 대통령을 뽑을 것이오."

인종익은 간절히 바라는 마음으로 진지하게 답변했다. 하지만 이성근은 허황된 꿈이라며 그를 비웃었다.

이성근은 청주의 천도교인들에 대해 수사를 확대했다. 별로 관련이 없는 천도교인들까지 모조리 소환해 관련자 색출에 나섰다. 이번 사건이 발생한 후 그는 뭔가 이상한 열정에 휩싸여 있었다. 조선인들의 만세시위는 놀라웠지만, 그는 그것이 계란으로 바위치기라고 생각했다. 아무리 애써도 강고한 일본의 통치는 흔들리지 않을 것이고, 조선인은 결국 지게 되어 있다고 여겼다. 이성근은 시위에 나선 조선인들이 미웠다. 독립을 확신하는 못난 조선인들이 보기 싫었다. 그래서인지 그는 그들에게 더욱 가혹하게 굴었다. 나는 너희들과 다르다고, 너희들보다 훨씬 뛰어난 종자라고 생각하는 그였다. 빗나간 그의 열정에 죽어나는 건 청주의 천도교인들이었다.

3월 6일 드디어 전주경찰서의 수사 결과가 도착했다. 전주경찰서는 인종익이 3월 1일 전주교구에 온 것이 맞으며, 전주교구장 김봉년金奉年이 부재중이어서 구창근具昌根이라는 자가 선언서 1천800매를 대신 받았다고 확인해주었다.

구창근은 선언서를 받으면서 인종익에게 각지로 배포해달라는 부탁을 받았던 것으로 밝혀졌다. 구창근이 그중 1천 매 정도를 전주의 천도교인인 김진옥金振玉(39세)에게 주어 천도교 임실교구에 전달하게 했다는 사실도 드러났다. 하지만 전주경찰서는 김진옥만 체포하고 구창근의 신병은 확보하지 못했다. 그는 3월 1일 이후 행방불명 상태라고 했다. 전주교구장 김봉년도 경성으로 간 후 돌아오지 않아 천도교 중앙이 전주교구에 연락한 경위라든가, 김봉년이 구창근에게 지시한 사항 같은 것은 제대로 알 수 없다고 했다.

하지만 이것만이 아니었다. 전주경찰서는 두 가지 놀라운 사실을 밝혀냈다. 하나는 인종익이 전주에서 구창근에게 선언서를 전달한 후 이리로 이동할 때 혼자서 간 것이 아니었다는 점이다. 그에겐 동행자가 있었다. 전주교구장 김봉년의 사위 이원규李元圭라는 인물이었다. 다른 하나는 인종익이 이리로 간 것이 단순히 경유하기 위한 것이 아니라는 사실이었다. 인종익은 이리에서 이원규의 소개를 받아 천도교 이리교구장을 만났다. 그리고 그에게 선언서를 전달했다. 이것이 바로 인종익이 숨기고자 했던 또 하나의 진실이었다.

만인의 피로 백만을 물들여

"이제 와서 무얼 더 숨기겠소. 내가 다 말하리다."

인종익이 입을 열었다. 그는 연이은 심문으로 반쪽이 다 된 몰골로 조사실에 끌려왔다. 그를 아는 사람이 봤다면 차마 보지 못하고 고개를 돌릴 만큼 참혹한 모습이었다. 그는 피딱지로 얼룩진 입가를 훔치며 잘 떠지지 않는 눈을 애써 떠 앞을 바라봤다. 눈앞에 갑오년의 동지들이 또다시 아른거렸다. 기쁨에 들뜬 모습인 걸 보니 그해 가을 대흥관아를 점령했을 무렵인가보다. 인종익은 예포대접주 박덕칠朴德七이 이끄는 농민군에 속해 있었는데, 대흥관아를 점령했던 일은 예포농민군의 가장 빛나는 성과였다. 인종익의 얼굴에 미소가 떠올랐다.

"이리로 갈 때 동행이 있었다고 하던데?"

"그렇소. 전주교구장 사위인 이원규와 동행했소. 그의 안내로 이리교구장 집에 갔고 그 집에서 하룻밤을 묵었소."

"이리교구장의 이름은 무엇인가?"

"이박李博인가 이백李白인가 그 비슷한 이름이었는데 잘 기억나지 않소."

"그에게 선언서를 전달했나?"

"그렇소. 이원규가 전주에 준 선언서 중 일부를 가져와 그에게 주었소."

"당신이 가지고 있던 것에서 준 것이 아닌가?"

"아니오. 그렇지 않소."

"이원규는 당신이 가지고 있던 것에서 줬다고 하는데?"

"그가 거짓말을 한 거요. 내 말을 믿으시오. 내 말이 진실이오."

인종익은 부인했다. 사실이라도 절대 인정할 수 없는 것이었다. 이것을 인정하면 자신이 2천 매 이상의 선언서를 갖고 있었던 것이 된다. 그럼 나머지 선언서의 행방을 밝혀야 하고 더 많은 진실을 이야기해야 한다. 전주경찰서는 이원규를 체포했지만 이리교구장은 체포하지 못했다고 알려왔다. 인종익에겐 참으로 다행스런 일이었다. 준 사람만 잡고, 받은 사람은 잡지 못했으니 진상을 온전히 밝히기가 어려워진 것이다. 이로 인해 이리에 전달된 선언서의 행방이 묘연해졌고, 그 선언서를 인종익이 준 것인지 이원규가 준 것인지도 확인할 수 없게 되었다.

"당신은 이번 사건의 동기가 무엇이라 생각하나?"

이성근이 질문을 바꿨다. 이리 건은 뒤로 미루고 사건의 본질을 따져 인종익의 죄질을 명백히 할 요량이었다.

"경술년의 비운은 참으로 슬픈 일이오. 민족의 오랜 역사 속에 타국의 노예가 되었으니 이처럼 부끄러운 일이 어디 있겠소? 기회를 엿보던 터에 미국 대통령 윌슨이 민족자결주의를 제창했으니, 이는 전 세계가 자치를 받아들이는 기운이라. 이와 같은 천재일우의 기회는 또 없을 것이요. 그래서 온 국민이 피눈물로 독립자치를 절규한 것이오."

"조선을 독립시키려면 미국은 필리핀을, 영국은 인도를, 프랑스는 베트남을 독립시켜야 할 것이다. 이는 미국과 영국이 스스로 자신의 뿌리를 해치는 일이 될 터인데 그들이 과연 그렇게 하겠는가?"

"미국의 윌슨 대통령이 민족자결주의를 제창한 까닭은 천하의 어느 나라도 식민지의 자치를 허락하고 독립 생존을 보장하여 정의·인도를 관철시키려는 것이오. 결국 조선을 독립시킬 뿐 아니라 자신들의 식민지도 모두 자치를 허용하기에 이를 것이오."

"그리 말하는 걸 보면 그대는 단순한 심부름꾼이 아니라 모의에 참여한 발기인 중 한 명일 것이다."

이성근의 말에 인종익은 살짝 미소를 지었다.

"난 발기인이 아니오. 당신이 묻기에 단지 나의 이상을 말했을 뿐이오."

"그대의 경거망동으로 다수의 사람이 징역을 받지 않으면 안 되는데 그래도 좋은가?"

인종익이 말했다.

"만인이 죽어 백만 인을 살리는 방법이 있다면 죽음도 불사할 것이오. 만인을 죽이면 만인의 피가 백만을 물들이고, 백만을 죽이면 백만의 피가 천만을 물들일 것이오. 그럼 결국 좋은 결과를 얻을 수 있지 않겠소?"

"그대가 감옥에 들어가면 가족은 어떻게 하나?"

"지금 내 가족을 걱정해주는 것이오? 내 가족은 가족대로 자활의 길을 구할 것이오."

내가 간 이 길이 독립의 길로 이어지기를

이성근은 3월 13일 인종익의 신병과 함께 사건을 경무총감부로 이첩했다. 최선을 다한 만큼 수사 결과는 만족스러웠다. 인종익의 검거로 청주 내 선언서의 배포를 막았을 뿐 아니라, 전주의 선언서 배포 관계자들을 검거하는 데도 일조했으니 이보다 좋을 수는 없었다. 하지만 여기에만 신경 쓰고 있을 수는 없었다. 만세시위가 전국 각지로 퍼져나가면서 청주경찰서도 연일 비상상태였던 것이다. 인종익 사건은 이첩과 함께 이성근의 관심에서 멀어졌다.

사건이 이첩된 바로 그날, 인종익은 경무총감부에서 심문을 받았다.* 경무총감부의 경찰들은 모두 정신이 없어 보였다. 전국 각지에서 벌어진 만세시위로 업무가 폭주한 탓이다. 인종익 사건을 담당한 일본인 경부는 피곤에 찌든 모습으로 이첩된 수사자료를 성의 없이 넘기며 물었다.

"청주경찰서에서 취조받은 인종익인가?"

"그렇소."

"청주는 무슨 일로 갔는가?"

인종익은 청주경찰서에서 했던 진술을 다시 한 번 반복했다. 이종일에게 선언서 2천 매를 받아 일부를 전주교구실에 전달한 일과 나머지 선언

---

* 경무총감부의 「인종익 신문조서」는 3월 11일 작성된 것으로 적혀 있다. 그러나 인종익 사건이 이첩된 것은 3월 13일이므로 13일을 잘못 적은 것이다.

서를 들고 청주에 갔다가 순사에게 붙잡힌 일까지, 벌써 몇 번이나 되풀이 했던 진술이라 이미 사실보다도 더 사실처럼 되어버린 이야기였다.

"전주로 가는 도중 대전에서 1박을 했다는 것인데, 대전에서 비밀리에 선언서를 산포한 일은 없는가?"

인종익이 말했다.

"그러한 일은 없소."

"좋다. 더 물어볼 것도 없구먼. 이걸로 마무리하지."

일본인 경부가 자리에서 일어나자 인종익이 놀라 그를 쳐다봤다. 경부가 뭐가 문제냐는 표정으로 돌아보자 그는 아무 일도 아니라는 듯 얼른 고개를 돌렸다. 그의 얼굴에 살짝 미소가 번졌다. 한번에 얘기하기 복잡해서 이리 이야기를 빼놓고 진술했는데, 경부가 엉뚱하게 대전의 일만 물은 후 그대로 심문을 끝낸 것이다.

순사보들에게 끌려나가면서 인종익은 그 이유가 뭘까 곰곰이 생각했다. 이성근이 작성한 조서에는 분명 이리에서의 일이 자세히 적혀 있다. 이첩된 자료에는 전주경찰서가 보내온 수사 결과도 있을 것이다. 하지만 일본인 경부는 이리 얘기를 빼놓고 얘기했는데도 이에 대해 추궁하지 않았다. 미처 조서를 제대로 보지 못한 것일까? 아무리 바쁘고 피곤하다 해도 이런 실수가 가능한 것일까? 만약 실수가 아니라면, 일부러 이리의 일을 빼놓은 것이라면 이것은 무엇을 의미하는가?

인종익은 얼마간 시간이 지난 후에야 비로소 납득할 만한 이유를 찾아냈다. 그것은 바로 이리에 대한 수사가 별다른 진전이 없었음을 의미하는 것이었다. 인종익은 전주의 일만으로도 충분히 처벌할 수 있다. 굳이 수사가 제대로 되지 않은 이리 건을 집어넣어 경찰의 치부를 드러낼 필요가 없는 것이다. 이로 인해 이리의 선언서 배포 건은 인종익의 혐의에서 완전히 빠지게 되었다.

비슷한 일은 또 있었다. 언제부터인가 경무총감부의 경찰들은 전주에서 인종익에게 선언서를 받은 인물인 구창근의 이름을 지우고 그 자리에 김진옥을 대신 쓰기 시작했다. 전주경찰서의 초동수사와는 달리 김진옥이 인종익에게 직접 선언서를 받아 그중 일부를 임실에 배포한 것이 되었다. 경무총감부의 심문조서에서 구창근이 사라진 것은 경찰이 그의 신병을 확보하지 못했기 때문이었다. 강압적인 심문으로 김진옥에게 허위 진술을 받아내고 체포하지 못한 구창근의 이름을 삭제함으로써 경찰의 미진한 수사의 흔적을 지운 것이다. 그래서일까. 경무총감부의 심문에 의하면 김진옥은 인종익에게 선언서를 받아 임실에 배포한 인물인데도 끝까지 기소되지 않고 참고인 신분을 유지했다.

인종익은 이종일에게 전주와 청주에 독립선언서를 배포해달라는 부탁을 받고, 천도교 전주교구에 독립선언서를 전달한 혐의로 본심에 부쳐졌다. 1심 첫 공판은 1919년 9월 30일 시작됐다. 구속된 지 6개월이 넘은 후였다. 하지만 인종익은 포기하지 않고 일본인 변호사까지 고용하며 법정 투쟁에 나섰다.

공판에서 특별히 새롭게 문제가 된 것은 없었다. 박덕칠이 지휘하는 농민군의 일원으로 인종익이 동학농민운동에 참여한 사실이 드러났지만, 이는 인종익과 천도교단의 깊은 인연을 증명해주었을 뿐 다행히 다른 영향은 주지 않았다. 김진옥이 인종익이 전주교구에 전한 독립선언서가 1천 800매가 아니라 3천 매였다고 증언해서 잠시 문제가 됐지만, 이것도 인종익이 김진옥의 진술을 허위라고 주장하자 그대로 넘어갔다. 3천 매라고

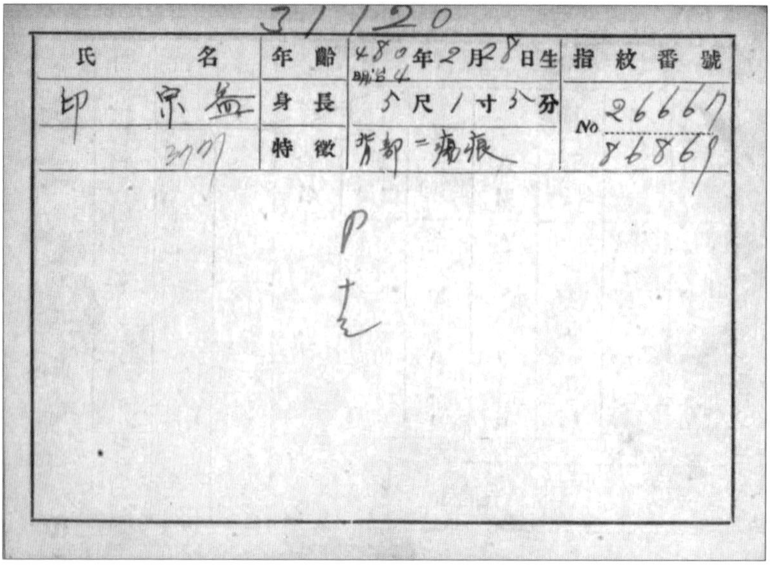
31120

氏 名	年齡	480年2月28日生 明治4	指紋番號
印 宗益	身長	5尺1寸5分	No 26667
3777	特徵	背部ニ瘢痕	86869

인종익의 신상카드. 무슨 일인지 그의 사진이 빠져 있다. 누군가 자신의 이름을 기억해주길 원해서 독립운동을 한 것이 아니었음을 증명이라도 하듯 그의 사진은 어디서도 찾을 수 없다. (국사편찬위원회 소장)

하면 사라진 1천200매의 행방을 따져야 하는데, 인종익이 진술하지 않는 한 이것을 밝히기가 현실적으로 불가능했기 때문이다.

11월 6일 1심 재판부는 치안 방해의 선동을 교사한 혐의로 인종익에게 징역 1년을 선고했다. 인종익은 이에 반발하여 즉각 항소했으나 1920년 2월 27일 경성복심법원은 이를 인정하지 않고 기각했다. 이에 인종익은 다시 상고했다. 하지만 고등법원은 4월 8일 상고의 이유가 없다며 이를 기각했다.

인종익의 법정투쟁은 그렇게 끝났다. 7월에 시작된 예심부터 계산하면 최종심까지 거의 10개월이나 지속된 싸움이었다. 재판을 받는 동안 인종익은 끝까지 자신의 혐의를 인정하지 않았다. 자신은 치안을 방해하려고 누군가를 선동한 것이 아니라 조선의 독립을 정당하게 주장하고 선전하고자 한 것이었기 때문이다. 그것은 누군가 자신의 이름을 기억해주길 원해서 한 일이 아니었다. 그가 원한 것은 조선의 독립운동이 세대를 넘어 계속되는 것이었다. 누군가 자신이 지나간 길을 똑같이 걸어가기를, 그래서 그 길이 점점 넓어져 독립의 길로 이어지기를 바랐다.

1920년 8월 24일 인종익은 서대문감옥에서 만기 출옥했다. 1919년 3월 2일 체포되었으니 1년 5개월 23일 동안 수형생활을 한 셈이었다. 그의 기록은 여기서 끊긴다. 이후의 흔적은 어디에서도 발견되지 않는다. 일제가 만든 그의 신상카드에는 사진마저 빠져 있다. 수감될 때 찍은 수형사진이 분명 있었을 텐데, 웬일인지 그의 카드에는 사진이 없다. 신상카드를 만들던 시점에 이미 분실되었는지 '사진 없음'이라는 글자만 선명할 뿐이다. 그는 그렇게 역사 속으로 사라졌다.

그저 당연한 일을 했던 열아홉 살 소년

배재고보 2학년 김동혁

할 수 있는 건 아무것도 없었다. 낯선 이와 눈이 마주칠 때마다 그의 심장은 오그라들었다. 어젯밤 동네 어귀에 있는 하숙집이 털렸다는 소식을 들었다. 전문학교 선배들이 많이 기거하는 곳이었다. 3월 5일 이후 순사들은 학생들이 사는 곳만 뒤지고 다니는 듯했다. 더이상 가만히 있을 수 없었다. 하루라도 빨리 경성을 떠야 했다. 갈 곳은 고향집뿐이었다. 아버지 어머니 얼굴이 떠오르자 눈두덩이 뜨거워졌다.

김동혁金東赫(19세)은 요 며칠 붙어다니다시피 했던 열아홉 동갑내기 친구들과 상의했다. 친구들의 결론도 다르지 않았다. 동혁은 친구 오흥순吳興順(19세), 오봉순吳鳳淳(19세)과 함께 홍성으로 내려가기로 했다.

고향 친구인 홍순이는 원래 경성에 있는 관공립 고등보통학교에 시험을 봤다가 떨어진 후 동혁의 권유로 작년 9월 사립인 배재고등보통학교(약칭 '배재고보')에 입학했다. 하숙집도 동혁과 같은 곳으로 정했다. 그런데 유학 생활 6개월 만에 이렇게 큰일에 휘말려버렸으니 동혁은 왠지 미안한 마음이 들었다.

봉순이는 동혁의 매제였다. 아버지가 경무총감부 회계과에 근무하는 경부여서 동혁 같은 시골내기와 달리 학업이 빨랐다. 그는 연희전문학교 2학년에 재학 중이었다. 든든한 뒷배경이 있으니 굳이 경성을 벗어나지 않아도 될 터인데 그는 이참에 처가나 다녀오겠다며 따라나섰다. 눈치를 보니 며칠간 자신의 행동이 아버지에게 들통날까 내심 불안한 모양이었다.

떠나기 전, 동혁은 작은아버지에게 연락부터 하기로 했다. 경성을 뜬 사이 하숙집에 찾아왔다가 순사들과 맞부딪치기라도 하면 곤란했다. 작은아버지와는 여덟 살 차이밖에 나지 않아 어렸을 때부터 죽이 잘 맞았다. 경성 유학을 하게 된 것도 어찌 보면 작은아버지 덕이었다. 작은아버지가 경성의학전문학교를 다니고 있어 그런지 언제부터인가 동혁의 유학은 집안에서 당연한 것처럼 여겨졌다.

"작은아버님께 올립니다."

편지지에 첫 문장을 쓰고 나니 지난 며칠간의 일이 떠올라 마음이 어지러웠다. 이런 시국에 자기만 살겠다고 도망하는 것 같아 부끄러웠다. 동혁은 복잡한 마음을 꾹꾹 누르며 힘겹게 편지를 썼다.

동혁은 편지를 봉한 후 서둘러 작은아버지가 사는 익선동으로 발걸음을 옮겼다. 누군가에게 맡길까, 하고 잠시 생각했으나 편지가 남의 손에 들어가기라도 하면 큰일이라 그냥 직접 전하기로 했다. 인사라도 드리고 가는 게 도리인 것 같았다. 하지만 작은아버지 집 근처에서 순시 중인 순사들을 보곤 놀라 그대로 돌아서고 말았다. 돌아오는 내내 누군가 따라오는 것 같아 뒷머리가 쭈뼛쭈뼛했다. 동혁은 그길로 친구들과 함께 경성을 떠났다. 전하지 못한 편지를 품에 지닌 채였다.

남대문역에서 기차를 타고 천안에 내리기까지 동혁은 무슨 정신으로 왔는지 아득하기만 했다. 태연해야 한다고 다독였지만 순사복 색깔만 보여도 가슴이 벌렁벌렁했다. 3월 1일 마주쳤던 순사의 눈빛이 잊히지 않았다. 그의 눈은 사람의 눈이 아니었다. 짐승의 눈이었다. 보이는 대로 목을 물어 죽일 듯 살기가 등등한 괴수의 눈이었다. 경성을 벗어났다는 생각에 안도감이 들긴 했지만 고향에 도착해도 불안감이 완전히 사라지진 않을 것이다. 일행은 서둘러 홍성행 차표를 사서 대합실로 들어갔다.

일 분이 한 시간처럼 더디게 가는 중에도 어느덧 홍성행 차가 왔다. 그런데 차로 몰려드는 사람이 생각보다 너무 많았다. 밀리지 않으려고 안간힘을 썼지만 차에 탄 것은 홍순이뿐이었다. 동혁과 봉순은 낭패감에 휩싸였지만 짐이라도 맡겨야겠다는 생각에 창문 안으로 짐을 밀어넣었다. 가방을 받아든 홍순이는 미안함에 어쩔 줄 몰라 하는 표정으로 먼저 가 있겠다고, 도착하면 연락하라고 손짓을 했다.

"다음 차 금방 오겠지?"

봉순의 물음에 동혁은 멀어지는 자동차를 바라보며 고개를 끄덕였다. 그렇게 믿는 수밖에 별도리가 없었다.

"경성은 어떻게 됐을까, 신문이라도 사 볼까?"

동혁은 봉순이 쪽으로 고개를 돌렸다. 그럴까, 하고 대답하려 했지만 그대로 입을 다물고 말았다. 그의 눈동자가 크게 흔들렸다. 순간 동혁을 보던 봉순도 모든 것을 이해한 듯했다.

"이봐, 거기 둘."

뒤돌아본 봉순의 눈에 헌병보조원의 모습이 들어왔다.

부치지 못한 편지

작은아버님께 올립니다.

천지를 진동하는 만세 소리가 귓가에 쟁쟁하고 총을 잡고 칼을 든 양반이 시위를 하는 이때에 나라의 활동가는 분주히 힘을 다하고 있는데 어떻게 하오리까. 사방에서 형사가 활동하고 있으니 어떻게 하오리까.

전일 저의 비밀행위는 알고 계시다시피 독립선언서 배달과 《조선독립신문》 1·2호의 배달과 기타 호의 배달의 책임으로써 지금까지 사방으로 활동하였습니다. 하숙집에는 혼자만 숙박하는 것이 아니라 수많은 사람들이 출입하므로 자연히 주목을 받은 일이 적지 않았습니다. 생각해보면 이와 같은 작은 일로 그들에게 체포되어 수일간 구류를 당하는 것은 실로 유감으로 생각되지만 어떻게 하오리까.

죄송하지만 저는 경성을 떠나오니 헤아려주시길 바랍니다. 그러나 후일 독립기가 휘날리고 전승고戰勝鼓, 독립고獨立鼓가 울릴 때는 경성을 떠난 일이 면목없는 일이 되겠지요. 숙부님 몸조심하시고 만사가 뜻대로 이루어지기를 축원합니다.*

---

* 김동혁이 작은아버지 김홍제(金鴻濟)에게 보낸 편지. 천안헌병분대장이 홍성경찰서장에게 보낸 보고서에 일본어로 번역되어 실려 있다. 뜻이 잘 통하도록 현대문으로 바꿨다(「오홍순, 김동혁, 오봉순에 관한 건」(국사편찬위원회 편, 『한민족독립운동사자료집』 13, 국사편찬위원회, 1990에 수록)).

천안헌병분대의 조사실은 창문 하나 없었다. 어둠이 지배하는 곳이었다. 시간의 흐름은 멈췄고 이곳에서 벌어지는 일들은 모두 어둠 속으로 빨려들어갔다. 그러나 옆방의 소리는 가감 없이 새어나왔다. 봉순의 비명이 동혁의 심장을 찔렀다. 이쪽의 비명이라도 줄일 수 있다면 봉순의 공포를 덜어줄 수 있을 텐데. 하지만 그는 자신의 입에서 터져나오는 소리를 막지 못했다.

잠시라도 대답을 머뭇거린다 싶으면 헌병의 손이 곧바로 올라왔다. 그 때마다 이리저리 고꾸라졌지만 이내 자세를 바로잡아야 했다. 손이 묶여 있어 자세를 바로 하기가 힘들었지만, 조금이라도 지체된다 싶으면 폭행이 이어지니 어떻게든 일어나야 했다.

그래도 지금이 나았다. 이곳에 처음 왔을 때 헌병들은 다짜고짜 동혁을 거꾸로 매달았다. 그리고 아무런 말도 없이 매질을 했다. 때릴 만큼 때린 후에 질문을 시작하는 것이 규칙이라도 된다는 듯이. 그들의 표정엔 어떤 감정의 동요도 보이지 않았다. 그들은 그저 성실히 맡은 바 책임을 다하는 중이었다. 그것이 그들의 직업이었다. 이를 깨닫는 순간 몸서리칠 만큼 큰 공포가 온몸을 휘감았다.*

품안에 넣어두었던 편지는 몸수색에서 곧바로 빼앗겼다. 그 편지가 뭐라고 버리지 못했을까. 동혁은 가슴을 쳤지만 너무 어이없는 실수여서 뭐라 할말이 없었다. 독립선언서의 배달과 《조선독립신문》 1·2호의 배달과 기타 호의 배달. 편지에는 동혁이 한 일이 그대로 적혀 있었다. 심문자가

---

* 박은식은 일본 경찰의 수사 행태에 대해 이렇게 기록했다. "경찰이 범죄자로 지목한 모든 사람은 사법을 거치지 않고 바로 체포를 자행한다. 또 한 사람에 국한하지 않고 그의 친척, 친구에 주련(株連)하여 사실 유무와 경중을 불문하고 심문을 시작하기에 앞서 혹형을 시행한다. 그리하여 인사불성이 되게 하여 여러 날을 감금한 뒤에 비로소 심문하기 시작한다. 또한 혹독한 고문으로 자백을 강요하여 아무런 증거도 없이 자백만으로써 죄를 성립시킨다"(박은식, 『한국독립운동지혈사』, 유신사, 1920).

일본인이니 편지 내용을 제대로 알지 못하지 않을까. 잠시 그런 생각이 들었지만 그것은 현실을 인정하고 싶지 않은 마음이 불러낸 터무니없는 망상이었다. 일본인 헌병 옆에서 조서를 작성하고 통역을 하고 있는 헌병보조원은 조선인이었고, 일본인 헌병은 이미 편지의 내용을 모두 인지한 듯 동혁이 한 일을 전부 알고 질문하고 있었다.

알고 계시다시피, 알고 계시다시피. 편지 안에 이 문구가 들어 있다는 생각에 미치자 동혁은 더이상 평정심을 유지하기가 어려웠다. 이 문구가 작은아버지의 은밀한 행동을 모두 드러내고 있는 것 같았다. 내 치명적인 실수가 결국 작은아버지까지 곤경에 몰아넣고 말았구나. 이미 기정사실이 된 것처럼 동혁은 자책하고 또 자책했다.

편지로 인해 그의 숙부가 경찰의 조사를 피해갈 수 없으리라는 것은 어느 정도 추측이 가능한 일이었다. 그러나 동혁의 편지가 숙부의 행위 자체를 증명하는 것은 아니었다. 그 이상은 숙부가 감당할 일이지 동혁이 감당할 일이 아니었다. 감당하려 해도 감당할 수 없는 일이었다. 홍순이는 어떻게 되었을까. 대합실의 헌병보조원은 동혁과 봉순이 가방 하나 없이 빈손으로 귀향길에 나선 것을 의심했다.

"처가에 처음 가는 길이라면서 빈손으로 가나?"

봉순의 얼굴이 빨개지는 것을 본 헌병보조원이 재차 물었다.

"방금 떠난 차에 일행이 있었지? 가방은 그에게 줬나?"

준비도 없이 정곡을 찔리자 누가 먼저라 할 것도 없이 저절로 고개가 끄덕여졌다. 그저 넘겨짚었던 것일지도 모르지만 그 속내를 간파하기에 동혁과 봉순은 너무 순진했다.

동혁은 편지에 적힌 사실을 모두 시인했다. 거주지 인근에 독립선언서를 배포했다고, 《조선독립신문》도 배포하고 다른 문건들도 배포했다고. 그는 자신에 관한 한 모든 것을 인정하기로 마음먹었다. 하지만 친구들은, 작은아버지에 관한 일만은 끝까지 지키고 싶었다. 더이상 실수는 용납할 수 없었다.

얼마나 지났을까. 언제부터인가 옆방에서 아무런 소리도 들리지 않았다. 여러 사람의 발걸음 소리, 말소리가 들린 후부터였다. 봉순에게 변고라도 생긴 걸까. 비명이 주는 공포보다 고요가 주는 공포가 더 무서웠다.

헌병보조원이 들어와 동혁을 심문하는 헌병에게 귀엣말을 했다. 헌병의 얼굴에 쓴웃음이 떠올랐다.

"아비가 높은 곳에 있다더니, 사돈네 자식은 보지도 않고 제 자식만 빼갔단 말이지."

그는 굳이 조선말로 뇌까리며 불쌍하다는 듯 동혁을 쳐다봤다.*

밝히려는 자와 숨기려는 자

홍순은 집에서 체포됐다. 천안헌병분대의 연락을 받고 달려온 광천주재소의 순사보가 집에 들이닥친 건 그날 밤 9시 무렵이었다. 경성에 있어야 할 녀석이 갑자기 연락도 없이 남의 짐까지 잔뜩 짊어지고 나타났으니, 집에서는 걱정이 이만저만이 아니었다. 홍순은 늦은 저녁을 먹고 난 후 아버지 어머니에게 경성에서 있었던 일을 전했다. 쓸데없이 걱정을 끼치지 않

---

* 천안헌병분대는 오봉순을 김동혁, 오홍순과 함께 만세시위 참여자로 파악했다. 그런데 오봉순은 이후의 기록에서 완전히 사라진다. 그의 아버지는 경무총감부 회계과 경부 오석유(吳錫裕)였다. 오석유가 기소 전 경찰 조사 단계에서 아들을 빼낸 것으로 추측된다. 이후 오석유는 경시까지 승진했고, 1921년부터 1931년 퇴직할 때까지 전라남도 보성, 순천, 여수, 무안, 담양에서 군수를 지냈다. 1932년 훈5등 서보장을 받았다. 1934년부터 1937년까지는 전라남도 산업부 촉탁, 산림과 촉탁으로 일했다(『친일인명사전』).

도록, 최대한 아무렇지 않게, 마치 동네 마실을 갔다가 우연히 본 풍경인 듯 가볍게 얘기했다. 그런데 순사보가 그를 체포하러 왔다.

홍순은 곧바로 홍성경찰서로 끌려갔다. 그도 거꾸로 매달렸다. 그리고 온몸으로 매를 맞았다.

"3월 1일 날 뭐 했나?"

"친구들과 함께 거리에서 만세를 불렀습니다."

"친구 누구?"

"배재고보 동무들입니다. 그날 우리 학교 학생 대부분이 만세를 불렀습니다."

"누가 그러자고 했나?"

"특별히 누가 하자고 한 건 아닙니다."

"교사가 시켰나?"

"아닙니다. 시킨 사람은 없었습니다."

다시 구타가 시작됐다. 순사부장은 그의 대답이 전혀 마음에 들지 않은 듯했다. 버티려고 했지만 버틸 수 없었다. 입술이 저절로 움직였다.

"다시 묻겠다. 누가 만세를 부르자고 했나?"

"임창준林昌俊 선배입니다. 28일 날 학교에서 만났는데 그날 밤 정동교회로 나오라고 했습니다. 갔더니 선배와 학생 몇 명이 있었고 한문 선생님이 계셨습니다."

"그 교사의 이름이 뭔가?"

"김진호金鎭浩(47세) 선생님입니다."

이날 오홍순의 경찰심문조서에는 이렇게 기록됐다. 배재고보 한문교사 김진호가 오홍순 등 대여섯 명의 학생에게 각국의 영사관에 보낼 편지가

독립선언서 등을 배포한 혐의로 체포된 김동혁(좌)과 러시아영사관에 봉함 편지를 전달한 혐의로 체포된 오흥순(우). 당시 둘의 나이는 열아홉이었다. (국사편찬위원회 소장)

있으니 3월 1일 교회로 모이라고 했다고. 다음날 오흥순이 교회로 가니 김진호가 봉함한 편지를 주며 러시아영사관으로 가라고 했다고.

흥순은 3월 1일 2시 러시아영사관에 편지를 전했다고 했다. 하지만 편지의 내용은 전혀 몰랐다고 했다. 영사관의 통역이 그 자리에서 편지를 개봉했는데 그제야 그 안에 독립선언서가 들어 있음을 알았다고 했다. 정황상 편지 안에 무엇이 들었는지 그전에 이미 눈치챘을 듯하지만 그는 끝까지 몰랐다고 잡아뗐다.

"너는 러시아영사관에만 간 것인가?"

"그렇습니다. 다른 영사관에는 다른 학생들이 갔습니다."

"누가 갔나?"

"누가 갔는지는 모릅니다."

"편지가 전달된 영사관은 어디어디인가?"

"미국 · 영국 · 프랑스 · 중국 · 러시아영사관이었습니다."

순사부장은 시중에 선언서나 불온문서를 배포한 적이 있는지도 추궁했다. 홍순은 3월 3일 학교 기숙사 2층에서 어떤 학생이 '국민회보'라고 쓰인 인쇄물 20매를 던져주면서 배포하라고 한 적이 있다고 털어놨다. 3월 5일

오흥순이 봉함 편지를 전달한 러시아영사관.

에는 하숙집 주인의 손자이자 학교 선배인 허신許信이 《조선독립신문》 제2호를 열 부 주면서 배포하라고 한 적도 있다고 했다. 하지만 자신은 겁이 나 둘 다 배포하지 않았다고 했다. 오촌 당숙에게 가지고 갔더니 그런 것을 소지하는 것은 위험하다고 해서 곧바로 그 집 뒤뜰에서 모두 태워버렸다고 했다.

영사관에 전달은 했지만 무엇인진 몰랐다는 그의 말. 불온문서를 받긴 받았지만 배포는 하지 않았다는 그의 말. 순사부장은 의심의 눈초리를 감추지 않았지만, 일단 홍성경찰서장이 경무부장에게 보낸 보고서에는 홍순의 말이 그대로 실렸다. 밝히려는 자와 숨기려는 자의 팽팽한 줄다리기 속에 홍순이 얻어낸 작은 승리였다. 그러나 사건은 여기서 멈추지 않았다. 홍순의 배후로 지목된 이가 무대 위에 올랐다. 배재고등보통학교 한문교사 김진호였다.

눈물을 삼키며 부인할 수밖에

김진호*는 원래 조선감리교 정동교회의 전도사였다. 배재고등보통학교 한문교사는 겸하여 맡은 그의 보직이었다. 김진호는 3월 17일 즈음 체포됐다.** 그런데 김진호는 흥순의 배후 혐의로 체포된 것이 아니었다. 그는 《조선독립신문》 7·8호와 '경제적 공약'이라는 제목으로 만들어진 불온문서의 인쇄자로 의심받았다. 그의 집에서 발견된 유인물이었다.

검사는 그가 동료 전도사 이병주李秉周가 정동교회의 등사판을 이용하여 만든 불온유인물 제작에도 함께한 것이 아닌지 추궁했다. 김진호의 집에서 발견된 문서와 이병주의 유인물이 지질紙質이나 찍힌 모양새가 유사하다는 것이었다.

김진호는 부인했다.

"아침을 먹고 배재고보에 출근해 기숙사를 감독했기 때문에 집에 그런 것이 있는지 알지 못했소. 그즈음 불온문서가 배부되는 일이 있어 아들에게 주의를 주었소. 집에서 그런 것이 나왔다면 아들이 가지고 있었던 것일 테니 아들에게 물어봐주시오."

김진호는 자기집에서 나온 불온문서가 아마도 누군가에 의해 배포된 것일 거라며, 이에 대한 것은 아들에게 물어보라고 답변했다. 배재고등보통

---

* 김진호(1873~1960)는 경상북도 상주 출신으로 상동교회 전덕기 목사의 권유로 기독교에 입교했다. 상동교회 전도사, 청년학원 교사로 활동하다 정동교회로 자리를 옮겨 전도사, 배재고등보통학교 교사로 일했다.

** 김진호의 체포 시점은 확실하지 않다. 김진호의 회고에는 3월 3일 체포된 것으로 나온다(김진호, 「81세 회고」, 1953)(http://aesan.or.kr/xe/aesan3/394)). 그러나 1919년 3월 21일 작성된 김진호의 검사심문조서에 의하면 김진호는 《조선독립신문》 7·8호를 인쇄한 혐의를 받는다. 이는 이 신문들이 인쇄되어 배포된 시점 이후부터 검사의 심문을 받는 21일 사이에 김진호가 체포되었음을 의미한다. 《조선독립신문》 7호는 인쇄 시점은 알 수 없으나 3월 17일 발견됐다. 《조선독립신문》 8호는 3월 17일 발행된 순국문판이 있다. 그러므로 김진호의 체포 시점은 3월 17~21일 사이로 추정할 수 있다. 아들 김택영이 검사의 심문을 받은 것은 3월 19일이므로 체포 시점을 좀더 좁혀볼 수도 있다.

학교 1학년에 다니던 둘째아들 김택영金澤永(17세)을 이르는 말이었다. 집에서 불온문서가 나온 책임을 은근슬쩍 어린 아들에게 미룬 것이다.

사실 김진호가 체포된 건 그의 아들 김택영 때문이었다. 특별한 혐의도 없이 닥치는 대로 천도교도와 기독교도, 학생들의 숙소를 뒤지던 순사들이 어느 날 정동교회에 붙어 있는 사택에 들이닥쳤다. 당황한 김택영이 집에 있던 불온문서를 창밖으로 던졌는데, 하필이면 집밖에 대기하고 있던 순사가 우연히 그 장면을 목격하고 말았다. 김택영은 그 자리에서 체포됐고, 불온문서들은 모두 경찰에 압수되었다. 《조선독립신문》 제7호 열세 부, 제8호 한 부, '경제적 공약'이라는 제목의 불온문서 일곱 부였다.

김택영은 문제의 불온문서들이 그날 아침 집마당에 떨어져 있던 것이라고 주장했다. 그런데 문제는 같은 문서가 한두 부가 아니었다는 점이다. 검사는 김택영이 인쇄한 것이 아닌지 의심했다. 김택영이 극구 혐의를 부인하자 의심은 자연히 아버지 김진호에게 넘어갔다. 이미 동료 전도사 이병주가 불온문서를 제작, 배포한 혐의로 체포되지 않았던가. 김진호는 체포를 피하지 못했다.

이것이 경찰이 김진호를 체포하고 불온문서 제작 혐의를 추궁하게 된 이유였다. 그런데 아무리 아들이 가지고 있던 불온문서 때문에 체포되었다고 해도, 불온문서에 대해선 아들에게 물어보라며 책임을 미룬 아버지의 행동은 이해되지 않는다. 아무리 급박한 상황이라 해도 아버지가 아들에게 책임을 미룬다는 것이 가능한 일일까.

어쩌면 김진호는 아들 김택영을 희생시켜서라도 반드시 지켜야 할 비밀 같은 것이 있었는지도 모르겠다. 김진호가 민족대표 33인 중 한 사람이었던 정동교회 조선인 목사 이필주李弼柱(51세)의 바로 아래에서 활동하던 전도사였음을 생각하면 충분히 가능성이 있다. 만약 그가 독립운동과 관련하여 뭔가 비밀스런 일을 했다면, 아무리 아들이 위험하다 해도 선불리 혐의를 인정할 수 없었을 것이다. 혐의를 인정하게 되면 함께한 동료들도 위험해질 수밖에 없기 때문이다.

김진호가 눈물을 머금고 불온문서의 책임을 아들에게 미뤘을 때, 김택영은 교사인 아버지가 불온문서 인쇄 같은 일을 할 리가 없다고 적극 변호하고 나섰다. 어쩌면 김택영도 아버지 김진호가 뭔가 위험한 일을 하고 있다는 것을 인지하고 있었을지도 모른다. 원래 그런 감각은 본능에 가까운 것이니까. 그래서 더 열심히 아버지의 혐의를 부인했을 것이다.

그런데 김진호가 경성지방법원 검사국에서 심문을 받았던 3월 21일, 공주지방법원 홍성지청 검사분국에서 경성지방법원 검사국에 신분 조회를 요청했다. 경성지방법원 검사국에서 보안법 위반 또는 소요죄로 취조 중인 김진호가 자신들이 수사하고 있는 오흥순 사건의 공범자인 김진호가 맞는지 확인해달라는 것이었다. 만약 공범자가 맞다면 이송절차가 필요하니 급히 회보해달라고도 했다.

3월 24일 경성지방법원 검사국이 회보했다. 김진호는 그 김진호가 맞다. 하지만 사건 수사는 이제 우리가 할 테니, 오흥순을 급히 경성으로 이송하라는 것이었다. 오흥순과 김진호의 사건은 그렇게 하나의 사건으로 연결됐다.

4월 4일 검사가 김진호를 다시 심문했다.

"오흥순을 알고 있는가?"

"우리 학교 학생이오."

"오흥순에게 독립선언서가 들어있는 봉함 편지를 러시아영사관에 전달하라고 했나?"

"아니오."

"오흥순은 당신이 배재고보 학생 대여섯 명에게 시켜 각국 영사관에 선언서를 배포하게 했다는데?"

"그런 일 없소."

"그럼 오흥순이 거짓말을 했다는 건가, 학생이 없는 말을 지어내 교사를 모함할 리 없지 않은가?"

"그가 허위로 진술한 것 같소."

김진호는 부인했다. 그러나 언제까지고 버틸 수는 없었다. 조서에는 아무것도 쓰여 있지 않지만 글자와 글자 사이, 문장과 문장 사이에는 무수한 구타와 고문이 있었다. 결국 김진호는 인정했다. 오흥순을 러시아영사관에 보냈다고. 하지만 그가 인정한 것은 거기까지였다.

6월 24일 예심판사는 정동교회 목사 이필주가 그에게 독립운동과 관련하여 뭔가 의뢰한 일이 있는지 캐물었다. 이필주의 부탁을 받고 학생을 시켜 각국 영사관에 선언서를 배포한 것이 아니냐는 물음이었다. 예심판사의 의심은 타당한 것이었다. 러시아영사관에 선언서를 보냈다면 미국영사관에 안 보냈을 리 없다. 당시 미국은 조선인들이 가장 선호하던 나라였다. 미국영사관에 보냈다면 영국영사관, 프랑스영사관에도 보냈을 것이다. 독립선언의 일차적 목표는 세계만방에 우리의 독립 의지를 보여주자는 것이었다.

그러나 김진호는 단호히 부인했다. 이필주의 책상에 러시아영사관으로 보낼 편지가 놓여 있기에 오흥순으로 하여금 전하게 한 것뿐이다. 그날 이필주가 독립운동에 참여한다고 했으므로, 그저 도울 생각에서 그렇게 한 것이다. 다른 영사관에 선언서를 배포하는 건 절대 하지 않았다. 그는 흔들림 없이 주장했다.

판사가 물었다.

"그것으로 조선이 독립될 수 있다고 생각했나?"

김진호가 답했다.

"하나님의 도움이 있다면 독립될 거라 생각하오."

식민지 조선 법정의 흔한 풍경

홍순은 달랐다. 그는 예심에서 크게 흔들렸다. 강압적인 심문이 계속되는 가운데 일관성을 유지한다는 것은 결코 쉬운 일이 아니었다. 시간이 흐르고 의심과 심문이 쌓여갈수록, 홍순은 자신이 무엇을 했고 무엇을 안 했는지 알 수 없었다. 그들이 원하는 대답과 자신이 지켜야 하는 사실이 뒤섞여 혼란스러웠다. 진실과 거짓의 경계는 갈수록 모호해졌다.

"김진호에게 받은 봉함 편지 안에 독립선언서가 든 것을 알았는가?"

"몰랐습니다."

"김진호가 편지를 주면서 뭐라 하던가?"

"비밀이니 절대 다른 사람에게 보이지 말라고 했습니다."

"그 안에 독립선언서가 들어 있으니 3월 1일 독립선언서가 발표되는 시각에 맞춰 전달하라는 것이 아니었나?"

"3월 1일 2시에 독립선언서가 발표되니 그 시각에 봉함 편지를 러시아 영사관에 전달하라고 했습니다. 그래서 전 그 봉함 편지에 독립에 관한 서면이 들어 있다고 생각했습니다."

"김진호는 영국, 미국, 프랑스, 중국의 영사관에 선언서를 보냈다고 했는데 그것은 누가 가지고 갔나?"

"누가 어디로 갔는지는 모릅니다. 임창준, 김태연金泰淵, 허신이 심부름을 했습니다."

홍순은 함정에 빠졌다. 봉함 편지가 독립에 관한 서면이라고 생각했다고 인정하고 말았다. 김진호가 이미 진술했다는 거짓 심문에 누가 영사관으로 갔는지도 모두 얘기하고 말았다. 3월 3일 《국민회보》 20부를 받아 파고다공원 주변을 지나는 행인 예닐곱 명에게 배부했다고 인정하고 말았다. 3개월간 쌓았던 성이 허무하게 허물어졌다.

결국 홍순은 조선독립선언에 관한 편지임을 알면서 러시아영사관에 전달한 혐의, 만세시위에 참여한 혐의, 《국민회보》를 통행인에게 배포한 혐의로 본심에 부쳐졌다.

10월 2일 경성지방법원에서 있었던 1심 공판에서 오홍순은 예심에서의 증언을 모두 뒤집었다. 김진호가 비밀이므로 다른 사람에게 보이지 말라는 말은 한 적이 없다. 봉함 편지 안에 독립에 관한 서면이 있다는 생각도 한 적이 없다. 임창준과 김태연, 허신이 각국 영사관에 선언서를 전달했는지는 모른다. 자신은 《국민회보》를 행인에게 배포한 적이 없다고 번복했다. 홍순은 말했다.

"저는 예심에서 그런 진술을 한 적이 없습니다."

이는 식민지 조선의 법정에서 흔한 풍경이었다. 경찰 조사에서 예심까지 고문과 구타가 난무하는 강압적인 심문이 흔한 모습이듯, 상대적으로 자유로운 분위기에서 이루어지는 본심에서 피고들이 그때까지의 말을 뒤집으며 마지막 반전을 시도하는 것도 그만큼 흔한 일이었다. 일제 공안 당국은 고문과 구타가 진실에 이르는 지름길이라 믿었을지 모르지만, 그것은 진실을 가리는 장막이 되는 경우가 더 많았다. 아마 그들도 그것을 모르진 않았을 것이다. 그럼에도 구타와 고문을 그치지 않았던 이유는, 그들의 목적이 진실을 드러내는 데 있는 것이 아니라 범인을 잡는 데 있었기 때문이다. 처벌할 범인만 있다면 그가 굳이 진범일 필요는 없었다.

이 지점에서 역사가의 고민이 시작된다. 고문과 구타로 하지 않은 일까지 한 것으로 만드는 일제 공안 당국과 한 일도 하지 않은 것으로 하려는 피고 사이에서, 무엇을 진실로 보고 무엇을 거짓으로 볼 것인가. 정답은 없다. 모든 증거를 검토하고 분석하여 최대한 합리적인 결론에 이르도록 노력할 뿐이다. 진실은 저 너머에 있다. 가까이 가려고 노력하다보면 언젠가 닿게 되지 않을까.

전달자들의 재판 결과

김진호는 이필주로부터 조선독립선언의 취지를 듣고 도움을 요청받아 오흥순 등 수명의 학생을 사주해 러시아·미국·프랑스영사관 등에 독립선언서를 전달한 혐의로 본심에 부쳐졌다. 예심판사가 김진호의 주장을 전혀 받아들이지 않은 것이다.

하지만 김진호는 10월 2일 있었던 1심 공판에서 흔들림 없이 자신의 주장을 반복했다. 검사는 김진호의 항변을 인정하지 않고 그에게 1년 6개월의 실형을 구형했다. 하지만 판사는 검사의 주장을 받아들이지 않았다. 판사는 11월 6일 최종 공판에서 징역 7개월, 집행유예 3년을 선고했다. 김진호는 러시아영사관에 독립선언서를 전하게 한 혐의만 인정됐다. 미국, 영국, 프랑스, 중국 등 다른 영사관에 독립선언서를 전하게 한 혐의는 인정되지 않았다. 판사는 인정할 만한 증빙이 충분치 않다고 결론지었다.

결과적으로 당국의 수사에 별다른 진전이 없었던 것이 김진호의 판결에 큰 영향을 미쳤다. 일제 공안 당국은 목사 이필주의 지시를 받은 전도사 김진호가 오흥순 등 배재고등보통학교 생도를 동원해 각국의 영사관에 선언서를 전달한 것으로 판단했지만, 러시아영사관 외에는 증명하지 못했다. 오흥순이 예심에서 다른 영사관의 전달자로 지목했던 임창준, 김태연, 허신을 끝까지 체포하지 못한 것도 컸다.

일제 당국은 독립선언서와 《조선독립신문》, 기타 불온문서의 배포에서도 이필주 – 김진호 – 임창준(4학년), 김태연(3학년), 허신(학년 미상) – 김동혁(2학년), 오흥순(1학년)으로 이어지는 활동선이 있다고 추측했다. 그러나 중간 매개자 및 실행자 역할을 한 것으로 추정되는 임창준, 김태연, 허신이 붙잡히지 않으면서, 이들이 누구에게 문서를 받았는지 윗선을 명확히 하는 데 실패하고 말았다. 또 이들이 김동혁, 오흥순 외에 누구에게 분배하여 배포하게 했는지, 아랫선을 넓히는 작업에도 실패했다.

결국 김진호는 풀려났다. 법정투쟁의 승리였다. 그는 비밀을 지키는 데 성공했다. 다행히 그의 아들 김택영도 예심에서 면소 판정을 받아 그해 8월 풀려났다. 집에서 발견된 불온문서의 출처에 대해 김택영의 증언 이상으로 밝혀낼 수 없었던 것이 그 이유일 것이다. 일제 당국은 그 불온문서를 김진호와도 제대로 연결짓지 못했고, 그 혐의를 본심에 부치지도 못했다.

흥순은 본심에서 예심의 진술을 모두 뒤집었지만 소용이 없었다. 경찰조서부터 예심조서까지 모든 조서가 증거로 인정되기 때문에, 한번 진술하면 좀처럼 그 족쇄에서 벗어날 수 없었던 탓이다. 혹시 진술하지 않았더라도 조서에 적혀 지장이 찍히면 그것은 움직일 수 없는 증거가 되고 마는 것이 당시의 현실이었다.

검사는 홍순에게 1년 6개월의 실형을 구형했다. 판사는 11월 6일 최종 공판에서 징역 8개월을 선고했다. 러시아영사관에 독립선언서를 전달한 혐의, 만세시위를 벌인 혐의, 《국민회보》를 행인에게 배포한 혐의가 모두 인정됐다. 홍순은 항소했다. 그러나 결과를 뒤집지는 못했다.

이제 전하지 못한 편지 때문에 불행에 처한 동혁이 남았다. 그는 어떻게 됐을까?

어떤 마음으로 이 일들을 한 것일까

동혁은 3월 1일 임창준으로부터 독립선언서 여섯 매를 받아 남대문 안 조선인에게 배포한 혐의, 같은 날 만세시위에 참여한 혐의, 3월 2일 허신에게 《조선독립신문》 2호를 받아 낙원동 부근 민가에 배포한 혐의, 3월 5일 허신에게 《조선독립신문》 3호를 받아 낙원동 부근 민가에 배포한 혐의* 로 본심에 회부됐다.

"임창준에게 선언서를 받은 것인가?"

"그렇습니다."

"그 근방에다 선언서를 배포했나?"

"네. 맞습니다."

"선언서를 배포한 후 만세를 부르며 행진을 했는가?"

"네. 만세를 부르며 행진했습니다."

"다음날 허신에게 《조선독립신문》 2호 열 부를 받아 배포했나?"

---

* 예심종결서에 기록된 김동혁의 혐의이다. 예심 심문 과정에서 김동혁이 인정한 내용이다. 그런데 《조선독립신문》 제2호는 3월 3일자로 발행되었으므로 배포도 3월 3일에 했어야 맞다. 또 김동혁은 작은아버지에게 쓴 편지에서 《조선독립신문》 1·2호의 배달을 했다고 했지만, 예심 과정에서는 2·3호의 배달을 했다고 진술하여 차이가 있다.

"네. 배포했습니다."

"3월 5일에도 허신에게 《조선독립신문》 3호를 받았나?"

"그렇습니다. 그것도 낙원동에 배포했습니다."

동혁은 자신에게 주어진 혐의를 모두 인정했다. 편지에 언급된 것들이어서 숨기려고 해봤자 소용이 없었다. 자기가 한 일을 안 했다고 하는 것도 성격상 맞지 않았다. 하지만 자신이 지킬 수 있는 것은 최대한 지키려고 애썼다. 숙부에 대한 것, 친구들에 대한 것, 그리고 선생님에 대한 것이 그것이었다.

잡히기 전에는 두렵기만 했었는데, 막상 잡히고 시간이 지나자 갈수록 용기가 났다. 고문과 구타를 당하는 것, 심문과 재판을 받는 것, 그리고 비좁은 감옥방에서 온갖 악취와 싸우며 다른 죄수들과 부대끼는 것은 견디기 힘든 시련이었다. 하지만 그런 상황에도 시간은 흘렀고 그런대로 삶이 이어졌다. 지금의 어려움은 영원한 것이 아니었다. 고통은 언젠간 끝나게 되어 있었다. 그렇게 그는 자신이 처한 현실과 마주했다.

동혁의 아버지는 일본인 변호사까지 고용해 아들을 변호했다. 하지만 큰 효과를 보지는 못했다. 검사는 동혁에게 1년 6개월의 실형을 구형했고, 판사는 동혁의 혐의를 모두 인정해 징역 1년의 실형을 선고했다. 동혁은 항소했다. 아마도 아버지의 뜻과 변호사의 조언에 따른 것으로 보인다. 그러나 결과는 달라지지 않았다. 결국 그는 김진호, 오흥순보다 긴 형을 받았다.

19세의 어린 나이에 독립선언서를 돌리고 《조선독립신문》을 배포하며 만세를 불렀던 동혁은 어떤 마음으로 이 일들을 한 것일까. 아마도 예심에서 그가 한 말이 진실에 가장 가까울 것이다.

동혁이 예심판사 앞에 섰다. 예심판사가 묻는다.

"피고는 학생이면서 어째서 이번 계획에 가담했는가?"

동혁이 답했다.

"난 조선 사람으로서 반드시 해야 할 일을 한 것입니다. 그것은 좋은 일도, 나쁜 일도 아니었습니다. 그저 당연한 일일 뿐이었습니다."

불타는 마음은 총칼로도 없앨 수 없으니

지하신문과 격문을 만든 사람들

경성서적조합 서기 장종건張悰鍵(25세)은 서둘러 짐을 싼 후 건물을 빠져나왔다. 그동안 인쇄하는 데 썼던 원고와 남은 인쇄물을 모두 폐기한 뒤 등사원지 등 꼭 필요한 물품만 급히 챙겨서 나오는 길이었다. 오늘은 3월 9일 일요일이어서 조합에는 출근한 사람이 아무도 없었다. 텅 빈 사무실을 둘러보니 만감이 교차했다. 갑자기 일이 생겨 당분간 출근하지 못할 거라고 메모를 적어 책상에 놓여 있는 조합장의 수첩에 끼워넣었다. 아무래도 다시 출근하기는 어려울 거라는 생각이 들자 쌀쌀한 날씨만큼 마음이 쓸쓸해졌다.

어젯밤 이종린李鍾麟(37세)*이 경찰에 체포됐다. 그는 『천도교월보』의 주필, 편집인 겸 발행인으로 《조선독립신문》의 실질적인 발행자였다. 장종건은 하늘이 시커메지는 걸 느꼈다. 그가 체포되었다면 그다음은 자신이 될 터였다. 일단 모든 증거를 없애야겠다는 생각에 서둘러 조합 사무실로 달려갔다. 그런데 그는 어느새 등사원지를 챙기고 있었다. 앞으로 어떻게 할지 생각한 바는 아무것도 없었는데 몸은 신문을 발행하는 데 필요한 등사원지를 싸고 있었던 것이다.

하숙집에 돌아온 그는 당장 짐을 꾸리기 시작했다. 조만간 경찰이 경성서적조합에 들이닥치고 나면 이 집이 들통나는 건 시간문제였다. 그는 갑자기 일이 생겨 나가게 되었다며 하숙집 주인에게 양해를 구했다. 하숙집 주인은 입술을 쫑긋거렸지만 종건이 워낙 성실하고 말썽없이 조용했던 터라 크게 뭐라고 하진 않았다.

종건은 청진동에 있는 해동여관으로 숙소를 옮겼다. 이런 일이 있을까 봐 며칠 전 미리 봐두었던 숙소였다. 그는 친구 임승옥林承玉(26세)을 이곳으로 불렀다. 그동안 신문 인쇄를 도와줬던 고마운 친구였다. 승옥은 걱정이 산처럼 쌓인 얼굴로 여관을 찾아왔다.

"아무래도 김영조金榮洮(21세)도 달려 들어간 거 같아. 5일부터 집에 안 들어왔대."

---

* 이종린(1883~1950). 충청남도 서산에서 태어났다. 《제국신문》 기자로 언론인의 길을 걸었다. 1910년 천도교에 입교한 후 『천도교월보』 주필, 편집인 겸 발행인으로 활동했다. 1919년 3·1운동 때 《조선독립신문》 주필로 활동하다가 체포되어 3년간 옥고를 치렀다. 1925년 천도교 분열 과정에서 구파의 수장이 되었다. 1937년 중일전쟁 직후부터 친일파로 변신하여, 국민정신총동원조선연맹 평의원, 국민총력천도교연맹 이사장 등 각종 친일단체의 간부로 활약하면서 일제의 침략전쟁을 옹호하는 활동을 펼쳤다. 1949년 8월 반민특위가 소환장을 발부하자 자진 출두해 조사를 받았다. 한국전쟁 때 납북되어 1950년 10월 사망했다(『친일인명사전』).

5일이면 제2차 만세시위가 있던 날이다. 이날부터 연락이 끊겼다면 경찰에 붙들려갔을 가능성이 높다. 몸을 피한 거라면 좋을 텐데. 하지만 그랬으면 지금까지 연락이 없진 않았을 것이다.

"어제 이종린 선생도 끌려갔어. 너도 얼른 숙소를 옮기는 게 좋겠다."

"앞으로 어떻게 할 거냐?"

"이제 천천히 생각해봐야지."

"이건 뭐구?"

승옥이 종건의 가방에서 삐쭉 튀어나온 등사원지를 가리키며 물었다.

종건의 얼굴에 오랜만에 웃음이 번졌다.

"글쎄, 나도 모르는 사이에 이걸 싸고 있더라구."

웃음을 거두고 종건이 승옥에게 말했다.

"아무래도 이대로 끝내면 안 되지 않을까?"

"계속할 거야?"

"응."

자기 입에서 너무 쉽게 대답이 나오자 종건은 간지럽다는 듯 손으로 입술을 문질렀다. 하지만 막상 계속하겠다는 답을 하고 나니 마음이 후련했다. 예전부터 답은 정해져 있었는데 쓸데없이 고민만 하고 있었던 것 같았다.

"하자, 그럼. 하면 되지 뭐. 죽기밖에 더하겠냐?"

승옥의 시원스런 답변에 종건은 마음이 뜨거워졌다. 금방이라도 터질 듯 눈시울이 붉게 달아올랐다.

《조선독립신문》의 탄생

《조선독립신문》은 보성사 사장 이종일李鍾一(62세)과 『천도교월보』 편집인 겸 발행인 이종린이 주도해 만든 지하신문이었다. 독립운동의 소식을 신문으로 만들어 전함으로써 일회성의 독립선언을 보완하고, 독립운동의 열기를 이어나가기 위해 기획되었다. 모든 기사의 원고는 이종린이 썼고, 이종일이 이를 확인했다. 인쇄는 보성사 감독 김홍규金弘奎(44세)가 맡았고, 배포는 보성사 고용인 임준식林準植(22세)이 담당했다.

> 조선민족대표 손병희, 김병조 씨 외 31인이 조선건국 4252년 3월 1일 하오 2시에 조선독립선언서를 경성 태화관 내에서 발표하였는데 동대표 제씨는 종로경찰서에 구인되었다더라.

이것이 《조선독립신문》의 첫 기사였다. 3월 1일 오전에 예측해서 쓴 기사여서 사실과는 차이가 있다. 명월관지점(태화관)에 모인 민족대표는 33인이 아니라 29인이었고, 그들이 잡혀간 곳은 종로경찰서가 아니라 경무총감부였다.

신문을 대표할 사람으로는 보성법률상업학교 교장 윤익선尹益善(48세)*이 선택됐다. 대도주 박인호朴寅浩(65세)의 의견이었다. 대중적으로 알려진 인

---

* 윤익선(1872~?). 함경북도 경성에서 태어났다. 1911년 보성전문학교(1915년 보성법률상업학교로 개칭) 교장이 되었다. 3·1운동 당시 《조선독립신문》 사장으로 이름을 빌려줬다가 체포되어 1년 6개월 형을 받고 복역했다. 1936년 경성부 원서정 총대, 1937년 경성부 조선인 정총대 친목회 조사부 이사를 맡았다. 1940년 친일단체 대동일진회 산하기관인 동학원 교장으로 취임했다. 이를 전후하여 일제의 침략전쟁을 옹호하는 친일 활동을 펼쳤다. 1962년 건국훈장 독립장이 추서되었으나 친일행위로 인해 2010년 서훈이 취소되었다(『친일인명사전』).

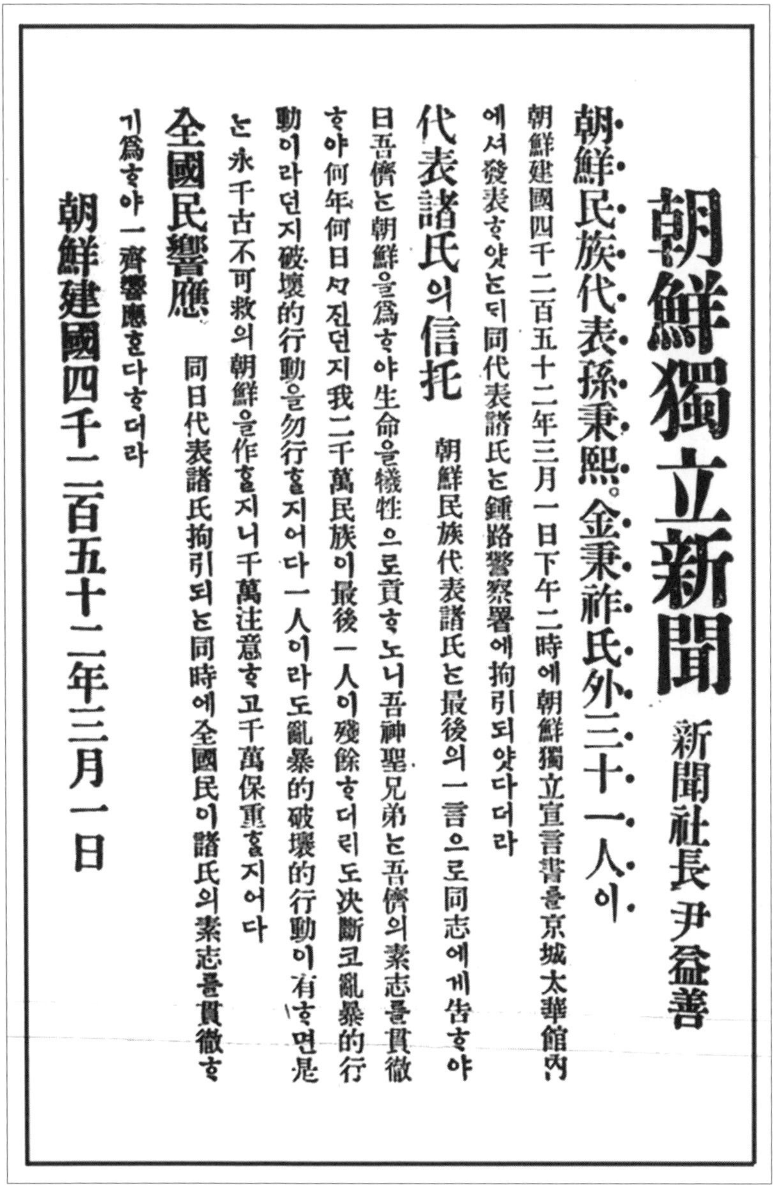

新聞社長 尹益善

朝鮮獨立新聞

朝•鮮•民•族•代•表•孫•秉•熙。金•秉•祚•氏•外•三•十•一•人•이•

朝鮮建國四千二百五十二年三月一日下午二時에朝鮮獨立宣言書를京城太華館內에서發表ᄒᆞ얏ᄂᆞᆫᄃᆡ同代表諸氏ᄂᆞᆫ鍾路警察署에拘引되얏다더라

代表諸氏의信托

朝鮮民族代表諸氏ᄂᆞᆫ最後의一言으로同志에게告ᄒᆞ야日吾儕ᄂᆞᆫ朝鮮을爲ᄒᆞ야生命을犧牲으로貢ᄒᆞ노니吾神聖兄弟ᄂᆞᆫ吾儕의素志를貫徹ᄒᆞ야何年何日々지던지我二千萬民族이最後一人이殘餘ᄒᆞ더ᄅᆡ도決斷코亂暴的行動이라던지破壞的行動을勿行ᄒᆞᆯ지어다一人이라도亂暴的破壞的行動이有ᄒᆞ면是ᄂᆞᆫ永千古不可救의朝鮮을作ᄒᆞᆯ지니千萬注意ᄒᆞ고千萬保重ᄒᆞᆯ지어다

全國民響應

同日代表諸氏拘引되ᄂᆞᆫ同時에全國民이諸氏의素志를貫徹ᄒᆞ기爲ᄒᆞ야一齊響應ᄒᆞ다ᄒᆞ더라

朝鮮建國四千二百五十二年三月一日

《조선독립신문》 제1호. 《조선독립신문》은 일회성의 독립선언을 보완하고 독립운동의 열기를 이어나가기 위해 기획된 지하신문이었다.

물인 데다 학교 교장이라는 지위가 신문의 신뢰성을 높여줄 거라 생각한 것이다.

처음 신문에는 대표자의 이름이 들어가지 않았다. 그런데 인쇄된 신문을 본 이종일은 대표자의 이름을 넣는 것이 더 좋겠다고 생각했다. 아무리 지하신문이라 해도 조선의 독립을 이야기할 신문을 대표자 명의도 없이 낼 수는 없었던 것이다. 이종린은 자신의 이름을 넣겠다고 했지만 그럴 수는 없었다. 신문에 이름을 넣는다는 건 체포를 기정사실로 받아들여야 할 일인데, 이종린은 3월 1일 이후에도 계속해서 신문을 내야 했기 때문이다. 결국 이종일과 이종린은 대도주 박인호에게 의견을 물었고, 박인호는 윤익선을 선택했다. 윤익선이 《조선독립신문》 사장으로 신문에 오르게 된 이유였다.

윤익선의 입장에서는 갑자기 원치 않던 역할을 맡게 된 셈이었다. 하지만 대도주 박인호가 자신을 지목했다는 소리에 그는 묵묵히 그 역할을 받아들였다. 그는 3월 1일 저녁을 넘기지 못하고 체포되었다. 민족대표 33인 다음의 목표가 바로 그였음을 보여준다. 경찰의 태도는 엄중했다. 그들은 《조선독립신문》 같은 불온유인물이 조선인들에게 미칠 영향을 우려했다.

윤익선은 다음날 곧바로 경찰의 취조를 받았다.

"3월 1일 《조선독립신문》이라는 것을 발행한 사실이 있는가?"

"그렇소."

"신문의 원고는 누가 쓴 것인가?"

"내가 썼소."

"신문을 편집한 것도 당신인가?"

"그렇소. 편집도 내가 한 것이오."

"신문은 어디서 얼마나 찍었나?"

“인쇄는 보성사에서 했고, 모두 1만 부*를 찍었소.”

“신문의 배포는 어떻게 했나?”

“이름을 모르는 조선인 노동자 네 명을 한 사람당 50전씩에 고용하여 경성 시내에 배포했소.”

《조선독립신문》에 사장으로 이름을 올린 윤익선. 당시 보성법률상업학교 교장이었다. (국사편찬위원회 소장)

윤익선은 원고 집필부터 배포의 책임까지 모든 것을 자신이 했다고 털어놨다. 물론 이것은 모두 거짓말이었다. 그는 단지 이름을 빌려줬을 뿐이었다. 하지만 《조선독립신문》의 사장으로 표기되는 순간, 그는 이 모든 것을 자신이 한 일로 하기로 결심했다.

거짓을 말한다는 것이 쉽지는 않았다. 하지 않은 일을 했다고 하기가 어디 쉬운 일이겠는가. 들통이 나지 않으려면 연기가 필요했다. 너무 머뭇거려도 안 되고 너무 술술 말해도 안 된다. 머뭇거리면 모르는 게 티가 날 수 있고, 술술 말하면 오히려 의심을 살 수 있다. 하지만 그것은 머릿속 생각일 뿐, 말과 표정이 자연스럽게 따라갈지가 문제였다. 다행히 경찰은 그의 진술을 진실로 받아들이는 듯했다.

그런데 3월 8일 상황이 표변했다. 실제로 《조선독립신문》을 책임졌던 이종린이 검거됐기 때문이다. 곤혹스럽게도 윤익선은 자신이 했던 말을 모두 뒤집어야 했다.

* 후일 이종린은 5천 부를 찍었다고 진술하면서, 윤익선은 알 까닭이 없다고 했다.

조선의 독립운동 소식을 만방에 전하라

3월 1일 오후 3시 만세 소리가 경성을 뒤흔들 무렵, 이종린은 서둘러 관훈동으로 향했다. 경성서적조합에서 서기로 일하는 장종건을 만나기 위해서였다. 장종건과는 몇 년 전 우연히 알게 되어 친분을 나눠온 사이였다. 이종린이 조합 문을 열고 들어서는데 이제 막 외출하려고 나서는 장종건과 마주쳤다. 장종건이 모자를 벗고 그를 반갑게 맞아주었다.

이종린은 할말이 있다며 장종건을 아무도 없는 방으로 이끌었다. 이종린은 장종건에게 《조선독립신문》을 내는 작업을 함께해달라고 부탁했다. 원고는 자신이 쓸 테니 인쇄는 장종건이 맡아달라는 것이었다. 조만간 경찰이 들이닥칠 것이 분명했으므로, 보성사의 인쇄시설은 더이상 이용할 수 없었다. 방법은 등사기를 이용하는 것밖에 없었는데, 경성서적조합에는 마침 등사기가 갖춰져 있었다. 장종건이 인쇄만 맡아준다면 모든 문제가 한 방에 해결될 수 있었다.

장종건은 말없이 한참을 고민했다. 이것이 얼마나 위험한 일인지 그도 잘 알았다. 경우에 따라선 체포되는 것까지도 각오해야 하는 일이었다.

'내가 이것을 감당할 수 있을까.'

이종린은 이것이 조선의 독립운동 소식을 만방에 전하는 일이고, 누군가는 반드시 해야 할 일이라며 간절히 설득했다. 시위대가 건물 앞을 지나가는지 만세 소리가 더욱 커졌다. 그때 장종건이 말했다.

"하겠습니다. 어떻게 하면 됩니까?"

다음날 장종건은 이종린의 집으로 가서 그가 작성한 원고를 받았다. 그날은 일요일이었으므로 장종건은 경성서적조합의 빈 사무실에서 오전부터 《조선독립신문》 제2호를 인쇄했다. 이날 인쇄한 신문은 모두 600부 정도였다. 인쇄 작업은 경성전수학교에 다니는 친구 임승옥과 김영조가 도와줬다.

임승옥은 어릴 적 같은 학교에 다녔던 친구로, 둘 다 경성으로 오게 되면서 긴밀한 사이가 되었다. 김영조는 나이가 어리긴 했지만 임승옥과 같은 학년이기도 하고, 장종건과는 같은 집에서 하숙을 하는 터라 스스럼없이 지내는 사이였다.

등사원지에 원고를 옮기는 작업은 장종건이 했고, 원지에 종이를 대고 롤러를 미는 작업은 세 사람이 번갈아 했다. 인쇄된 신문은 이종린이 사람을 보내 가져갔다. 배포는 이종린이 알아서 하기로 했는데, 그는 이번에도 보성사 고용인 임준식에게 배포 작업을 맡겼다. 임준식은 종로 북쪽의 민가에 던져넣거나 길거리에서 뿌리는 방식으로 신문을 배포했다. 《조선독립신문》 제2호는 3월 3일자로 인쇄되어 세상에 전해졌다.

> 태화관에서 만세 소리가 나자 탑골공원에 모여 있던 수만의 학생이 조선독립만세를 제창하면서 힘찬 기세로 시내 한가운데를 통과하니 (…) 점점 증가하는 만세 소리가 종로4가에 이르러서는 천지가 진동하는 듯했다더라.

《조선독립신문》 제2호는 3월 1일 만세시위 상황을 이렇게 전했다. 그런데 제2호에는 고종의 독살설을 전하는 기사도 함께 실렸다.

> 이번에 파리강화회의에 보낼 근거, 즉 조선이 스스로 원하여 합병하였다는 문서를 이완용, 윤덕영, 조중응 등 7적이 조인하고 태황제(고종)께

《조선독립신문》을 제작한 이종린(좌), 장종건(중앙), 김영조(우). 원고는 이종린이 썼고, 인쇄는 장종건과 임승옥, 김영조가 맡았다. 임승옥의 사진은 전하지 않는다. (국사편찬위원회 소장)

조인을 강박한즉 태황이 허락하지 않으므로 그날 밤에 약으로 시해하였다더라.

이 기사는 3월 1일 누군가에 의해 만들어져 시내 곳곳에 뿌려진 '국민대회' 명의의 격문을 요약하여 실은 것으로, 시중에 널리 퍼져 있던 고종독살설을 반영한 기사였다. 시중의 소문을 다시 한 번 문자화하여 전달함으로써 고종독살설을 널리 유포하고, 이를 통해 독립운동도 더욱더 확산시키겠다는 의도였다.

흥미로운 것은 고종이 지금 조선인들이 하려고 하는 독립운동, 즉 독립의 의지를 만방에 표현하고 파리강화회의에 인정받으려는 노력을 방해하는 세력에게 저항하다가 살해당한 것으로 그려졌다는 점이다. 옛 황제도 이러할진대, 우리도 더 열심히 독립운동에 나서야 하지 않겠냐는 메시지였다.

흔히 소문은 대중들이 보고 싶어하는 것, 믿고 싶어하는 것을 반영한다고 한다. 조선인들은 무능하고 이기적인 황제였음에도 불구하고, 고종이 현재 자신들이 싸우려고 하는 상대에게 끝까지 저항하다가 비극적인 최후를 맞이했다고 믿고 싶었던 듯하다. 고종독살설은 조선인들이 고종을 보내는 마지막 인사이자 예우였던 셈이다.

일제 당국은 고종독살설에 대해 매우 민감한 반응을 보였다. 고종독살설이 조선인의 감정을 촉발하여 대규모 저항으로 치닫지 않을까 염려한 것이다. 그들이 염려한 대로 고종독살설이 조선인들에게 적지 않은 영향을 미쳤던 것은 분명하다. 그러나 조선인들이 저항의 임계점을 넘도록 한 원인은 외부에 있는 것이 아니라 내부에 있었다. 그들의 통치 자체가 문제였기 때문이다. 조선인들을 향한 차별과 멸시, 강압과 폭력이 바로 그들 통치의 본모습이었다. 아무리 강제력이 강한 정부라도 강제력만으로는 사람을 통치할 수 없다. 단기간이라면 가능할지 몰라도 시간이 흐르면 흐를수록 어딘가 새는 곳이 생기고 결국 터지기 마련이다. 그러나 일제 당국은 외부에서만 그 이유를 찾았다. 고종독살설, 외국인 선교사의 선동, 그들은 이유를 찾고 있었던 것이 아니라 그럴듯한 핑계를 찾고 있었던 것이다.

이종린과 장종건의 협업은 3월 5일자로 발행된 《조선독립신문》 제3호에서도 그대로 이어졌다. 이종린은 3월 4일 원고를 작성해 건넸고, 장종건은 이것을 인쇄해 이종린에게 전달했다. 배포는 발행날짜인 3월 5일에 맞춰 이루어졌다. 그런데 《조선독립신문》 제3호에 3월 5일의 시위 내용이 아주 구체적으로 실려 있다. 어떻게 된 일일까.

> 5일 오전 9시 남대문정거장에서 ○○한 혁명기를 앞세운 수만의 부민府民 대오는 독립가를 부르고 온 천지가 만세 소리인 속에서 행진하여 남대문

내에 이르니, 수백의 일본 헌병 순사가 칼을 빼들고 난자하고, 또 일본 시민이 우리 시민을 부엌칼로 마구 찔렀다. 사상자 20여 명, 체포된 자 수백이라. 그럼에도 불구하고 우리 시민은 용감하게 행진하여 기세는 점점 더 맹렬해졌다.

이 기사는 2차 만세시위가 이루어진 장소와 시간, 시위와 진압 양상까지 상당히 구체적으로 서술되어 있다. 마치 2차 시위 이후에 작성한 것처럼 보일 정도이다. 하지만 이것은 분명히 하루 전날 쓰인 예측기사가 맞다. 이종린이 3월 4일에 원고 작성을 했고 장종건이 같은 날 인쇄를 끝낸 것이 분명하기 때문이다. 아마도 이 기사가 이렇게까지 구체적일 수 있었던 이유는, 1차 시위의 경험이 기사에 반영되었기 때문인 듯하다.

《조선독립신문》 제3호는 호외와 함께 모두 900여 부가 인쇄되었다. 호외는 3월 5일 예정된 2차 시위에 대비한 것이었다. 장종건의 진술에서는 보이지 않지만 임승옥이나 김영조는 3월 4일 시점에 2차 시위가 벌어질 시간과 장소에 대해 정확한 정보를 갖고 있었다. 그들이 알았다면 장종건이나 이종린도 이러한 사실을 알고 있는 상태에서 작업에 임했을 것이다.

일본인 측의 믿을 만한 정보를 접한즉, 하세가와 요시미치長谷川好道 총독은 며칠 안에 퇴거한다더라.

의주, 선천, 순천, 평양, 해주, 수안, 개성, 수원, 함흥, 원산, 동래, 대구 등 각 50여소에 시위대활동이 있었더라.

불일간 경향 각 관청에서 우리 신성 형제는 일체 파업한다는 설이 있다더라.

학생단체 중에 몇몇의 밀정이 있어 학생의 움직임을 현란케 한다더라.

호외는 전반적으로 희망적인 내용을 담고 있다. 하세가와 요시미치 총독은 곧 물러간다고 하고, 시위 양상은 전국 각지로 확대일로에 있으며, 각 관청의 공무원들도 조만간 우리와 함께한다고 하니 조금만 더 힘내자는 내용이다.

제3호 인쇄 작업에 대해 장종건은 혼자서 작업했다고 진술했다. 하지만 평일이라 모두가 퇴근한 밤시간에 작업해야 했고, 호외까지 있어 작업량이 전보다 훨씬 많았기 때문에 쉽게 믿어지지는 않는다. 이종린이 누군가 함께했을 것이라고 추측했듯이, 장종건을 도운 이가 있었다고 추측하는 것이 여러모로 자연스럽다. 만약 도와준 이들이 있다면 임승옥이나 김영조일 가능성이 높다.

그런데 3월 5일 문제가 생겼다. 김영조가 2차 시위에 참가했다가 현장에서 체포되고 말았다. 불행은 한 번으로 그치지 않았다. 《조선독립신문》 제4호를 인쇄 배포한 직후인 3월 8일 이종린마저 체포된 것이다.

《조선독립신문》의 무기

이종린이 체포된 후 《조선독립신문》은 한동안 나오지 못했다. 장종건은 이종린의 체포 후에도 신문을 계속 내겠다고 결심했지만, 다시 신문을 내기 위해선 해결해야 할 일들이 많았다. 가장 먼저 해야 할 일은 장종건 자신과 임승옥의 안전을 확보하는 일이었다. 숙소를 바꾸는 것은 물론, 경찰들의 예봉을 피할 때까지 활동을 멈추고 잠복하면서 기회를 엿볼 필요가 있었다. 이종린이 맡았던 원고의 집필을 누가 할지도 정해야 했고, 인쇄에 쓸 등사기도 확보해야 했다. 여러모로 장종건과 임승옥만으로는 역부족이었기 때문에 뜻을 함께할 동지를 찾는 것이 급선무였다.

그런데 임승옥이 경성전수학교에 다니는 최치환崔致煥(23세), 최기성崔基星, 강태두姜泰斗*를 데려오면서 대부분의 문제가 해결됐다. 특히 최기성은 등사기를 구해오는가 하면, 인쇄와 배포까지 도맡아 하면서 큰 도움을 주었다. 이에 따라 장종건은 원고의 작성에만 집중할 수 있었고, 임승옥과 최치환, 강태두가 인쇄와 연락 작업을 보조했다. 자연히 최기성과 최치환이 하숙하던 유병륜劉秉倫(25세)의 집은 이들의 아지트가 되었다. 장종건은 이 집에서 숙식하며 기사를 작성했고, 최기성 등에게 넘겨 인쇄하도록 했다. 경우에 따라서는 최기성이 원고 집필에 참여하기도 했다. 후일 장종건은 최기성을 공동발행자라고 진술했는데, 그만큼 그의 역할이 컸음을 알 수 있다.

3월 13일 무렵 장종건은 《조선독립신문》 제5호 700여 부를 발행했다. 활동 재개였다. 곧이어 3월 15~16일경에는 제6호 900여 부를 발행했고, 3월 17일경에는 제7호 600~700여 부를 발행했다. 제2호부터 제4호까지가 그랬듯이 제5호부터 제7호도 대개 이틀을 주기로 하여 발행했다.

> (일본이) 조선을 점령한 것은 조선인에게 전승戰勝한 결과가 아니라, 국적國賊의 손에서 횡령한 것이다. 조선은 조선민족의 조선이므로, 조선민족이 조선을 자유독립하는 것은 민족자결주의에 의하면 정당한 것이라, 조선독립이 불가능하다면 반드시 세계전쟁의 원인이 될 것이다.
>
> –《조선독립신문》 제6호

* 최치환은 경성전수학교 1학년생이었다. 최기성과 강태두는 붙잡히지 않았는지 심문기록과 판결문이 남아 있지 않아 개인적인 정보를 전혀 알 수 없다. 하지만 최치환이 최기성, 강태두와 같은 하숙집에 기거했다는 점, 3월 1일, 3월 5일 시위에 참가한 이유가 같은 학교에 다니는 전성득과 최기성으로부터 권유를 받았기 때문이라고 진술한 점을 고려하면, 최기성이나 강태두도 경성전수학교에 다니던 학생이었을 가능성이 높다.

그런데 장종건과 최치환은 제7호까지 발행한 후 인쇄 장소를 급히 고양군 용강면 공덕리 남정훈南政勳의 집으로 옮겼다. 유병륜의 집은 출입하는 사람이 많아 사정이 좋지 않았고, 언제 정탐이 올지 몰라 근거지를 옮겼다고 한다. 공덕리로 옮긴 후 한동안 신문 작업을 계속하지 못한 것을 보면, 장종건 팀이 유병륜의 집에서 체포의 위험에 직면했던 것이 아닌가 싶다. 최기성은 여전히 유병륜의 집에 머문 것으로 보아 체포 위협은 장종건, 최치환 등 일부에 국한된 듯한데, 다행히 미리 눈치채고 몸을 피했으나 추격이 잠잠해질 때까지 활동을 정지할 수밖에 없었던 것 같다.

장종건은 3월 22일 제8호, 3월 24일 제9호를 발행하는 것으로 다시 활동을 재개했다. 제8호는 600여 부를 찍었고, 제9호는 부록까지 해서 약 2천여 부를 찍었다. 보성사가 인쇄한 《조선독립신문》 제1호 이후 최대 부수였다.

> 3월 22일 오전 9시경 남대문 밖에서 우리의 신성한 형제 500여 명은 독립운동 축하행렬을 개시하여 서대문역에서 수천의 응원대와 합하여 주마질풍走馬疾風의 기세로 프랑스영사관에 이르러 독립만세를 외쳤다. 그 행렬은 매우 장렬하였다.
>
> – 《조선독립신문》 제8호

경성에서 있었던 시위를 보도한 기사다. 2차 시위 이후 경성에서는 일제 군경의 엄중한 경계로 인해 대규모 시위가 거의 불가능했다. 그러나 3월 22일 시위를 시작으로 경성에는 다시 한 번 시위의 불길이 일었고 26~27일에 최고조에 달했다. 일제 당국은 22일 시위에 참여한 군중의 수

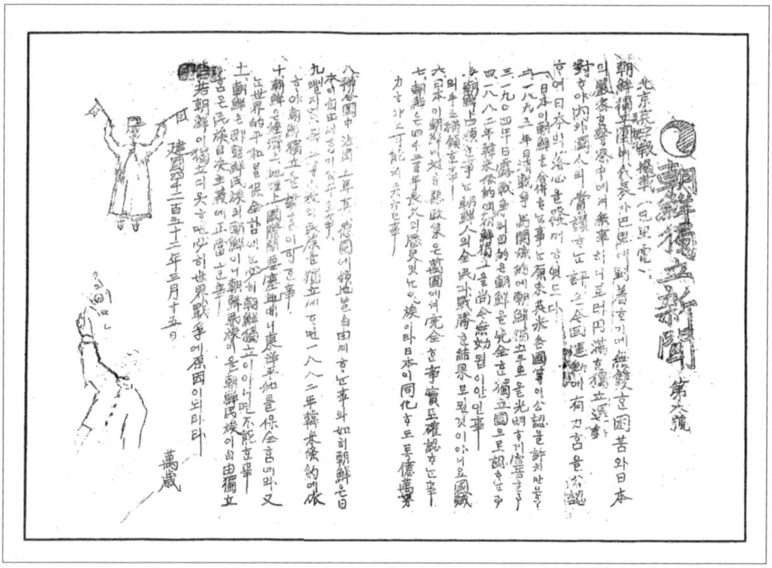
朝鮮獨立新聞 第六號

建國四千二百五十二年三月十五日

萬歲

3월 15~16일경 발행된 《조선독립신문》 제6호. 태극기를 흔들며 만세를 부르는 조선인들의 모습이 삽화로 그려져 있다.

를 약 800명이라고 기록했다. 그중 300명은 노동자였다고 한다.*

우리 민족대표 33인이 독립을 선언한 이래 죽음을 각오한 수천의 동포와 감옥에서 신음하는 수만의 동포는 누구를 위한 것이었더냐. 우리 동족 때문이다. 정의인도와 민족자결의 천명을 위한 평화 세계에 유독 우리 동족만이 박멸되고 고통을 받는 것은 통분의 극極이다. 마른 나무, 다 타버린 재가 아닌 민족이여, 새장 속에 갇힌 새, 가마 속의 물고기가 아닌 동포여, 전 생애의 박멸을 앉아서 당할 것이냐. 조국을 위하여 선진先進을 위로하

* 이날 시위는 《조선독립신문》 제13호에도 실렸다. 경성의 노동회 동포 1천여 명이 '노동대회'라는 집회를 갖고 의주통에서 프랑스영사관, 독일영사관을 거쳐 서대문 밖까지 독립만세를 고창했는데, 이러한 일은 조선 반도에서 처음 있는 일이었다고 보도했다(박찬승, 「3·1운동기 지하신문의 발간경위와 기사내용」, 『동아시아문화연구』 44, 한양대학교동아시아문화연구소, 2008).

고 후생後生을 이끌며 최후의 1인, 최후의 1각까지 결사의 각오로 맹진 노력하여 필생의 관문에 도착할지어다.

– 《조선독립신문》 제9호 부록

제9호 신문에는 부록으로 독립운동을 독려하는 격문이 첨부되어 있다. 가만히 앉아서 박멸을 기다리지 말고, 박차고 일어나 독립을 이루자는 격문이었다. 이 글의 말미에는 '조선독립신문사 기자 일동'이라는 명의와 함께 '통곡하고 피를 토하며 알림'이라고 쓰여 있다. 장종건 팀의 간절함이 드러나는 대목이다.

《조선독립신문》은 시시각각 일제의 통치를 옹호하고 감싸는 일제의 거대 언론들과 싸워야 했다. 그 중심에 조선총독부의 기관지 《매일신보》가 있었다. 《매일신보》는 조선 각지에서 벌어지고 있는 독립운동을 축소 은폐하고, 조선인들이 겪고 있는 참혹한 경험을 거짓으로 조작하며, 이완용 같은 친일매국노들을 동원해 '독립불가론'을 유포하는 방법으로 조선의 독립운동을 멈추려 했다.*

《매일신보》의 무기가 '진실' 그 자체가 아니었던 것처럼, 《조선독립신문》의 무기 역시 '진실' 그 자체는 아니었다. 《매일신보》는 할 수 있으나 하지 않은 것이고, 《조선독립신문》은 지하신문이라는 한계로 인해 하고 싶어도 할 수 없는 것이었다. 때문에 《조선독립신문》의 무기는 진실을 반영한 소문과 열망을 드러내는 격문, 그 언저리에 자리할 수밖에 없었다.

---

* 천정환, 「소문(所聞)·방문(訪問)·신문(新聞)·격문(檄文)」, 『1919년 3월 1일에 묻다』, 성균관대학교출판부, 2009.

장종건 팀의 활동은 《조선독립신문》 제9호를 마지막으로 끝났다. 장종건과 임승옥, 그리고 최치환은 경찰에 체포되었다. 그들의 활동을 묵인해주는 것으로 기꺼이 그들의 동지가 되어주었던 하숙집 주인 유병륜과 함께였다.* 하지만 이것이 《조선독립신문》의 마지막은 아니었다. 장종건 팀의 분투는 그들이 생각했던 것보다 훨씬 많은 사람들의 가슴에 불을 지폈다.

멈추지 않는 《조선독립신문》

> 《경성일보》가 프랑스 영사의 말이라며 '이번 소요는 아이들의 놀음이며 무익한 놀음이라고 말했다'고 보도했는데, 그 영사는 털끝만치도 이런 말을 한 일이 없다고 분노했다고 한다. 공공의 신문이 이와 같이 거짓말을 한 것을 보니 일본의 전체를 가히 알 수 있도다.
>
> – 《조선독립신문》 제13호

제11호, 제12호, 제13호, 《조선독립신문》은 끊길 듯 끊기지 않고 계속해서 이어졌다. 신문을 내는 사람이 누군지는 정확히 알 수 없었다. 하지만 그들은 앞서서 나갔던 사람들의 뒤를 이어 다시 한걸음 앞으로 나갔다. 그런데 한 가지 이상한 점은 제12호와 제13호**를 낸 시점이 장종건 팀이 제8호와 제9호를 낸 시점과 겹친다는 점이다. 어떻게 된 일일까?

---

* 장종건과 최치환은 3월 25일 종로경찰서 서원들에 의해 남정훈의 집이 발각되면서 체포되었다. 경찰은 등사기와 신문 수백 부를 압수했다. 정확한 시점은 알 수 없지만 임승옥과 유병륜은 수사가 진전된 이후 체포된 것으로 보인다.

** 《조선독립신문》 제11호는 3월 21일, 제12호는 3월 23일, 제13호는 3월 24일 발행됐다. 장종건 팀의 제8호가 22일, 제9호가 24일에 발행되었으니 발행 시점이 겹친다.

아마도 이것은 장종건 팀이 체포의 위험을 피해 인쇄 장소를 옮기면서 3월 18일부터 21일까지 나흘 동안 신문을 내지 못했던 것과 관련있는 듯하다. 이틀마다 나오던 신문이 나오지 않자 누군가가 그 빈틈을 메우려는 듯 신문을 내기 시작한 것이다. 그들은 앞서 신문을 내던 팀(장종건 팀)에게 검거 같은 사고가 생겼다고 판단했지만, 사고 여부는 확실하지 않았으므로 호수가 겹치지 않게 제11호부터 발행한 것이 아닐까. 결과적으로 두 팀은 서로 연결되지 않은 상태에서, 같은 제호의 신문을 호수만 달리하여 동시에 발행하게 되었다.

3월 27일 《조선독립신문》의 발행에서 중심적 역할을 했다는 사람들이 경찰에 체포됐다. 배재고등보통학교 교사 강매姜邁(41세), 보성전문학교 교사 고원훈高元勳(39세), 보성고등보통학교 교사 김일金馹(41세), 광주이씨대동보소 총무 이풍재李豊載(39세)가 그들이었다. 역사가 박찬승은 이들이 《조선독립신문》 제11호~제13호를 낸 사람들이 아닐까 하고 추측한다.* 하지만 이들 네 명 중 주로 기사의 원고를 작성한 이가 강매라는 사실 외에는 더이상 구체적인 정보가 존재하지 않는 관계로 그 역시도 확정할 수는 없는 상황이다.

《조선독립신문》은 강매 팀으로 추정되나 확정을 할 수 없는 어떤 팀에 의해 제11호부터 제13호까지 발행된 후 제16호로 이어졌다.** 제16호는

---

* 박찬승, 「3·1운동기 지하신문의 발간경위와 기사내용」, 『동아시아 문화연구』 44, 한양대학교동아시아문화연구소, 2008.

** 장종건 팀 이후 현존하거나 존재가 확인되는 《조선독립신문》은 11호, 12호, 13호, 16호이다. 《조선독립신문》은 워낙 다양한 팀이 발행에 참여했기 때문에 10호나 14호, 15호 역시 강매 팀이나 미지의 어떤 팀에 의해 발행되었을 수는 있으나 자료상으로는 존재 여부가 확인되지 않는다.

강매 팀이 체포된 다음날인 3월 28일 배재고등보통학교 3학년 장용하張龍河(20세)가 이춘봉李春鳳(20세), 김일선金一善(22세)과 함께 300여 부를 발행한 것이었다. 강매와 장용하가 배재고등보통학교로 연결된다는 점, 강매가 체포된 직후 제16호의 발행이 이루어진 점을 보면 강매 팀과 장용하 팀은 밀접하게 연결되었을 가능성이 높다.

그런데 장용하 팀의 작업은 계속 이어지지 않았다. 또 다른 팀이 《조선독립신문》을 발행하기 시작했기 때문이다.

새로운 투쟁방법, 신문과 격문

새로이 《조선독립신문》의 발행에 뛰어든 이들은 보성고등보통학교 4학년 장채극張彩極(22세), 역시 4학년인 전옥결全玉玦(24세), 3학년 이철李鐵(21세)을 중심으로 만들어진 팀이었다. 이들은 일본 유학생으로 독립운동을 위해 귀국했던 김유인金裕寅(27세)의 권유로 《조선독립신문》을 만들기 시작했다.

원래 장채극은 강기덕康基德(34세)이 조직한 중등학교 학생대표 중 한 명이었다. 그는 보성고등보통학교의 대표를 맡아 친구 전옥결, 후배 이철과 함께 3월 1일과 3월 5일 시위에 보성고등보통학교 학생들을 참가시키는 데 주도적인 역할을 했다. 2월 28일에는 정동교회에서 강기덕으로부터 독립선언서 200매를 받아 종로통의 남북 지역, 인사동과 청진동에 배포했다. 또한 3월 2일에는 《조선독립신문》 제2호와 '독립창가' 100부를, 이어 3월 4일에는 '경고 2천만 동포'라는 제목의 격문을 경성 시내에 배포하기도 했다.

그런데 남들이 만들었던 지하신문과 격문을 배포했던 그들이 이제 직접 지하신문을 발행하기 시작했다. 독립을 고취하는 신문이 각처에서 나와 극히 혼란스러우니, 우리가 스스로 만들어 이것을 통일해보자는 김유인의 설득이 그들의 마음을 움직인 것이다.

기사의 작성은 이용설李容卨(25세)이 맡았다. 이용설은 앞에서 살펴본 대로 학생운동 진영에서 한위건韓偉健(24세), 윤자영尹滋瑛(26세), 한창환韓昌桓(25세)과 함께 2선 간부를 맡았던 세브란스의학전문학교 학생이다. 그는 3월 5일 시위 이후 은신했다가 장채극 팀의 기사 작성자로 다시 세상에 모습을 드러냈다. 해방 후 이용설이 남긴 회고에 의하면 학생 지도자들은 3월 5일 시위 이후에도 지속적으로 시위를 벌일 계획이었으나 경찰의 대대적인 검거로 실행할 수 없었다고 한다. 체포를 피해 이리저리 숙소를 옮겨 다니며 은거하던 2선 간부들은 시위 대신 새로운 투쟁방법을 선택했는데 그것이 바로 신문을 발행하는 것이었다.*

《조선독립신문》의 인쇄와 배포는 경성고등보통학교 학생이었던 김춘남金春男이 담당했다. 김춘남은 매호마다 100여 부씩 인쇄했다고 한다. 하지만 이러한 진술은 쉬이 믿기가 어렵다. 인쇄와 배포에는 김춘남 외에도 많은 사람들이 관여했을 가능성이 높고, 발행 부수도 훨씬 많았을 것으로 추정된다. 장채극 팀과 이용설, 김춘남의 협업은 《조선독립신문》 제17호부터 제23호까지 이어졌다. 기간으로 말하면 3월 하순부터 4월 초순까지였다.

우리 조선독립의 승인은 머지않아 있음이 명백한지라. 우리 동포는 일시

---

* 이용설, 「불타는 마음은 총칼로도 없앨 수 없으니」, 『새벽』, 새벽사, 1956년 1월(김상현 편, 『(실록)민족의 저항 5: 분노의 여울』, 한샘문화사, 1977에 수록). 학생대표 3인방 중 한 명이자 2선 간부인 한위건도 박노영 등이 3월 7일 인쇄한 격문 「동포여 일어나라」의 원고를 집필하며 언론활동에 참가했다.

적 만행의 육체적 고통을 당하더라도 영구적 자유독립으로 맹진할지로다.

— 《조선독립신문》 제17호

장채극 팀이 《조선독립신문》을 발행하기 시작하자 제16호를 냈던 장용하 팀은 자신들이 내는 신문의 이름을 '반도의 목탁'으로 변경했다. 장채극 팀과 연결되어 사전조율이 있었을 수도 있고, 장채극 팀과의 연결 없이 스스로의 판단으로 신문명을 바꿨을 수도 있다.

그런데 순조롭던 장채극 팀의 활동에도 고비가 찾아왔다. 4월 초순 무렵 이용설이 더이상 신문의 원고를 보내주지 않았던 것이다. 해방 후 이용설의 회고에는 일제 경찰의 대대적인 세브란스병원 수색 이후 작업을 중단했다는 얘기가 나온다. 하지만 장채극이나 이철의 진술에는 이러한 얘기가 전혀 나오지 않기 때문에 정확한 상황은 알 수 없다. 이유가 무엇이든 학생운동의 간부로 이름이 드러나 은거할 수밖에 없었던 상황에서 정기적으로 기사를 쓰기란 결코 쉬운 일이 아니었을 것이다.

이용설의 원고 집필 중단으로 어려움을 겪던 장채극 팀은 전 신문기자였던 조민언趙敏彦에게 원고를 부탁하면서 문제를 해결했다. 조민언은 제24호부터 제27호까지 원고를 집필했다. 기간으로 말하면 4월 10일부터 4월 17~18일까지였다. 이 시기 인쇄는 경신학교 강우열康禹烈, 경성고등보통학교 김인식金仁植, 휘문고등보통학교 박기제朴基濟, 배재고등보통학교 김병호金炳鎬, 중앙학교 최석인崔錫仁 등 각 학교의 책임자에게 맡겼다. 조민언에게 받은 원고를 여러 장으로 필사하여 각 학교 책임자에게 나누어주고, 각 학교에 비치된 등사판으로 각각 수백 부씩 인쇄하게 한 후 배포까지 책임지도록 한 것이다.

세계는 인도와 정의로써 세계를 개조하고자 하고, 일본은 위력과 잔인으로써 우리를 종속한다. 아! 우리가 적의 폭력 아래 노예의 치욕을 인내하기 10년이라. 일본은 죄 없는 우리를 포살砲殺과 방화와 감금과 자치단 등 가지가지의 악계惡計로써 해하고, 그것도 부족하여 소위 자제단自制團*이라 거짓으로 칭하여 강제적 위력적으로 협박 시행하여 날인을 받으나, 날인이 우리 민족에게, 독립자獨立者에게 가당키나 할 것이냐. 우리의 사랑하는 동포여, 백절불굴百折不屈의 용감함으로 분발하여 적의 압박에 굴복하지 말라. 일시의 평안을 도모하기 위하여 날인하면 수십의 구속자가 장래의 화禍를 면할 수 없다. 일시의 평안은 영구의 화禍인 것을 자각하여 면면촌촌面面村村의 단체를 배척하는 것은 독립자의 합당한 행위이다. 낙심하지 말라. 우리의 공화국 정부를 세계가 용인하였다. 대사업이 빨리 성취하지 않는 것을 낙담하지 말라. 고통은 즐거움의 씨앗임을 기억하라.

– 《조선독립신문》 제26호

장채극 팀의 《조선독립신문》 발행은 제27호를 마지막으로 종료됐다. 관련자들의 체포로 작업이 중단된 것은 아니었다. 장채극 팀이 한성정부 선포와 관련하여 국민대회 실행팀으로 활동하게 되면서 더이상 《조선독립신문》에 집중할 수 없게 되어 작업을 중단한 것이었다.

---

* 자제단은 1919년 4월 일제가 지방행정 조직과 경찰 조직을 동원해 전국적으로 만든 조선인 '자위' 조직이다. '자위'를 명분으로 했지만, 실제는 조선인에 대한 감시와 회유가 목적이었다. 이를 통해 군중과 만세운동의 주도자를 분리하고, 지방 관리들의 만세운동 참여를 방지해 3·1운동을 분쇄하고자 했다. 자제단은 기본적으로 면 단위를 중심으로 구성하고 경찰서장의 감독과 지휘를 받도록 했다. 본부는 도나 군에 설치했다. 자제단은 일반민에 대해 가입을 위한 서약이나 날인을 강요해 곳곳에서 분란을 야기했다. 지역에 따라 자위단, 자성단으로 불리기도 했다(이양희, 「3·1운동기 일제의 한국인 자위단체 조직과 운용」, 『한국근현대사연구』 83, 한국근현대사학회, 2017).

장채극 팀 이후 《조선독립신문》은 누군가에 의해 5월에 두 번, 8월에 한 번 더 세상에 나왔다. 이것이 《조선독립신문》의 마지막이었다. 많은 사람들이 함께했던 《조선독립신문》은 3·1운동기 지하신문의 원형을 만들어내며 조선인을 대변하는 입이 되었다. 한번 열린 입은 좀처럼 다물어지지 않았고, 다른 많은 이들에게 말하고픈 욕구를 일깨워주었다. 조선에 수많은 지하신문과 격문이 범람하게 된 이유였다.*

"철함 대포는 각자의 마음속에 있다"

3월 8일부터 11일 사이, 경성 광희동 주변에 《각성호회보覺醒號回報》라는 지하신문이 뿌려졌다. 경성본정경찰서 소속 조선인 순사보 김진택金鎭澤은 경기도 경무부 사찰반으로 파견되어 활동 중, 이러한 사실을 인지하고 수사에 들어갔다. 그는 호리이堀井 등사당을 탐문하다가 주인에게 최근에 등사기를 구입한 조선인이 있다는 것을 듣고 그를 추격했다. 순사보 김진택은 두 명의 조선인을 긴급 체포했다. 경성공업전문학교 2학년 양재순梁在恂(22세)과 노끈장수 김호준金鎬俊(21세)이 그들이었다.

양재순과 김호준은 어릴 적 같은 서당에 다녔던 친구였다. 두 사람은 3월 7일 밤 우연히 시국에 대한 얘기를 나누게 되었다. 최근 들어 독립선언서라든지 경고문 같은 문서들이 집에 배달되는 경우도 있었고, 교회당 벽

---

* 3·1운동기 국내에서 발간된 지하신문은 《조선독립신문》을 비롯하여 《국민회보》, 《각성호회보》, 《국민신보》, 《신조선신보》, 《진민보》, 《노동회보》, 《대동보》, 《대한제국동포신문》, 《자유종》, 《반도의 목탁》, 《충북자유보》, 《자유민보》, 《혁신공보》, 《국민신보》, 《독립신보》, 《자유민보》, 《강화독립회보》 등이 있었다. 격문으로는 각종 상소문, 경고문, 협박장, 결의문 외에도 「동포여 일어나라」, 「경성동포들에게 충고함」, 「이 무지몰각한 경관배야」, 「파업경고문」, 「국민의 각성」, 「전기회사에서 근무하는 제군에게」, 「오호 경성시민 제씨여」, 「상업가 제씨에게 고함」, 「8면으로 관찰한 조선인의 참상」, 「일본국민에게 고함」, 「등교학생 제군이여」 등 무수히 많았다(국가보훈처 편, 『3·1운동 독립선언서와 격문』, 국가보훈처, 2002).

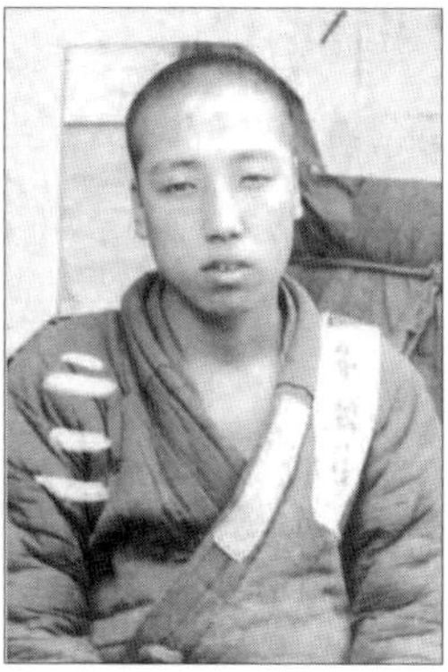

조선을 독립시키고 싶어 《각성호회보》를 만들었던 학생 양재순(좌)과 노끈장수 김호준(우). 두 사람은 어릴 적 같은 서당에 다녔던 친구였다. (국사편찬위원회 소장)

에 독립에 관한 벽보가 붙은 적도 있었다는 얘기에 이르자, 두 사람은 누가 먼저랄 것도 없이 우리도 무언가 인쇄해서 배포해보자고 의견을 모았다.

다음날 양재순은 남대문로에 있는 호리이 등사당에 가서 등사기를 사왔다. 비용은 김호준이 부담했다. 두 사람은 그날 밤 김호준의 집에서 《각성호회보》를 만들었다. 원고는 양재순이 그동안 보았던 《조선독립신문》과 독립선언서 등의 내용을 참고하여 썼고, 인쇄는 두 사람이 번갈아가며 해서 150부를 찍었다. 양재순은 인쇄된 신문을 광희동 주변의 주택에 뿌렸다. 두 사람이 살던 동네였다.

양재순과 김호준은 《각성호회보》를 제1호부터 제4호까지 찍어 배포했다. 3월 8일 150부를 시작으로 3월 9일 80부, 3월 10일 100부, 3월 11일 80부를 인쇄해 배포했다. 하지만 두 사람은 활동을 시작한 지 4일 만에 들통이 났다. 호리이 등사당의 일본인 주인이 조선인 구입자 양재순에 대한 정보를 가감 없이 제공한 데다, 두 사람이 자신들의 거주지에 신문을 뿌린 것이 추격의 불씨가 되었다.

하지만 조선을 독립시키고 싶어 신문을 만들었다던 양재순과 김호준은

4일 동안 《각성호회보》를 통해 하고 싶은 말을 마음껏 할 수 있었다. 그들은 《각성호회보》 제3호에 이렇게 썼다.

> 2천만 동포의 영혼과 삼천리강산을 가진 우리 민족은 맨손임을 걱정하지 말라. 철함 대포는 각자의 마음속에 있다.

호외 1

인종익의 선언서는 어디까지 전해졌을까

인종익이 천도교 전주교구에 전한 독립선언서 1천800매는 그 후 어떻게 되었을까?

사실 선언서 1천800매의 행방을 추적하는 것은 굉장히 복잡한 일이다. 한 지역에 선언서가 도착하면 가능한 인력을 총동원하여 자기 지역에 배포하는 한편, 인근 지역에 사람들을 보내 선언서를 전달했기 때문이다. 그것은 잔잔한 호수에 파문이 일듯 동시다발적으로 퍼져나가는 과정이어서 말로 옮기기가 쉽지 않고, 옮긴다고 해도 이해하기 어렵다. 그러므로 인종익이 전달한 선언서가 여러 갈래로 퍼져나가는 과정은 생략하고 하나의 갈래만 선택하여 어디까지 도달하는지 살펴보자.

전주교구의 구창근은 인종익에게 받은 선언서를 교구 내 천도교인을 동원해 전주 지역 내에 배포하는 한편, 김진옥을 보내 임실교구에 전달했다. 임실교구의 교구장 한영태韓榮泰는 일부를 임실면 각지에 배포하고, 나머지는 전도사 이기동李起東을 통해 남원의 몇몇 천도교인들에게 전달했다. 이들 가운데 이기원李起元이 남원교구실로 찾아가 교구장 유태홍柳泰洪에게 선언서를 전달했고, 유태홍은 이것을 남원 읍내에 배포하는 한편, 사위 김종웅金鍾雄을 구례로 보내 선언서를 전달했다. 또한 김종웅은 구례의 천도교인 윤상윤尹相銃과 함께 순천의 천도교구에 선언서를 전달했고, 순천의 천도교인 윤자환尹滋煥은 여수에 선언서를 전달했다.

이것이 전주의 선언서가 여수까지 전해진 과정이다. 이런 과정이 여러 갈래로 일어나 결과적으로 인종익의 선언서는 전라북도와 전라남도 전역으로 퍼져나갔다. 선언서를 전달받은 천도교인들은 군청, 면사무소, 헌병대주재소, 도항장 등 지방기관 게시판에 선언서를 붙여 독립운동의 소식을 전했다. 이런 과정 속에서 많은 천도교인들이 체포되었다. 그러나 독립운동을 확산시키고자 한 집요한 노력이 있었기에 지역민들도 독립운동에 대해 알게 되었고 스스로 자신들의 운동을 조직하기 시작했다.

호외 2

팩트 체크, 지하신문의 진실과 허구

> 3일 밤 12시, 20년간 폐쇄된 종로 보신각에서 종소리 쟁쟁하다. 일본 순사, 이를 수사할 때 검은 모자, 회색 옷을 입은 한 어린 소년이 의연히 답하기를, 이 종이 울리지 않기를 20년, 천지신명이 우리들의 울음과 원통함을 두루 살펴, 오늘 자유를 주었다. 어찌 자유종이 아니냐. 너는 미국의 자유종을 듣지 않았느냐고 말하고 태연히 체포되었다.
>
> —《조선독립신문》 제3호, 1919년 3월 5일

《조선독립신문》 제3호에 실린 기사다. 3월 3일 밤, 한 어린 소년이 폐쇄된 지 오래인 보신각에 들어가 종을 쳤다는 내용이다. 기사에 의하면 이 소년은 순사에게 체포되면서도 끝까지 당당했다. 천지신명이 우리의 억울함을 살펴 독립선언으로 자유를 주었으니, 미국이 독립할 때 쳤다는 자유종처럼 보신각의 종을 쳤다는 주장이다.

팩트 체크를 해보자. 3월 3일 밤 정말 보신각종이 울렸을까?

그렇다. 3월 3일 밤 11시경 종소리가 울렸다.

종을 친 사람은 누구인가? 어린 소년인가?

그렇지는 않다. 종을 친 사람은 세브란스병원에서 사무원으로 일하는 정태영鄭泰榮이라는 사람이었다. 그는 종로경찰서에서 출동한 순사들에게 현장에서 곧바로 체포됐다. 나이는 경찰과 검찰의 심문기록,

공판기록에서 모두 다르게 나오므로 특정할 수는 없지만 30세에서 34세 정도로 추정된다.

종을 친 이유를 추궁하는 경찰에게 정태영은 처음엔 단지 술김에 한 일이라고 변명했다. 검사에겐 이태왕(고종)의 국장이나 독립선언같이 나라에 큰일이 있어 친 것이라고 했고, 1심 판사에겐 독립선언으로 자유의 백성이 되어 자유의 종을 쳤을 뿐이라고 했다.

《조선독립신문》은 왜 어린 소년이 종을 친 것처럼 보도했을까? 이 기사의 작성자는 이종린이다. 그는 종소리를 직접 들었을 수 있지만, 누가 친 것인지는 모른 채 기사를 작성했을 가능성이 높다. 아마도 그는 기사가 주는 효과를 극대화하기 위해 종을 친 사람을 어린 소년으로 설정했을 것이다.

지하신문은 일제의 거대 언론에 맞서 싸웠다. 그들의 무기는 진실만이 아니었다.

"피고는 학생이면서 어째서 이번 계획에 가담했는가?"

"난 조선 사람으로서 반드시 해야 할 일을 한 것입니다. 그것은 좋은 일도, 나쁜 일도 아니었습니다. 그저 당연한 일일 뿐이었습니다."

– 배재고보 2학년 김동혁에 대한 예심판사의 심문에서 오간 말

3장

그날, 만세 소리가 들불처럼 조선땅을 뒤덮었다

실행자들

어머님!

우리가 천 번 만 번 기도를 올리기로서니 굳게 닫힌 옥문이 저절로 열려질 리는 없겠지요. 우리가 아무리 목을 놓고 울며 부르짖어도 크나큰 소원이 하루아침에 이루어질 리도 없겠지요. 그러나 마음을 합하는 것처럼 큰 힘은 없습니다. 한데 뭉쳐 행동을 같이하는 것처럼 무서운 것은 없습니다. 우리들은 언제나 그 큰 힘을 믿고 있습니다.

– 심훈이 감옥에서 어머니께 쓴 편지, 1919년 8월 19일

열 살 아이부터 학생과 교사, 순사보까지, 그들이 만세를 부른 이유

만세시위자들

참았어야 했는데, 그가 뭐라 하든 그렇게 대꾸하지 말았어야 했는데, 심대섭沈大燮(19세)* 은 그러지 못했다. 자기 입에서 나온 말이긴 했지만, 마치 머릿속을 거치지 않은 것처럼 스르르 나와 막을 수 없었다. 내가 왜 그런 말을 했을까. 곧 후회했지만 자신이 내뱉은 말을 다시 주워 담을 수 없었다. 3월 1일 파고다공원에서 만세를 불렀냐는 경찰의 물음에 그는 그렇다고 대답하고 말았다. 길지 않은 그의 인생에 전혀 다른 삶을 예고하는 말이었다.

3월 5일 밤 안동별궁 인근 해명여관 앞에서 헌병에 체포될 때만 해도 심

* 심대섭은 『상록수』의 작가 심훈(沈熏)의 본명이다. 소설가로 유명하지만, 시와 시나리오, 평론도 잘 썼다. 시집으로 『그날이 오면』이 있다.

『상록수』의 작가 심훈(본명 심대섭). 탄탄대로가 놓여 있던 그의 삶은, 거리로 나가 만세를 부르면서 송두리째 뒤바뀌었다.

대섭은 크게 걱정하지 않았다. 만세시위 현장에서 체포된 것이 아니었기에, 말만 잘하면 곧 풀려날 수 있으리라 생각했다. 그는 3월 5일 시위에 참가한 사실을 숨겼다. 밤늦게 여관에 찾아간 이유는 친구가 체포되었다는 소식을 듣고 이를 확인하기 위해서였다고 변명했다. 하지만 3월 1일 시위에 참여해 만세를 불렀다고 말하면서 모든 것을 망쳐버렸다.

유복한 집안에서 태어난 그는 부족함 없는 삶을 살았다. 나이 차가 많이 나는 큰형[*]은 《매일신보》 기자였고, 작은형[**]은 한성은행에 다녔다. 열일곱 살 되던 해엔 결혼도 했는데, 부인은 대한제국 황족인 후작 이해승李海昇[***]의 딸 이해영李海暎이었다. 심대섭은 머리도 좋아서 공부도 잘했다. 전국의 수재들만 모인다는 경성고등보통학교에 어렵지 않게 들어갔다. 그의 삶에는 탄탄대로가 놓여 있었다. 그 길만 벗어나지 않는다면 편안한 삶이 보장된 것이나 마찬가지였다. 그런데 그는 거

---

* 심우섭(沈友燮, 1890~1948). 경기도 시흥에서 태어났다. 매일신보사, 경성방송국 등에서 일하며, 내선융화를 주장하는 친일단체 동민회, 조선유도연합회, 조선임전보국단 등에 참가하는 등 친일활동을 벌였다(『친일인명사전』). 잘 알려져 있지는 않지만 사이토(齋藤實) 총독 재임 당시 총독을 31회나 만날 정도로 비중 있는 친일파였다(권시용, 「서로 엇갈린 형제의 길, 심우섭과 심훈」, 『민족사랑』 257, 민족문제연구소, 2018).

** 심명섭(沈明燮, 1898~?). 충청남도 당진에서 태어났다. 1930년 전도사로 활동하다 1934년 목사가 되었다. 창천교회, 경성중앙교회 등을 담임했다. 1940년 국민총력기독교조선감리회연맹 상무이사 겸 총무부장, 1941년 조선임전보국단 발기인으로 참여하면서 《매일신보》에 일제의 침략전쟁을 찬양하는 글을 연재하는 등 적극적인 친일활동을 벌였다(『친일인명사전』).

*** 이해승(1890~1958). 조선의 종친이자 대한제국의 황족으로, 일제로부터 후작의 작위(은사공채 16만 8천 원)를 받았다. 조선귀족회 이사, 회장을 역임했다. 친일단체 조선유도연합회에 참여했고, 국민정신총동원조선연맹 평의원, 국민총력조선연맹 평의원으로 활동했다. 일제로부터 한국병합기념장, 쇼와 천황 즉위기념 대례기념장 등을 받았다. 일제 침략전쟁을 지원하는 각종 헌금에 참여했다(『친일인명사전』).

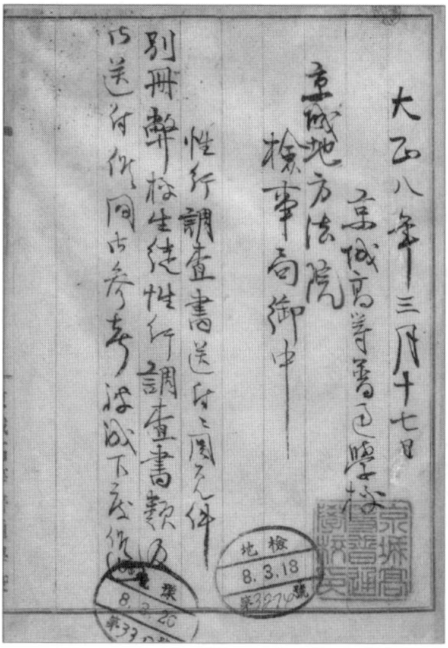
大正八年三月十七日
京城高等普通學校
京城地方法院
檢事局御中
性行調査書送付ノ件
別冊本校生徒性行調査書數通及送付候間御査收相成下度候

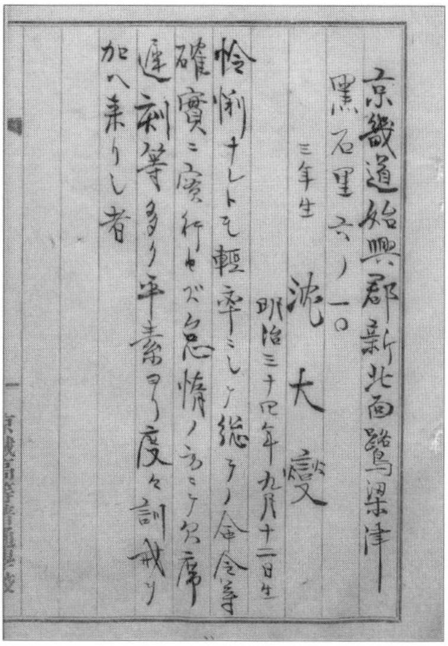
京畿道始興郡新北面鷺梁津
黑石里六ノ一四
三年生
沈大燮
明治三十四年九月十二日生
怜悧ナルモ軽率ニシテ総テノ命令等
確實ニ實行セズ怠惰ノ方ニテ欠席
遅刻等多ク平素ヨリ度々訓戒ヲ
加ヘ来リシ者

학생들의 성행조사서 표지(좌)와 심대섭의 성행조사서(우). (국사편찬위원회 소장)

리로 나가 만세를 불렀고 조선의 독립을 외쳤다. 그리고 경찰 앞에 그 사실을 시인하고 말았다.

조선총독부가 직접 운영하는 관립 경성고등보통학교는 만세시위가 벌어지자 관련 학생들의 성행性行조사서를 만들어 검사에게 제출했다. 학생의 평소 품행을 조사해 기록한 문서이다. 거기에 이렇게 쓰여 있다.

“영리하나 경솔하여 모든 명령을 확실하게 실행하지 않는다. 게으른 편이어서 결석·지각이 많아 평소부터 훈계를 받아온 자이다.”

학교 당국의 심대섭에 대한 평가는 다른 학생들과 비교해봐도 냉혹하다. 심대섭이 고분고분 교사들의 말을 잘 듣는 학생이 아니었음은 분명한데, 그래도 이건 너무 심하지 않은가. 하지만 그들의 평가 속에 남부러울 것 없이 자란 그가 어떻게 만세시위에 나서게 되었는지 추측할 만한 단서들이 담겨 있다. 평소 규율과 명령을 따르길 좋아하지 않던 그의 성격이 그를 거리에 나서게 만들지 않았을까.

만세를 고백하고 난 후, 심대섭은 뒤늦게나마 실수를 만회하기 위해 결코 하고 싶지 않았을 말들을 했다. 총독정치에 반대하냐는 물음에 별로 그렇지 않다고 했고, 국장을 앞두고 만세를 부르며 돌아다닌 것을 잘한 일로 생각하냐는 물음에는 나쁜 일이었다고 답했다. 하지만 결과를 돌이킬 수는 없었다.

그의 심문투쟁은 한마디로 엉망이었다. 인정하지 말아야 할 것은 인정하고, 하지 말아야 할 말은 하고 말았다. 생각해보면 이해 못할 일도 아니다. 결혼은 했지만 그의 나이는 겨우 열아홉이었다. 경찰의 구타와 강박을 쉽사리 이겨낼 수 있는 나이도 아니었고, 냉철히 생각하고 손익을 따져 대답할 만큼 인생의 경험이 쌓이지도 않았다. 문제는 그의 가슴에 흐르는 뜨거운 피였다. 그 피는 빨리 풀려나려면 결코 하지 말아야 할 말을 하게 만들었다.

"독립운동이란 무엇인가?"

예심판사가 묻자 심대섭이 대답했다.

"지금 조선은 일본에 합병당하고 있으나, 일본으로부터 권리를 물려받아 조선인만으로 정치를 하도록 하기 위해 일하는 것을 말합니다. 그래서 나도 독립을 희망하는 것입니다."

"피고가 독립을 희망하는 이유는 무엇인가?"

"민족은 다른 민족으로부터 제재를 받지 않고 독립해 정치해야 합니다. 하지만 조선은 그렇지 못한 관계로 교육제도가 불완전해 생존경쟁의 패배자가 되어 마침내 일본인의 노예가 되었습니다. 일본 관료들이 문관까지 칼을 차고 있는 것을 보면, 조선인을 적대시하는 것입니다. 동양척식주식회사는 영국의 동인도회사처럼 사업을 하고 있습니다. 이런 이유로 독립을 희망하는 겁니다."

"독립선언을 하고 만세를 부르면 독립이 되는 것인가?"

"만세를 부르는 것만으로 독립이 되는 건 아닙니다. 이렇게 하여 독립사상을 고취시켜놓으면 언젠가는 독립이 될 것이라 생각하여 이처럼 운동하는 것입니다."

"장래에도 독립운동을 할 것인가?"

"네. 기회만 있으면 또 할 겁니다."

그의 반항은 이렇게 시작됐다. 규율과 명령을 거스르고 온갖 차별을 뛰어넘어 진정한 자유를 얻기 위한 싸움이었다. 시작은 완벽하지 않았다. 자신이 어디에 서 있고 어디로 가야 하는지 제대로 알지 못했다. 그러나 그는 혼자가 아니었다. 미처 깨닫지 못했지만 그의 옆엔 어느새 많은 동지들이 어깨를 나란히 하고 있었다.

동료의 이름을 끝까지 말하지 않은 학생들

3월 1일 오후 1시, 경성고등보통학교 4학년 김백평金栢枰(20세)*이 박노영朴老英(20세), 박쾌인朴快仁(22세)과 함께 학교 교문 앞에 서 있었다. 그들은 하교하는 학생들을 일일이 붙잡고 뭔가를 열심히 말하는 중이었다. 일부 학생들은 하교하지 않고 교문 주변에 삼삼오오 모여 있었다. 주변을 경계

---

* 김백평은 3·1운동으로 1년 2개월간 수감생활을 하고 풀려났다. 이후 일본에서 공부하다가 1925년 독일 베를린으로 건너가 인류학과 의학을 공부했다. 그는 히틀러의 유대인 학살에 큰 영향을 미친 카이저 빌헬름 인류학 · 인간유전학연구소(KWIA)에서 일했고, 이후 나치의 준군사조직인 NSFK(Nationalsozialistisches Fliegerkorps)에 참여하며 나치에 협력했다(Frank Hoffmann, *Berlin Koreans and Pictured Koreans*, vienna: Praesens, 2015).

하는 듯한 그들의 몸짓이 심상치 않은 풍경을 만들어내고 있었다.

3월 1일은 토요일이었다. 오전에만 수업하고 오후에는 쉬는 날이라 흔히 반공일半空日이라 불렀다. 경성고등보통학교도 오후 1시 무렵 모든 일정을 마쳤다. 이날 학교는 수업을 마친 후 운동장에서 국장 예행연습을 진행했다. 학생들은 어느 때보다 진지하게 예행연습에 임했다. 고종의 국장이 코앞이기도 했지만, 더 큰 이유는 다른 데 있었다.

1학년을 제외한 대부분의 학생들은 점심시간과 쉬는 시간에 소문으로만 떠돌던 이야기를 공식적으로 확인했다. 김백평이 박노영, 박쾌인 등과 함께 교실을 돌면서 파고다공원에서 독립운동이 있다는 사실을 알리고 함께 해주기를 권유했던 것이다. 교사들의 눈을 피하느라 복도에 망을 세우고 은밀히 진행한 일이었다. 이들은 시간이 부족해 1학년 교실에는 들어가지 못했지만, 2~4학년 학생들에게는 모두 독립운동의 소식을 알릴 수 있었다. 1학년 학생들에게도 알음알음 소식이 전해지기만을 바랄 뿐이었다.

교사들도 분위기가 심상치 않음을 느꼈다. 점심시간이나 쉬는 시간은 시끄럽기 마련인데 이날은 평소와 달리 너무 조용했기 때문이다. 일부 교사들은 학생들이 망을 보고 있다는 눈치를 느껴 평소보다 더 열심히 각 교실을 둘러보며 학생들을 감독했다. 하지만 학교 내에서 특별히 불온한 일은 없었기 때문에 더이상 조치를 취하진 않았다.

교사들이 학생들의 분위기가 평상시와 다르다고 느낀 건 일본의 조선인 유학생들이 독립운동을 했다는 소식이 알려지고 난 후부터였다. 2월 말 교장이 유학생의 독립운동을 언급하며 조선의 학생들은 절대로 독립운동을 해서는 안 된다고 훈화를 한 것도 이즈음이었다. 하지만 교장의 훈화는 학생들의 가슴에 기름을 부은 것과 같았다. 독립운동을 하지 말라는 일

3·1만세시위가 시작된 파고다공원. 1899년 옛 원각사 터를 중심으로 거북 모양으로 조성되었다. 사진은 1930년 무렵 찍은 항공사진이다. (민족문제연구소 소장)

본인 교장의 훈화는 조선인 학생들에게 마치 독립운동을 하라는 훈화처럼 들렸기 때문이다. 말하는 사람은 흔히 생각지 못하지만, 언제나 중요한 건 말하는 사람이 어떻게 말하느냐보다는 듣는 사람이 어떻게 듣느냐 하는 것이다. 더구나 교장의 훈화는 새로운 소식에 느린 학생들에게 독립운동 소식을 알려주는 효과까지 있었다.

학교가 끝난 후 김백평이 박노영, 박쾌인과 함께 교문 앞에 서 있던 이유는 하교하는 학생들에게 파고다공원에 함께 가자고 권유하기 위해서였다. 어느새 뜻을 함께하는 학생들이 교문 주위에 모여들었는데 그 수는 200~300여 명에 달했다. 김백평은 이들과 함께 파고다공원으로 향했다. 혼자서 공원에 갔다고 진술했던 심대섭도 사실은 그들 속에 있었을 것이다.

파고다공원에는 이미 많은 사람들이 모여 있었고, 계속해서 많은 사람들이 모여들고 있었다. 그들은 이미 혼자가 아니었다. 서로의 존재에서 큰 힘을 얻고 앞으로 나아갈 기회가 그들 앞에 펼쳐졌다.

김백평이 박노영, 박쾌인과 함께 경성고등보통학교의 독립운동을 주도하게 된 계기는 무엇일까? 여기엔 강기덕康基德(34세)이 있었다. 2월 중순 무렵 강기덕은 중등학교 학생들을 조직하는 데 힘을 기울이고 있었는데,* 이 소식이 경성고등보통학교의 학생들에게도 가닿은 것이다. 김백평은 박노영과 함께 안국동의 어느 하숙집으로 강기덕을 찾아갔다. 강기덕은 그들에게 학생들이 독립운동에 많이 참여할 수 있도록 독려해달라고 부탁했다. 김백평은 박노영, 박쾌인과 기꺼이 함께하기로 했다. 이들은 학생들의 의식을 고취하는 작업을 하기로 마음먹었다. 박노영은 학생들이 모여 있는 곳에서 파리강화회의와 민족자결주의를 얘기하는 방법으로 학생들의 의식을 일깨우고자 했다고 후일 진술했다.

엉뚱한 해프닝도 있었다. 2월의 어느 날, 김백평은 1~3학년 급장에게 부탁해 성서를 연구하고자 하는 사람은 저녁 7시까지 조선중앙기독교청년회관에 모이라고 알렸다. 기독교를 믿는 학생 중에 독립운동을 함께할 사람을 몇 명 뽑아, 운동을 주도할 학생들을 조직하려고 한 것이다. 자신이 기독교인이었으므로 종교 이야기를 하면서 자연스럽게 독립운동에 관한

* 보성고등보통학교 4학년 장채극(張彩極)은 2월 10일 무렵 강기덕을 만나 독립운동 참가를 권유받았다고 한다. 그의 진술에 의하면, 중등학교의 대표자는 경성고등보통학교 김백평, 경신학교 강우열, 중앙학교 장기욱(張基郁), 배재고등보통학교 김병호, 선린상업학교 이규강(李奎康), 휘문고등보통학교 강창준(姜昌俊) 등이었다. 물론 보성고등보통학교의 대표자는 장채극 자신이었다. 장채극은 여학교에도 대표자가 있었는데 누구인지는 모른다고 했다. 그가 말한 여학교는 뒤에서 살펴보겠지만 3월 1일 시위에 조직적으로 참여한 경성여자고등보통학교일 가능성이 높다. 그렇다면 대표자는 최정숙(崔貞淑)이었을 것이다.

이야기를 꺼내고자 했던 것 같다. 그런데 김백평의 시도는 본인의 의도와 달리 황망하게 끝났다. 이날 청년회관에 모인 학생 수가 400여 명이나 되었기 때문이다. 거의 전교생이 다 모인 셈이었다. 계획을 주도한 김백평도 놀라고, 공간을 빌려준 청년회 간사 박희도朴熙道(31세)도 놀랐다. 박희도는 당국의 의심을 받을 수 있다며 끝내 방을 빌려주지 않았다. 청년회관 옆에 종로경찰서가 자리하고 있었으니 이해 못할 일도 아니다. 결국 김백평은 자신이 다니던 중앙교회로 학생들을 데리고 가 간단히 김창준金昌俊(31세) 목사의 설교를 듣게 한 후 학생들을 해산했다. 집회의 자유가 없는 조선에서 사전허가도 없이 이렇게 많은 사람이 모이는 것은 불법이었다. 경찰의 눈에 띄었다면 큰일이 벌어질 수도 있었던 위험천만한 상황이었다.

김백평은 이후 은밀한 작업을 통해 열 명 정도의 학생을 모았다. 한 번의 실패가 큰 교훈이 되었다. 이들은 2월 28일 모여 3월 1일에 할 일을 논의했다. 김백평은 1학년부터 4학년까지 각 반에 들어가 독립운동이 있음을 알리고 참가를 독려해달라고 부탁했다. 이를 위해 이들은 조를 나누고 조별로 들어갈 학년과 반을 정했다.

그날 밤 김백평은 강기덕의 호출을 받았다. 정동교회로 와달라는 전언이었다. 김백평은 정동교회에서 선언서 200매를 받았다. 내일 2시 전까지 광화문 부근에 선언서를 배포해달라는 부탁과 함께였다. 김백평은 내일 학생들을 집회 장소로 데려가야 했기 때문에, 선언서의 배포를 박노영에게 맡겼다.

박노영은 체포된 후 자신이 선언서 200매를 모두 배포했다고 진술했다. 그런데 석연치 않은 부분이 있다. 3월 1일 학교가 끝난 것은 1시 무렵이었다. 2시까지 배포를 끝냈다면 배포시간은 한 시간 남짓이라는 이야기인

정동교회. 이필주 목사가 독립운동에 참여한 이후 새로운 운동 중심지로 떠올랐다. (민족문제연구소 소장)

데, 1시 무렵 박노영은 김백평, 박쾌인과 함께 교문 앞에서 학생들의 참여를 독려한 바 있다. 그 후 혼자서 선언서 200매를 배포했다는 것인데, 아무리 봐도 가능해 보이지 않는다. 박노영이 한 시간 내에 선언서 200매를 배포했던 방법은 무엇일까. 박노영을 도와 함께 선언서를 배포한 동료들이 있었던 게 아닐까.

하지만 박노영은 끝까지 이를 시인하지 않았다. 모든 책임을 혼자서 지기로 한 듯 보였다. 고문과 구타가 난무하는 심문에서 웬만한 결기가 아니면 하기 어려운 일이다. 그런데 김백평과 박쾌인도 마찬가지였다. 그들 역시 자신들을 도왔던 동료들의 이름을 끝까지 얘기하지 않았다.

학교의 성행조사서에는 이렇게 기록되어 있다.

"김백평은 성질이 온순하나 예리한 눈빛으로 소홀히 할 수 없는 풍모를 띠어 어쩐지 위험인물처럼 보인다."

"박노영은 의지가 견고하고 정직하나 격하기 쉽고 반항하는 태도가 있다."

성행조사서에 박쾌인에 대한 기록은 빠져 있다. 3월 1일 시위에 참여한 후 아버지에게 붙잡혀 고향에 내려가 있다가 4월 2일에야 체포되었기 때문이다.

"김백평이란 인물은 어떤 사람인가?"

경성지방법원 예심판사의 질문에 참고인으로 출석한 경성고등보통학교 교유敎諭* 모리森爲三가 대답했다.

"김백평은 적극적인 남자로서 사람됨도 상당히 확실하다고 생각합니다."

"박노영은 어떤 인물인가?"

"박노영은 성적은 중간 정도지만 무엇이든 앞장을 서는 남자입니다."

교사의 대답은 성행조사서와 이렇게나 차이가 있었다.

예심판사가 김백평에게 물었다.

"선언서를 배포하고 독립만세를 부르면 독립이 된다고 생각했나?"

"독립을 선언하고 만세를 부르며 조선인이 독립을 희망하고 있다는 것을 발표하면, 일본 정부나 세계 각국이 조선의 독립을 승인해줄 것이라 생각하고 그런 행동을 한 것입니다."

"독립을 희망하게 된 이유는 무엇인가?"

"나는 학생이니 다른 것은 모릅니다. 다만 조선은 4천여 년의 역사를 가진 나라입니다. 이런 나라가 일본과 병합되었다는 것이 유감입니다. 원래대로 독립국이 되면 좋겠습니다."

---

* 일제 강점기 중등교사를 지칭하는 말.

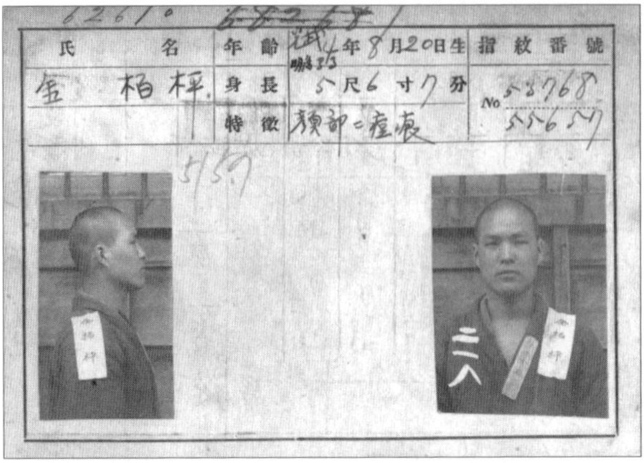

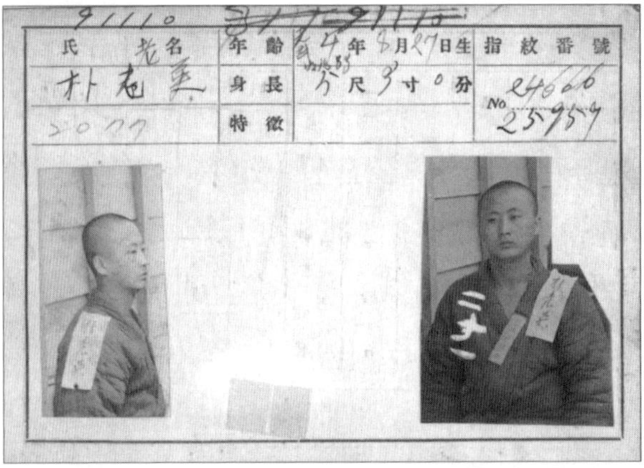

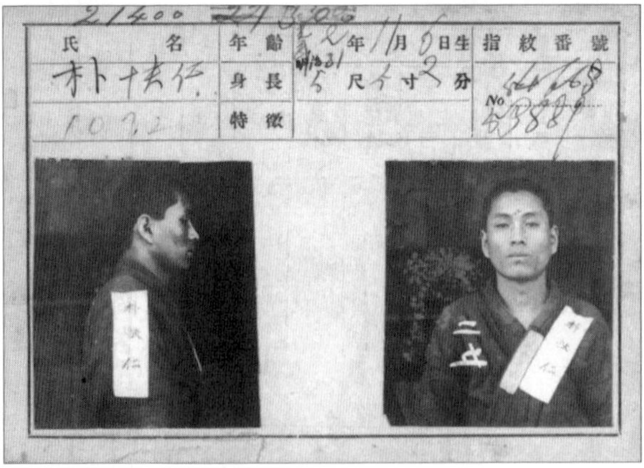

김백평(맨 위)과 박노영(중간), 박쾌인(맨 아래)의 수형사진. 경성고등보통학교의 독립운동을 주도한 이들은 민족의 자긍심을 되찾기 위해, 일제의 민족차별을 철폐하기 위해 독립운동에 나섰다. (국사편찬위원회 소장)

예심판사가 박노영에게 물었다.

"조선독립을 생각하게 된 이유는 무엇인가?"

"한일합방의 취지는 일본인과 조선인을 똑같이 대우하는 것이라 합니다. 하지만 총독정치는 마치 조선을 식민지와 같이 취급하고, 조선인을 일본인과 똑같이 대우하지 않습니다. 총독정치의 근본정책은 동화정책이라 하는데, 민족을 달리하고 역사를 달리하는 두 민족이 동화한다는 것은 불가능한 일입니다. 그러므로 조선은 일본으로부터 떨어져 다른 나라가 되지 않으면 안 된다고 생각합니다. 나날이 보고 듣는 일 중에 우리의 감정을 해치는 일도 많습니다. 그래서 독립을 해야겠다는 생각이 생긴 것입니다."

왜 독립을 생각하게 되었냐는 질문에 대해 김백평이 이야기한 것은 민족의 자긍심이었고, 박노영이 이야기한 것은 민족의 차별이었다. 모두가 조선인들이 3·1운동에 참여한 주요 원인이었다.

"누구라도 남의 압박은 싫은 것입니다"

3월 1일 오후 3시 경운동에 있는 경성여자고등보통학교 학생들이 은밀히 학교를 빠져나왔다.* 기숙사 창밖으로 시위 군중의 모습을 지켜보다가 참지 못하고 뛰쳐나온 학생들이었다. 학교 당국이 기숙사 문을 잠그고 학생들의 참여를 막았지만, 여학생들은 문을 부수고 밖으로 나와 군중 속으

---

* 최은희(崔恩喜)는 전교생이 시위에 참가했다고 회고했다. 『조선총독부통계연보』에 의하면 경성여자고등보통학교의 1918년 3월 말 학생 수는 168명, 중도 퇴학자는 14명이었으나, 1919년 3월 말 학생 수는 110명, 중도 퇴학자는 63명이었다. 1919년도 중도 퇴학자가 많은 이유는 3·1운동의 여파로 보인다. 최은희의 회고대로 전교생이 시위에 참가했다고 하면 그 수는 170~180명 정도였을 것이다. 그런데 최은희는 심문에서 함께 참여한 학생 수를 20여 명이라 진술했고, 최정숙은 30여 명이라고 진술한 바 있다. 이것은 의도적으로 함께 붙잡힌 동료들만으로 축소해서 말한 것일 가능성이 높다(최은희, 『한국근대여성사: 1905~1945 조국을 찾기까지』 중, 조선일보사, 1991).

로 스며들었다. 학생들은 종로, 대한문, 광화문, 창덕궁, 서대문 등을 오가며 만세를 불렀다. 해질 무렵 학생들은 진고개(현재의 충무로2가)까지 진출했다가 헌병과 경찰에 포위되어 경무총감부로 끌려갔다.

체포된 학생은 모두 30여 명에 달했다. 대부분은 다행히 단순 가담자로 분류되어 훈방 조치되었다. 하지만 경찰과 학교 당국에 의해 주모자로 지목된 학생 두 명은 풀려나지 못했다. 본과 3학년 최은희崔恩喜(16세)와 사범과 3학년 최정숙崔貞淑(18세)이었다.

"3월 1일 오후에 시내로 나온 이유는 무엇인가?"

"그날 수업은 2시까지였는데 조금 일찍 끝났습니다. 그 무렵 기숙사 근처에서 만세 소리가 들려와서, 친구들과 함께 문밖으로 나갔습니다. 우리는 20명 정도였습니다. 종로까지 나가자 만세를 부르는 군중들이 있었습니다. 저는 장래 조선이 독립할 희망이 있는 것이라 생각하고 기뻐서 만세를 불렀습니다."

검사의 물음에 최은희는 이렇게 대답했다.

"3월 1일 전에 파리강화회의나 독립선언에 대해 들은 적이 있는가?"

"없었습니다. 학교나 교회에서도 그런 말은 듣지 못했습니다."

최은희는 3월 1일 이전에 독립운동에 대해 알고 있었냐는 질문에 완강히 부인했다. 하지만 진술과는 달리 그녀는 박희도를 통해 독립운동이 있으리라는 얘기를 듣고 있었다. 박희도는 그녀가 입학할 당시 목사 손정도孫貞道(48세)의 신원보증을 받을 수 있도록 도와준 인물이어서 친분이 있었다.

"3월 1일 무슨 일이 있었나?"

"기숙사 근처에서 조선인들이 독립만세를 부르고 있어 저도 밖으로 나

경성여자고등보통학교. 3월 1일 집단적으로 거리에 나온 유일한 여학교였다. 《조선독립신문》 제2호에 관련 기사가 실릴 정도로 큰 화제가 되었다.

가 군중 속에 가담하였습니다. 나도 같은 인간으로서 군중 속에 뛰어들었던 것입니다. 모두가 만세를 외치기에 저도 만세를 불렀습니다. 군중들은 대부분 경성의 학생들인 것 같았습니다."

검사의 물음에 최정숙이 대답했다.

"그 학생들이 왜 독립만세를 부른다고 생각했나?"

"조선이 독립할 수 있게 되어서 만세를 부른다고 생각했습니다. 그래서 우리도 동포로서 기쁘게 생각하여 군중 속에 가담했던 것입니다."

"그런 시위가 있으리라는 것을 누군가에게 미리 듣고 있지 않았는가?"

"전혀 알지 못했습니다. 3월 1일 기숙사에 들려온 만세 소리에 비로소 알게 된 것입니다."

최정숙도 독립시위에 대해 전혀 알지 못했다고 부인했다. 하지만 최은희는 28일 밤 제주 출신 남학생 두 명이 최정숙을 만나고 갔다고 회고했다. 최정숙도 제주 사람이었다. 이들이 다녀간 후 최정숙은 최은희 등과 상의하여 급히 붕대를 만드는 등 시위 참가를 준비했다고 한다. 경찰도 얼마 후 이러한 사실을 포착했다. 당시 종로경찰서가 학교 경찰에 의뢰해 작성한 경성여자고등보통학교 시위 관련자 성행조사보고서는 최정숙과 최은희가 27~28일경 남학생들의 연락을 받고 시위 참가를 모의한 정황이 있다고 기록했다.

학교 당국은 최정숙이 학업성적이 좋아 교내 및 기숙사에서 세력을 가지고 있었다고 인식했다. 그녀가 학생들에 대한 지도적 실권을 가지고 있었다는 것이다. 최은희에 대해선 기숙사 안에서 세력을 얻어 각 방을 돌아다니며 학생의 품위를 어지럽히는 언행이 적지 않아 훈계를 한 일이 가끔 있었다고 했다. 이런 이유로 학교 당국은 최정숙과 최은희를 주모자로 지목했던 것이다.

최정숙은 평안북도 창성군수 최원순崔元淳*의 딸이었다. 최원순은 대한제국 시기부터 판사로 일하다 군수로 발탁된 인물이었다. 그는 1921년 관직을 퇴직한 후에도 변호사를 하면서 도평의회 의원을 지내는 등 크고 작은 친일행위를 이어갔다. 그런 아버지 밑에 최정숙 같은 딸이 있었다.

"독립운동에 찬성한 이유가 무엇인가?"

예심판사가 최정숙에게 물었다.

"누구라도 남의 압박을 받는 것은 싫은 것입니다. 조선도 자유의 나라가 되고 싶어서 독립을 원하는 것입니다."

최정숙은 자유를 위해 만세를 불렀다고 당당히 말했다.

---

* 최원순(1876~?). 전라남도 제주에서 태어났다. 주로 관료로 근무하며 일제의 통치에 협력한 친일파이다. 합병 후 광주지방재판소 제주구재판소 판사로 근무하다 군수로 발탁되어 평안북도 희천군수, 창성군수를 지냈다. 1923년 퇴직하여 변호사를 개업했다. 1927년 전라남도 도평의원, 제주면 면협의회원, 제주읍 읍회의원 등을 역임했다. 1937년 사상범의 보호관찰을 맡는 광주보호관찰소 촉탁보호사로 임명되었고, 친일단체인 조선임전보국단 전라남도 발기인에도 참여했다(『친일인명사전』).

최은희는 3월 1일 만세시위에서 놀라운 광경을 목격했다. 독일영사관을 지나갈 때 할머니들이 길가에 찬물이 든 항아리를 늘어놓고 시위자들에게 바가지로 물을 떠주는 모습이었다. 그녀들은 바가지를 들고 있다가 만세 구호가 나오면 두 손을 번쩍 들고 만세를 불렀다. 그 모습이 눈앞에서 떠나지 않았던 것일까. 최은희는 3월 24일 기소중지로 풀려났지만, 고향인 황해도 배천으로 내려가 만세시위에 참여했다가 다시 옥고를 치렀다. 한 번 데워진 그녀의 가슴은 그 후에도 좀처럼 식지 않았던 것 같다.

전도사부터 고학생까지, 다른 사람들의 같은 이유

3월 1일 있었던 경성의 만세시위는 3월 5일 훨씬 더 많은 조선인들을 남대문역으로 불러모았다. 일제 경찰과 군인의 폭력적 진압은 그리 큰 문제가 되지 않았다. 오히려 일제가 경찰과 군인, 소방대, 민간인까지 총동원하고도, 시위 군중이 스스로 해산하기 전까지 제대로 진압하지 못하고 우왕좌왕하는 모습이 사람들의 머릿속에 남았다. 5시 무렵 최린崔麟(42세)이 경무총감부로 끌려가는 도중 자동차 안에서 본 풍경도 이와 같았다. 최린은 학생들이 곳곳에서 날뛰면서 만세를 부르는데 경찰은 그것을 그대로 내버려두는 모양이라고 생각했다.

일제 관헌은 남대문역에 모인 사람들을 1만 명이라고 기록했지만, 사실은 수만 명에 달했을 가능성이 높다. 조선인들은 끝이 보이지 않는 인파와 그들이 내지르는 만세 소리에 한껏 고양되었다. 제2차 경성 시위는 조선의 독립운동이 한 번의 시위로 끝나지 않을 것임을 증명하는 동시에, 이런 시위가 전국 각지에서 재현될지도 모른다는 가능성을 함께 보여주었다.

3월 5일 시위대의 맨 앞에 섰던 학생 지도자 강기덕과 김원벽金元璧(26세)은 군경의 집중적인 체포 작전으로 얼마 버티지 못하고 체포되었다. 그러나 그들이 체포되었다고 해서 시위의 열기가 식지는 않았다. 그들을 대신하여 시위대를 지휘할 사람들은 얼마든지 있었기 때문이다.

전라남도 광주에서 올라온 기독교 전도사 최흥종崔興琮(40세)이 그중 한 명이었다. 그는 강기덕과 김원벽이 태평로에 떨어뜨린 '대한독립'이라고 쓰여진 독립기를 주워 들고 인력거에 올랐다. 그는 깃발을 흔들며 군중을 지도했다.

"누구의 선동으로 그런 불온한 행동을 하게 되었나?"

"누구의 선동도 받지 않았소. 신문에서 인도·정의, 민족자결주의를 알게 되었고 스스로 각성하지 않으면 안 된다고 생각했을 뿐이오."

최흥종은 신문기사를 통해 민족자결주의를 알게 된 후 국장의 기회를 이용하여 사람들에게 독립사상을 고취하겠다는 일념으로 경성에 올라왔다. 사람들 앞에 서서 왜 독립이 필요한지 연설할 생각이었다. 그는 3월 5일 남대문역에서 시위가 있다는 것을 알지 못했다. 남대문역엔 사람들이 많을 것이란 생각으로 남대문역에 갔다가 우연히 시위대를 만났을 뿐이다. 그는 사람들 앞에서 연설을 하다가 도중에 그만두어야 했다. 오전 9시 만세시위가 시작되면서 사람들이 외치는 만세 소리가 그의 연설을 집어삼켰기 때문이다. 그는 연설을 하는 대신 강기덕, 김원벽이 떨어뜨린 독립기를 들었다.

"왜 독립을 희망하는 것인가?"

"어느 나라의 국민이 자기 나라의 독립을 희망하지 않겠소? 나도 조선인이므로 조선의 독립을 희망하는 것이오."

3월 5일 2차 만세시위엔 3월 1일보다 훨씬 더 많은 사람들이 모였다. 일제 관헌은 남대문역(사진)에 모인 사람들을 1만 명이라고 기록했지만, 사실은 수만 명에 달했을 가능성이 높다. (민족문제연구소 소장)

"총독정치에 대해 불만이 있어 독립을 희망하는 것이 아닌가?"

"불평불만이 있기에 더욱 독립을 희망하는 것이오. 일본인과 조선인의 대우가 다르다는 것, 교육제도가 불완전하다는 것, 참정권이 없다는 것이 불만이오. 무단정치로는 일본인과 조선인이 절대로 동화되지 않소."

"장래에도 독립운동을 할 것인가?"

"나는 이번에 독립이 될 거라고 믿소. 어쨌든 나의 독립사상은 사라지지 않을 것이오."

당연한 이야기지만 3월 5일 시위의 규모가 커지면서 시위에 참여한 학생도 크게 늘었다. 3월 1일 시위에 참여했던 학생은 대부분 3월 5일 시위에도 참가했고, 3월 1일 사정이 있어 참여하지 못한 학생들도 3월 5일 시위에는 참여한 경우가 많았다.

중앙학교 2학년 한종건韓鍾建(18세), 4학년 박경조朴炅朝(21세), 1학년 정석도鄭石道(16세)는 두 번의 시위에 모두 참여한 경우였다. 한종건은 3월 5일 국장을 보러 온 어머니를 전송하기 위해 남대문역에 나갔다가 시위에 참가했다고 했다. 물론 이것은 변명일지도 모른다. 그는 이날 현장에 뿌려진 붉은 수건을 주워 흔들며 만세를 불렀다. 대부분의 학생이 붉은 수건과의 연관성을 부인했다는 점에서 그의 진술은 흔치 않은 경우이다.

"독립운동에 찬성했다는데 언제부터 독립을 희망했나?"

예심판사의 물음에 한종건이 대답했다.

"전부터 독립이 되었으면 좋겠다고 생각했습니다. 자기 나라는 자기 손으로 다스려나가는 게 당연한 일입니다. 조선 사람은 일본 사람과 인종이 다르므로 동화할 수 없습니다. 교육 방면에서도 일본인과 조선인 간 교육 내용에 차이가 있고, 동양척식주식회사는 좋은 토지를 매점하고 있습니다. 이런 불만을 제거하기 위해서는 독립을 하지 않으면 안 됩니다."

한종건은 앞으로도 독립운동을 할 생각이냐는 물음에 독립이 될 때까지 할 작정이라고 답했다.

박경조는 하숙집에 떨어져 있던 '경고문'이라는 제목의 전단지를 보고 3월 5일 시위에 참가했다. 그 전단지에는 3월 5일 오전 9시 남대문 밖에 집합하여 만세를 부른다고 쓰여 있었다. 아마도 이 전단지는 채순병蔡順秉(16세)이 배포한 것이거나, 알려지지 않은 또 다른 누군가가 만든 전단지일 것이다.

"조선독립을 열렬히 희망하는 이유는 무엇인가?"

예심판사의 물음에 박경조가 대답했다.

"불평을 말하자면 끝이 없습니다. 총독정치는 조선의 민정과 민속을 고려하지 않습니다. 경제적으론 조선의 산물을 수출할 때 고액의 세금을 부과해 조선의 공업 발전을 방해합니다. 정치적으론 언론·출판·결사의 자유가 없고, 교육적으론 제도가 불완전합니다. 개인과 개인 간을 말하면 일본 사람은 조선 사람을 멸시하고 압박합니다. 이런 불평을 없애려면 독립을 하는 수밖에 별도리가 없지 않겠습니까."

정석도는 3월 4일 '깃발을 만들어 남대문역에 집결하라'라고 적혀 있는 전단지를 보고 친구들과 함께 태극기를 만들었다. 하지만 시위에 들고 가지는 않았다고 했다. 5일 아침 깃발을 버리라는 종이쪽지가 왔단다. 왠지 급조한 거짓말처럼 어색하다.* 하지만 예심판사 앞에서 그는 당당했다.

"그런 소동을 일으키면 독립이 된다고 생각했는가?"

"만세를 부르는 것은 독립을 준비하는 것입니다. 선언서에 최후의 1각, 최후의 1인까지 싸운다고 하였으나, 우리들 조선 사람이 독립 목적을 관철하려면 먼저 조선 사람이 그 사상을 갖지 않으면 안 됩니다. 그 독립사상을 고취시키기 위해 독립만세를 부른 것입니다."

"누구한테 그런 말을 들었는가?"

"누구한테 들은 것이 아니라 나의 사상일 뿐입니다"

당시 나이 열여섯 살에 불과했던 정석도가 당찬 주장을 쏟아내자 예심판사는 믿기지 않는다는 듯 누구한테 들은 말이냐며 캐물었다. 일본의 부당한 통치와 독립만세운동에서 얻은 자각 외에 또 무엇이 있겠는가.

중앙학교 3학년 최현崔鉉(22세)은 가난한 고학생으로 3월 2일 종로1가 사

---

* 정석도는 태극기를 들고 시위 현장에 갔을 가능성이 높다. 태극기는 경성의 경우, 3월 5일 시위에서 처음 나왔다. 이는 일제 기록에서도 확인된다. 경찰 당국은 군중 다수가 구한국기를 들고 만세를 고창했다고 기록했다(국회도서관 편, 『한국민족운동사료(3·1운동편)』 其一·其三, 국회도서관, 1977). 그러나 3월 1일 경성 시위에서 태극기는 등장하지 않는다. 해방 후에 나온 여러 회고에는 이날도 태극기가 있었던 것처럼 나오는 경우가 많은데, 이는 기억의 오류일 가능성이 높다. 이후의 기억이 이전의 기억을 침범한 것이다(권보드래, 「만세의 유토피아」, 『한국학연구』 38, 인하대학교한국학연구소, 2015).

거리에서 소규모의 시위대에 휘말려 경찰에 체포되었다. 3월 1일 이후 경성에서는 곳곳에서 기습시위가 벌어지곤 했는데 최현이 우연히 그런 곳에 있다가 체포된 것이다. 최현은 신문 배달을 하고 만두장사를 하며 학교에 다니느라 세상 돌아가는 일에 어두워 3월 1일 시위가 있는지도 몰랐다고 했다. 물론 이것은 최현의 변명일 수도 있다. 하지만 그의 말이 사실이라면 만세 한 번 부르지 않았는데 학생이라는 이유만으로 억울하게 체포되어 예심까지 받게 된 것이다. 당시 학생 중에는 최현처럼 경찰에게 억울히 붙잡혀 고생한 경우가 많았다. 학생들이 시위를 주도했다는 사실을 알게 된 후 경찰들은 학생들이 많은 하숙집들을 집중적으로 공략했고, 때문에 억울하게 잡힌 학생도 많았다.

"피고는 검사에게 전부터 독립에 대한 희망을 가지고 있었다고 진술했는데 지금도 그러한가?"

예심판사가 묻자 최현이 답했다.

"그렇습니다. 예전에는 토지를 가지고 국가라고 하였으나, 지금 시대에 와서는 민족을 가지고 국가라고 말합니다. 체코슬로바키아가 좋은 예입니다. 조선은 수천 년의 역사를 가지고 일본과는 민족도, 풍속도 달리하고 있습니다. 그럼에도 불구하고 일본은 합병을 하여 일률적으로 정치를 하니 불평이 일어나는 것은 당연한 것입니다. 그러므로 조선은 민족자결로 독립국이 되려는 것입니다. 이것은 정의·인도에 기초한 것이며 배일사상에 의한 것이 아닙니다."

고학생 최현이 무죄를 주장했음에도 불구하고 예심 심문까지 받게 된 이유는 무엇일까. 고학으로 인해 세상에 어두웠다는 자신의 말과는 달리 오히려 남보다 세상을 보는 눈이 훨씬 선명했기 때문이 아닐까.

월경 주기를 묻는 판사의 의도

3월 1일 시위에는 참여하지 못했지만 3월 5일 시위에는 참여했던 학생들 중에 이화학당과 정신여학교의 학생들이 있다. 1차 시위 때는 학교가 만류해 참석하지 못했지만 2차 시위 때는 학생의 대부분이 미리 학교를 빠져나가 시위에 참여했던 것이다.

이화학당 고등과 3학년 노예달盧禮達(19세)도 그랬다. 그녀는 1차 시위 때 프랑스영사관으로 향하던 군중들이 학교 안으로 들어오자 기숙사에서 만세를 불렀지만 학교 당국이 막아 거리로 나가지는 못했다. 하지만 2차 시위 때는 담장을 넘어 남대문역의 시위 군중과 합류했다.

"조선의 독립이라는 것이 피고의 마음에 든 이유는 무엇인가?"

"처음부터 모든 사람이 자립해서 살아가도록 되어 있는 것은 하늘이 정해준 것입니다. 그런데 조선은 그 이치에 맞지 않게 일본과 병합되어 타인의 지배하에 있게 되었습니다. 그러므로 독립을 희망하는 것입니다."

"누구로부터 이런 것을 배웠는가?"

"특별히 이런 일에 대해 가르침을 받은 것이 아닙니다. 여러 가지를 배운 결과 혼자 생각하게 된 것입니다."

예심판사는 또 누구로부터 그런 것을 배웠느냐며 추궁한다. 그런데 이번엔 예심판사 호리 나오요시堀直喜의 성차별의식이 작동한 듯하다.

"피고는 여자이면서 어떻게 이 같은 일에 참가했는가?"

"남자나 여자를 불문하고 독립이라는 것은 조선인으로서 기쁜 일입니다. 그러므로 저도 여자이지만 독립운동에 참가한 것입니다."

정신여학교 3학년 이애주李愛主(21세)도 1차 시위 때는 기숙사 안에서 군중들의 만세 소리를 들었지만 참여하지 못했다가 2차 시위 때 기숙사를 빠져나와 시위대에 합류했다. 그녀는 세브란스병원에 가기 위해 외출한 것이었지만, 세브란스병원 부근에서 시위대를 만나게 되어 만세를 부르게 된 것이라고 했다. 물론 이것은 그녀의 변명일지도 모른다.

"독립을 희망하는 이유는 무엇인가?"

"개인으로 보아도 타인으로부터 어떤 은혜를 받았다고 하여 그 사람의 지배하에 있지 않으면 안 된다는 법은 없습니다. 은혜는 은혜이니 사람이 단독으로 생활해가는 것과는 차원이 다른 문제입니다. 역시 나라도 마찬가지입니다. 그래서 독립을 희망하는 것입니다."

"피고는 여자이면서도 이 같은 일에 관계했는데 오늘은 어떻게 생각하는가?"

"저는 조선이 독립한다고 생각해 한 일이므로 나쁜 짓을 했다고는 생각하지 않습니다."

죄를 묻는 판사와 죄가 아니라는 그녀. 이것이 식민지 조선인이 맞닥뜨린 현실이었다.

이화학당 2학년 신진심申眞心(18세)은 3월 5일 장통교長通橋* 거리에 있는 친척집에 놀러왔다가 종로에서 시위 군중을 만나 만세시위에 합류했다.

"독립을 희망하는 이유는 무엇인가?"

"자유를 얻고자 하는 것입니다. 일본 정부 밑에서는 자유가 없습니다. 자유로이 정치를 집행하는 나라가 되고자 독립을 희망하는 것입니다."

자유를 위해 만세를 불렀다는 그녀는 이제 고작 열여덟 살이었다. 아마도 그녀는 자유다운 자유를 한 번도 누린 적이 없을 것이다. 김산金山(본명

* 청계천의 다리 중 하나. 관철동과 장교동 사이에 있었다.

장지락張志樂)은 자유를 모르는 사람에게 자유는 금덩어리처럼 생각되었다고 얘기하지 않았던가. 아마 그녀도 크게 다르지 않았을 것이다.

"만세를 부르면 어떻게 독립이 되는가?"

"독립 희망의 뜻을 마음속에 다지고 있는 것만으로는 아무것도 안 됩니다. 희망을 자주 외부에 발표해야 독립이 된다고 확신했던 것입니다."

"감옥에 있는 것에 대해 무슨 생각이 없는가?"

"조선국을 위해 한 일이므로 나쁜 일을 했다고 생각하지 않습니다."

이화학당 2학년 유점선劉點善(17세)은 짚신을 신고 3월 5일 시위에 참가했다. 예심판사는 도망칠 때 편리하게 할 생각으로 미리 준비한 것이 아니냐고 다그쳤다. 하지만 그녀는 깊은 의미가 있었던 것이 아니라 고종 국장으로 인해 3월 1일부터 신고 있었던 것이라고 했다.

"만세를 부르면 어째서 독립이 되는가?"

"무슨 일이든 시작이 없으면 끝이 없습니다. 만세를 부르는 것을 독립운동의 시작이라고 생각한 것입니다."

"피고는 겨우 17세로서 독립운동이 무엇인지도 모를 것이다. 누구에게 선동을 받아 참가한 것이 아닌가?"

"그렇지 않습니다. 스스로의 생각으로 참가한 것입니다."

"여자이면서 이런 일을 한 것을 어떻게 생각하는가?"

"착한 일을 했다고 생각하고 있습니다."

우문현답이란 바로 이런 것이다. 유점선의 태도는 거칠 것이 없었다.

그런데 예심판사 호리 나오요시가 덧붙여 묻는다.

"월경은 언제쯤 있는가?"

예심판사는 다짜고짜 그녀의 월경 주기를 물었다. 전후의 질문과 전혀 연결되지 않는 생뚱맞은 질문이었다.

"16세 때 월경이 시작되었습니다. 매월 20~25일 사이에 시작하는데 이번 달은 아직 없습니다. 기간은 4일쯤입니다."

예심판사는 왜 이런 질문을 했을까? 호리 나오요시는 자신이 심문한 모든 여성 피의자에게 동일한 질문을 했다. 대개 "여자이면서 왜 독립운동에 참여했는가?"라는 질문에 이어, 피의자의 월경 주기를 물었다. '월경'를 언급하며 여성들의 마음을 불편하게 만들고, 그들에게 새삼 여성이라는 사실을 자각시키며, 그들의 독립운동을 하찮은 존재의 쓸모없는 짓 정도로 폄하하려는 의도다.

호리 나오요시는 구마모토현 출신으로 동경제국대학을 졸업하고 1916년 조선총독부 판사로 조선에 왔다. 그러나 그는 월경 주기를 묻는 질문으로 호리 나오요시라는 남자의 수준이 얼마나 볼품없는 것인지 만천하에 드러냈다. 그가 얼마나 치졸하고 편협하며 권위주의적인 남자인지를 말이다.

그는 1921년 판사직을 사임한 후 경성에서 변호사로 개업했고, 1923년 경성부협의회원에 당선되었으며, 1935년에는 조선상공회의소 의원에 선출되었다. 이런 수준의 인간이 평생을 조선의 상층부에서 살았다. 식민지 조선에 들어와 일생을 조선인 위에 군림하며 조선인을 깔보고, 조선인 여성들뿐만 아니라 일본인 여성들까지도 비하하며 살았을 것이다. 삶 자체가 죄인 줄도 모르고 부끄럼도 없이 온갖 해악을 끼쳤을 것이다.

이런 판사가 아니더라도 독립운동에 나선 여성들은 온갖 고통을 겪어야 했다. 일본인 경찰과 간수는 점검이나 검진을 이유로 감옥에 갇힌 여성들을 수시로 찾아와 젖가슴과 엉덩이를 만졌다. 이것만이 아니었다. 1919년

7월 미국기독교교회총연합회 동양관계위원회가 발간한 『한국의 정세』에는 믿기지 않을 정도로 적나라한 사실들이 적혀 있다. 이 보고서는 한국에 거주하는 선교사들의 비밀보고서를 모아 엮은 것으로, '극단적인 진술'을 제외하고 비교적 온건한 내용만을 모은 것임에도 충격적인 내용으로 가득 차 있다.* 그 가운데 3월 5일 시위에 참가했다가 경찰에 붙잡힌 한 여학생은 이렇게 진술했다.

"나는 사랑하는 우리나라의 자유를 위하여 남대문에서 행진에 끼어들었다. 우리는 자유를 위해 피 흘릴 각오가 되어 있다는 표시로 붉은 띠와 붉은 완장을 둘렀다. (…) 덕수궁에 가까이 왔을 때 돌연 한 일본인 순사가 뒤에서 나의 머리채를 잡아당겨 땅에 콱 넘어졌다. 사정없이 발길질을 하는 바람에 나는 거의 의식을 잃었다. 순사는 나의 머리를 잡아끌어 종로경찰서로 연행했다. 경찰서 입구에 줄지어 서 있던 20여 명의 일본인 경찰들이 나를 구타했다. 잔인이 너무 지나쳐, 나는 때로 그들이 나를 때리는지, 다른 사람을 때리는지 깨닫지 못했다. (…) 얼마 후 우리는 한 사람씩 심문을 받았다. 심문이 어떤 식으로 진행되었는지, 다른 사람에게 알리기는 내 힘에 벅차다."

그녀는 망설였을 것이다. 자신이 당했던 모든 악행을 다시 머릿속에 떠올리는 일 자체가 고통이었을 것이고, 여성으로서 조선이라는 나라에서 이것을 세상에 드러내는 일 자체가 힘들었을 것이다.

"나는 무릎을 꿇고 앉은 채, 대답할 때마다 얼굴을 한 대씩 얻어맞았다. 그들은 내 얼굴에 침을 뱉으며 저주와 욕설을 퍼부었다. '이 더러운 창녀

* 고정휴, 「3·1운동과 미국」, 『3·1민족해방운동연구』, 청년사, 1989.

야, 너 애 뱄지?' 하며 욕했고, 가슴을 드러내 보이라는 명령을 듣지 않자 윗옷을 찢어버리고 몸서리쳐지는 온갖 못된 말을 했다. 그들은 내 손가락들을 한데 묶고 이를 홱 잡아당기기도 했는데, 마치 손가락들이 모두 손에서 빠지는 것 같았다. (…) 나는 경찰서에서 5일을 지낸 후 서대문감옥으로 송치되었다. 거기서 그들은 나를 발가벗겼으며 남자들이 모두 내 몸을 보았다. 옷을 입고 방으로 인도되었는데 방에는 나 같은 처지의 사람이 열여섯 명이나 있었다. (…) 이튿날 여러 명이 들어와 나를 발가벗긴 채 저울로 몸무게를 달았다. 이들도 비웃으면서 내게 침을 뱉었다. 간수는 내게 공개재판을 받게 될 것이라고 했다. 나는 내 사정을 털어놓을 기회로 보고 공개재판에 기대를 걸었으나, 어느 날 재판도 받아보지 못하고 나의 죄상이 무엇인지 들어보지도 못한 채 석방되었다."

3·1운동 역사상 최연소 시위대

3월 1일과 3월 5일 시위에 참여한 사람들은 워낙 많았기에 유별난 사람들도 여럿 있었다. 경성의학전문학교 2학년 이익종李翼鍾(23세)도 그런 이들 중 한 명이었다. 그는 3월 1일 시위에 참가하여 동대문 근처까지 행진하면서 시위 군중을 이끌었다. 그는 종로4가 부근에서 시위자 한 명이 체포되자, 파출소에 들어가 순사에게 체포된 시위자를 풀어주라고 요구했다. 만세를 불렀을 뿐인데 체포까지 하는 것은 너무한 것이 아니냐는 것이었다. 그는 조선인 순사보에게 "너는 조선 사람이면서 왜 만세를 부르지 않느냐"며 힐난하기도 했다.

파출소에 있던 일본인 순사와 조선인 순사보는 이익종과 그 뒤에 있던 시위자들에게 위협을 느껴 체포했던 시위자를 풀어줄 수밖에 없었다. 하지만 이익종은 3월 15일 종로4가를 지나다가 체포되고 말았다. 그의 얼굴을 기억하고 있던 파출소 순사가 그가 나타나자 기다렸다는 듯 체포한 것이다.

"피고는 통행하는 사람들에게 자꾸 만세를 부르라고 권유했다는데 그런가?"

"독립이 되는 것은 대단히 기쁜 일이니 모두가 경하해야 할 일이라고 생각했소."

"다른 사람에게 권유할 것까지는 없지 않은가?"

"너무 기뻤으므로 권유한 것이오."

그래서 그는 조선인 순사보에게도 만세를 부르라고 권유했던 것이다.

기독교 신자 김영진金永鎭(37세)은 3월 1일 오후 5시경 남대문로4가 도로 위 자동차에서 뿌려진 독립선언서를 주웠다. 민족대표 33인이 자동차로 연행될 때 누군가가 차창 밖으로 독립선언서를 뿌렸다고 하는데, 혹시 그걸 주운 것일까. 이날 자동차로 연행된 사람이 민족대표들뿐이었다는 자료는 없으므로 확신할 수는 없지만 어느 정도 개연성은 있어 보인다.

여하튼 김영진은 선언서를 읽고 조선이 독립이 되었다고 생각해 기쁨을 참지 못했다. 그는 다음날인 3월 2일 종로1가 사거리로 갔다. 전차 교차점이 있어 언제나 조선인 통행자로 붐비는 곳이었다. 그는 조선인들이 많은 곳을 향해 독립만세를 외쳤다. 만세 소리를 듣고 조선인들이 그의 주변으로 모여들어 함께 만세를 외쳤다. 군중은 순식간에 500여 명으로 불어났다. 중앙학교 3학년 최현이 휩쓸린 바로 그 시위였다.

다수의 조선인이 모이자 김영진은 자신감이 붙었다. 헌병과 경찰이 막

조선인 순사보에게 만세를 부르라고 요구한 이익종(좌)과 열 살 딸아이와 함께 만세시위에 나선 순사보 정호석(우). 시위가 커지면서 참여자들의 면면도 다양해졌다. (국사편찬위원회 소장)

는다 해도 충분히 이겨낼 수 있을 것 같았다. 그는 모자를 던져 올리면서 앞장서 행진을 시작했다. 방향은 종각을 향했다. 얼마 후 김영진은 종로경찰서 앞길에서 경찰에게 붙잡히고 말았다.

"오늘 조선인을 지휘하고 선동한 것이 맞는가?"

"그렇소. 내가 만세를 부르자 조선인들이 모여 다 함께 만세를 불렀소. 실로 만족해 마지않소."

"이태왕전하 국장 전날에 애도의 뜻은 표하지 않고 일반 민중을 선동해 만세를 부르며 소동을 부린 것은 무슨 뜻인가?"

"우리들은 우리 민중들과 같이 기뻐하면서 독립을 축하한 것이오. 이태왕전하의 영혼도 만족할 것이라고 생각하오."

김영진은 경찰 앞에 끌려온 후에도 흥분이 가라앉지 않은 듯 내내 자신이 한 일을 자랑스러워했다.

경성공업전문학교 1학년 이창수李昌燧(26세)는 3월 5일 자기집 처마에 깃발을 하나 달았다. '조선독립만세 전 국민대표 이창수'라고 쓰인 깃발이었다. 그의 집은 안국동 대로변에 있어 통행하는 사람이 많았다. 그 길에 '조선독립만세'라고 쓴 깃발을 버젓이 매단 것이다. 다른 데도 아니고 자기집 처마에 달았으니 '나 잡아가라'라는 말과 다름없었다. 얼마 후 그는 경찰에 체포되었다.

"어떤 생각으로 깃발을 달았는가?"

"조선이 독립되었다고 하여 축하의 뜻을 표할 생각으로 달았소."

이창수는 3월 1일과 3월 5일 두 차례 시위에 모두 참여하지 못했다. 두 번 모두 시위가 끝난 후에야 시위가 있었다는 사실을 알았던 것이다.

"시위에 나가지 못한 것이 안타까워 깃발을 세우고 통행하는 사람들을 선동할 생각이었나?"

이창수가 머뭇머뭇 말했다.

"그런 생각이었소."

독립만세시위는 순사보의 마음도 움직였다. 3월 5일 오전 9시 30분, 덕수궁파출소에서 근무하는 순사보 정호석鄭浩錫(34세)은 아이가 아프다는 핑계로 휴가를 얻었다. 그는 경찰관 제복을 벗고 사복으로 갈아입은 후 서대문 네거리에 있는 잡화상에서 광목 1자*를 사서 집으로 돌아왔다.

정호석은 아내에게 접시를 가져오라고 한 후, 칼을 뽑아 넷째손가락을 베려고 했다. 아내와 어머니가 놀라 말리자, 그는 칼 대신 입으로 넷째손가락 둘째 마디를 물어뜯었다. 그는 자신의 피를 접시에 담은 후, 그 피로 광목에 태극기를 그렸다. 또 집에 있던 다른 광목에는 하늘 천자와 함께

---

* 1자의 길이는 30.303센티미터였다.

'대한국 독립만세'라고 썼다. 그는 담배설대에 광목들을 묶어 들고 집 인근에 있는 홍영여학교*로 향했다.

정호석은 학교로 들어가 만세삼창을 한 후 함께 만세를 부르지 않겠냐고 물었다. 그러자 어린 여학생 한 명이 나와 만세를 불렀다. 열 살 먹은 정호석의 딸이었다. 그녀가 나서자 친구들이 뒤를 이었다. 정호석은 깃발을 흔들고 만세를 외치며 공덕리로 향했다. 경성으로 향하는 길이었다. 그의 뒤에는 수십 명의 여자아이들이 만세를 부르며 따라왔다. 주춤하던 교사 두 명도 만세를 부르며 아이들의 뒤를 따랐다. 3·1운동 역사상 최연소 시위대는 이렇게 만들어졌다.

"어째서 국기를 만들고 혈서를 썼는가?"

"강화회의에서 약소국을 독립시킨다는 것을 신문에서 보았습니다. 조선도 독립하면 좋겠다고 생각하여 그렇게 한 것입니다."

"그대는 왜 독립운동을 하였는가?"

"삶에 쪼들리고 있는 2천만 동포를 구하기 위해서였습니다."

"이와 같은 일을 하면 무거운 형벌을 받으리라는 것을 알고 있지 않은가?"

"그렇습니다. 각오하고 한 일이니 목숨이 아깝다고는 생각하지 않습니다."

교사 오정화吳貞嬅는 학교 뒤뜰에 있다가 반수 이상의 아이들이 따라나가는 모습을 보고 걱정이 돼 따라나섰다가 만세를 불렀다고 했다. 하지만 교사 박호철朴浩哲은 정호석이 만세를 부르라고 해서 억지로 부른 것은 아

* 1906년 설립된 사립여자초등학교이다. 고양군 용강면 동막상리(현 서울시 마포구 용강동)에 있었다.

만세시위의 현장. 만세는 남녀노소 구분이 없었다. 만세시위는 순식간에 전국 각지로 퍼져나갔다. (국가기록원 소장)

니었다고 진술했다. 아이들이 걱정이 돼 따라나섰지만 기회가 주어지자 진심을 다해 만세를 불렀던 것이다.

교사들도 만세를 부르는 아이들의 모습을 처음 보았을 때는 상당히 당혹스럽지 않았을까. 순간적으로 아이들을 격려해야 할지, 말려야 할지 고민도 되었을 것이다. 하지만 그들은 함께 만세를 부르는 것을 선택했다. 만세를 부르는 아이들의 모습을 보면서 가슴 벅찬 감격과 함께 조선의 미래도 보았기 때문일 것이다.

순사보 정호석이 만세를 부르기로 결심한 순간 딸아이를 떠올리고, 아이가 다니는 학교로 향한 이유도 크게 다르지 않았던 것 같다. 만세는 조선의 미래를 바꾸는 일이었다. 아버지는 아이와 함께 그 길을 걷고 싶었을 것이다. 아이에게 그 길을 보여주고 싶었을 것이다. 내 아이가 오래도록 그 길을 기억하고, 후일 그 길이 막히거나 잘못된 방향으로 흘러가면 제대로 된 길을 찾아 용감히 나설 수 있는 사람이 되기를 바랐을 것이다.

만세 전과는 전혀 다른 삶

"어머님!"*

심대섭은 어렵게 구한 종이와 연필로 어머니께 보낼 편지를 쓰기 시작했다. 하지만 '어머님!' 하고 불러놓고 한참을 먹먹히 앉아만 있었다. 3월 1일 만세를 부를 때부터 경찰에 체포되어 감옥에 오기까지 오만 가지 생각이 머릿속에 떠올랐다. 어머니, 가족들, 친구들, 어렸을 적 아무 생각 없이 행복했던 추억들도 스쳐갔다. 사랑하는 아내 생각은 하루도 잊은 적이 없었다. 하지만 그는 자신의 삶에서 1막이 끝나고 있음을 알았다. 이제 그는 만세 이전의 삶으론 돌아갈 수 없다는 사실을 너무나 잘 알았다.

"오늘 아침에 고의적삼 차입해주신 것을 받고서야 제가 이곳에 와 있다는 것을 집에서도 아신 줄 알았습니다."

---

* 큰따옴표에 넣어 인용한 글은 심대섭(심훈)이 감옥에서 어머니에게 쓴 편지글이다(심훈, 「어머님께」, 『그날이 오면(외)』, 범우사, 2005).

심대섭은 머리를 흔들어 상념을 떨치고 다시 편지에 집중했다. 그날 이후 겪었던 모든 고통을 기록 삼아 몰래몰래 적어나갈 생각이었다.

"날이 몹시도 더워서 풀 한 포기 없는 감옥 마당에 뙤약볕이 내리쪼이고 주황빛의 벽돌담은 화로 속처럼 달고 방 속에서는 똥통이 끓습니다. 밤이면 가뜩이나 다리도 뻗어보지 못하는데 빈대, 벼룩이 다투어가며 짓무른 살을 뜯습니다. 그래서 한 달 동안이나 쪼그리고 앉은 채 날밤을 새웠습니다."

심대섭은 감옥살이의 힘겨움을 담담히 털어놓는다. 그런데 글이 거기서 멈추지 않는다. 그의 글은 아픔과 슬픔에 그치지 않고, 그 너머의 어딘가에 가닿는다.

"그렇건만 대단히 이상한 일이 있지 않습니까? 생지옥 속에 있으면서 하나도 괴로워하는 사람이 없습니다. 누구의 눈초리에나 뉘우침과 슬픈 빛이 보이지 않고 도리어 그 눈들은 샛별과 같이 빛나고 있습니다그려!"

왜 괴로워하는 사람이 없었겠는가. 왜 후회하는 사람이 없었겠는가. 하지만 그들은 모두 다 똑같은 죄로 감옥에 온 사람들이었다. 만세를 부른 죄, 독립을 외친 죄. 그것이 그들에게 힘이 되었다. 괴로워도 괴로워하지 않고, 슬퍼도 슬퍼하지 않을 수 있었던 이유가 되었다.

"어머님! 우리가 천 번 만 번 기도를 올리기로서니 굳게 닫힌 옥문이 저절로 열려질 리는 없겠지요. 우리가 아무리 목을 놓고 울며 부르짖어도 크나큰 소원이 하루아침에 이루어질 리도 없겠지요. 그러나 마음을 합하는 것처럼 큰 힘은 없습니다. 한데 뭉쳐 행동을 같이하는 것처럼 무서운 것은 없습니다. 우리들은 언제나 그 큰 힘을 믿고 있습니다."

그랬다. 그 큰 힘이 있어 역사가 앞으로 나갔다. 아무리 큰 폭력과 억압이 있어도 그 힘을 누를 수 있는 건 고작 10년, 20년뿐이었다.

심대섭은 그 큰 힘을 믿고 앞으로 나아갔다. 그것은 만세 전의 삶과는 전혀 다른 삶이었다.

'폭민'인가 '의민'인가, 돌멩이와 몽둥이를 든 주민들

순사 피살사건의 진실

순사가 죽었다. 경기도 수원군 우정면 화수경찰관주재소 소장 가와바타 도요타로川端豊太郎(25세)였다. 가고시마현 사쓰마군 출신으로 1917년 화수리에 주재소가 설치되면서 부임해온 젊은 일본인 순사였다.

그는 주재소에서 북쪽으로 300미터쯤 떨어진 잔솔밭에서 발견됐다. 머리부터 발끝까지 전신에 타박상과 창상*을 입은 채였다. 머리 주변에는 피가 흥건했고, 옷은 피와 흙으로 물들어 엉망이었다. 왼쪽 팔꿈치는 깊숙이 피부가 찢겨나갔고, 오른쪽 다리는 정강이 아래가 부러져 이상한 각도

* 칼, 창, 총검 따위에 다친 상처. 외부의 압력에 조직이 찢어지거나 파괴된 상태를 말한다.

로 꺾여 있었다. 가장 심하게 손상된 부분은 얼굴이었다. 그의 얼굴은 뭔가 둔탁한 것으로 맞은 듯 콧대가 주저앉았고 알아보기 힘들 정도로 짓이겨져 있었다.

소지품들도 모두 손상됐다. 칼자루는 부러지고, 칼은 휘어진 채 솔밭에 버려졌다. 공무수첩은 속장이 모두 뜯어진 채 표지만 남았고, 권총은 아예 사라지고 없었다. 그러나 범행 도구들은 현장에 그대로 남았다. 굳이 숨길 필요도 없다는 듯, 곤봉 10여 개와 낫 한 자루가 가와바타의 주변에 아무렇게나 버려져 있었다.

수원경찰서 순사 아츠다熱田實는 4월 4일 오후 4시 무렵 사건 현장에 도착했다. 사건 소식은 전날 밤 11시경 현장을 탈출한 순사보 이용상李龍相(23세)이 발안주재소로 달려와 처음 알렸다. 발안주재소는 즉시 이 사실을 수원경찰서에 전했고, 수원경찰서는 다음날 급히 수사대를 꾸려 현지로 급파했다. 하지만 수사대가 오후 4시 무렵에야 사건 현장에 도착한 것을 보면, 현장의 상황을 파악하고 치안을 확보하는 데 상당한 시간이 필요했던 것으로 보인다.

아츠다는 수원경찰서 의무촉탁인 수원자혜의원 의사 기시다岸田徵에게 검시를 의뢰했다. 4월 8일자로 작성된 기시다의 검시보고서에 의하면, 가와바타 순사는 온몸에 48개가 넘는 외상을 입었다. 반수 이상의 상처는 머리 부분에 집중되었는데, 직접적인 사인은 안면 부위의 상처로 인한 것이었다. 기시다는 안면의 상처가 순식간에 뇌진탕을 일으켜 인사불성에 빠지게 만들었을 것이며, 즉사하지는 않았더라도 그리 오래 살지는 못했을 것이라고 추측했다. 범행 도구는 예리한 물건이나 둔기로 예상했는데, 치명상에 관계된 것은 둔기라고 했다. 여러 차례 안면 부위를 가격당해 치명상을 입었고, 그로 인해 사망에 이르렀다는 판단이었다. 기시다는 남아 있는 혈흔을 살펴본 후, 사망 후에도 한동안 가격이 계속된 것 같다고 덧붙였다. 가와바타의 죽음에서 깊은 분노가 읽힌다.

아츠다는 현장 조사를 완료한 후, 가와바타와 함께 근무했던 순사보 박재옥朴在玉(25세)의 진술을 들었다. 박재옥은 4월 3일 오후 5시경 '폭민暴民' 약 2천 명이 주재소로 몰려왔다고 증언했다. 가와바타 순사와 세 명의 조선인 순사보는 '폭민'들을 조용히 설득해 해산시키려 했으나 소용이 없었다. '폭민'들은 주재소에 돌을 던지고 건물을 부수기 시작했다. 신변의 위협을 느낀 순사보 세 명은 주재소를 탈출했는데, 순사 가와바타는 의연히 주재소를 지키다가 탄환이 떨어져 참사를 당했단다. 박재옥은 도망치는 도중 시위 군중에게 붙잡혀 거의 실신할 정도로 구타를 당했지만 말리는 사람이 있어 겨우 목숨을 부지할 수 있었다.

장안면과 우정면의 주민들은 4월 2일 밤부터 주변의 산마루에 올라 횃불을 켜고 만세시위를 벌였다. 그리고 4월 3일 약 2천 명의 주민이 모여 대규모 만세시위를 하면서 장안면과 우정면의 면사무소를 파괴하고, 화수리주재소를 불태우고, 일본인 순사 가와바타를 구타하여 숨지게 했다.

3월 말부터 수원, 안성 지역은 연일 계속된 만세시위로 뜨거웠다. 대개 시작은 평화로웠지만 시위가 거듭될수록 그 양상이 과격해졌다. 3월 28일 수원군 송산면 사강리에서 일본인 순사가 흥분한 군중들의 손에 맞아 죽었다. 29일 성호면 오산리에서는 체포된 시위자의 석방을 요구하며 면사무소와 주재소, 우편국을 습격하고 일본인 상점과 가옥을 방화했다. 31일 향남면 발안장터 시위에선 면사무소와 우편국, 소학교가 불탔고, 4월 1일에는 안성군 원곡·양성면과 수원군 팔탄·반월면에서 대규모 만세시위가 벌어졌다. 그리고 4월 3일 장안면과 우정면에서 또다시 순사가 피살되기에 이른 것이다.

아츠다는 '폭민'들이 조선의 독립을 표방하는 시위운동을 할 목적으로 주재소에 온 것이 아니라, 애초부터 돌과 곤봉, 낫을 휴대하고 방화와 살인을 위해 온 것이었다고 보고서를 작성했다. 그의 보고서는 객관적인 조사를 통해 합리적으로 결론을 도출한 것이 아니라, 순사 피살사건이라는 결과에 맞춰 악의적으로 해석한 것이었다. 문제는 아츠다의 보고서가 향후에 일종의 프레임으로 작용했다는 점이다. 한번 결론이 정해지니 수사도 그 길을 벗어나지 않았던 것이다.

3월 말부터 수원과 안성 일대의 시위가 격화되자 일제 군경의 분위기는 극도로 격앙됐다. 사실 아츠다의 보고서도 이러한 분위기를 반영한 것이었다. 경기도 경무부는 경시 하세베長谷部巖 대위가 지휘하는 검거반*을 발안에 파견했다. 화수리 일대를 경계하는 한편으로 피의자들의 체포를 담당하게 한 것이다. 헌병과 순사 11명으로 구성된 검거반은 3월 31일에 있었던 발안장터 시위 이후 경기도장관과 수원군수의 요청을 받아 만들어졌다. 격렬해진 만세시위에 보다 강력히 대응하기 위한 것이었다.

그런데 일제 군경의 분위기가 험악해지면서 어이없게도 내부에서 희생양을 찾으려는 사람들이 나타났다. 그동안 함께 일해왔으나 결코 완전히 믿을 수 없었던 존재, 조선인 순사보들이 표적이었다. 그 중심에 순사보

---

* 경성헌병대장 겸 경기도 경무부장 시오자와(鹽澤義夫) 대좌는 경기도 경무부 경시 하세베 대위를 중심으로 헌병과 순사로 구성된 검거반을 편성해 수원, 안성 지역에 파견했다. 검거반은 4월 2일 안성에서 검거 활동을 벌였고, 4월 4일 저녁 6시 발안주재소로 들어와 주둔했다(강덕상 편, 『現代史資料』 26, みすず書房, 1967).

오인영吳麟泳(25세)이 있었다.

함께 일했으나 완전히 믿을 수 없었던 존재

4월 3일 군중들이 주재소를 공격해오자 오인영은 이용상과 함께 주재소를 나와 군중을 뚫고 도주했다.* 그들은 주재소에서 약 800미터 떨어진 어느 지인의 집에 뛰어들어 벽장 속에 숨었다. 하지만 군중들이 추격해오자 그들은 다시 도망쳐야 했다. 오인영은 미친듯이 달려 다른 지인의 집에 숨었다. 그는 벌벌 떨며 그 집 마루 밑에서 날밤을 새웠다. 뛰는 도중에 이용상과 헤어졌는데 그는 어디로 갔는지 알 수 없었다.

오인영은 4월 4일 새벽 2시, 숨어 있던 집을 나와 5시에 발안주재소에 도착했다. 그곳에서 그는 전날 헤어진 이용상과 해후했다. 그도 어젯밤 겨우겨우 주재소에 닿은 모양이었다. 죽음의 고비에 있었다고는 하나 어린 후배를 제대로 챙기지 못했으니 꽤나 면목이 없었다.

가와바타 순사에 대해서도 마찬가지였다. 위기의 순간, 오인영과 가와바타는 의견이 갈렸다. 군중들의 공격이 시작되자 오인영은 주재소의 앞문으로 뛰어나가 군중을 뚫고 도주해야 한다고 생각했다. 더 많은 사람이 몰려오기 전 행동에 옮겨야 했다. 하지만 가와바타는 주재소 안쪽에 있는 온돌방에서 좀더 상황을 지켜보길 원했다.

절체절명의 순간, 오인영과 가와바타는 서로 자기 쪽으로 오라고 소리를 질렀다. 가와바타가 오지 않자 오인영은 문을 박차고 밖으로 뛰어나갔

---

* 박재옥은 주저하며 조금 늦게 뛰어나갔다가 군중들에게 붙잡히고 말았다. 그는 군중들에게 구타를 당하다 다행히 말리는 사람이 있어 무사히 현장을 빠져나왔지만 그 후에도 군중들에게 쫓겨 갖은 고생을 하다가 할머니 쪽 먼 친척의 도움으로 겨우 몸을 피했다.

다. 그 뒤를 이용상이 따랐다. 가와바타는 온돌방에서 지체하다 군중들이 주재소 벽을 부수기 시작하자 총과 칼을 빼들고 뒷문으로 탈출했다가 처참한 죽음을 맞았다.

오인영은 발안주재소에 도착한 후에도 좀처럼 안정을 찾지 못하고 주재소 안을 계속 서성였다. 어제 일이 너무 생생하게 떠올라 도저히 가만히 앉아 있을 수 없었던 것이다. 그런데 그런 그를 의심의 눈초리로 쳐다보는 한 남자가 있었다. 발안주재소 순사 이노우에井上龜雄(41세)였다. 그는 오인영을 앉히고 어제 일에 대해 꼬치꼬치 캐물었다. 하지만 오인영이 제대로 답변하지 못하자 그는 오인영이 뭔가 숨기고 있다고 확신하게 되었다. 이노우에는 검거반의 하세베에게 자신의 생각을 전달했다. 결국 오인영은 수원경찰서에서 하세베의 취조를 받게 되었다.

"너는 폭민과 공모하여 면사무소와 주재소를 방화하고 가와바타 순사를 살해하도록 한 것이 아닌가?"

"죄송합니다. 공모해서 했습니다."

놀랍게도 하세베의 취조에 오인영은 모든 혐의를 시인했다. 그는 수촌리에 사는 차한걸車漢傑, 이순모李順模(27세), 김문명金文明 등 열 명의 주민들과 공모하여 면사무소와 주재소를 방화하고 일본인 순사를 죽이기로 했다고 털어놨다. 그들은 방화반과 살해반까지 조직했다고 한다. 군중을 선동하여 만세를 부르게 한 후 군중들이 돌과 곤봉으로 면사무소와 주재소를 파괴할 때, 방화반이 불을 지르고 살해반이 일본인 순사를 살해하기로 했다는 것이다. 오인영은 극비리에 거사를 수행하는 대가로 주민들에게 500원을 받기로 했다고 진술했다.

"면사무소와 주재소를 방화하고, 순사를 살해한 목적과 동기는 무엇인가?"

"면사무소는 세금을 과도하게 징수하고 조선인을 괴롭혔으므로 방화소각하고, 주재소의 일본 순사는 조선인을 가혹하게 다뤘으므로 죽인다고 했습니다."

"주재소의 순사보인 박재옥과 이용상도 함께 공모한 것인가?"

"아닙니다. 그들은 공모하지 않았습니다."

이노우에 순사 앞에선 사건의 경과조차 제대로 얘기하지 않던 오인영이 하세베 앞에선 술술 잘도 털어놓았다. 그런데 이상하지 않은가? 독립만세를 부르기 위해 모인 농민들이 살해반과 방화반까지 조직하고 경찰까지 매수해 일을 벌였다니, 이것은 우리가 익히 알고 있는 만세시위에 대한 상식과 너무도 다르다. 더구나 살해반과 방화반, 경찰 매수와 같은 구체적인 사실만 제외하면 오인영의 진술은 '폭민'들이 독립이 아니라 살인과 방화를 목적으로 했다는 아츠다의 보고서와 놀라울 정도로 닮아 있다. 우리는 오인영의 진술을 어디까지 믿어야 하는 것일까?

멈추지 않는 일제 군경의 폭력

4월 6일 새벽 1시 하세베의 검거반은 전격적으로 수촌리를 급습했다. 지금까지의 수사 결과를 바탕으로 만세시위의 주모자를 체포하기 위한 작전이었다. 하루 전인 4월 5일만 해도 검거반은 발안에서 쉽사리 움직일 수 없었다. '폭민'들이 발안주재소를 습격하려 한다는 풍문이 있기도 했고, 밤에는 장안리 부근의 산마루에서 횃불시위까지 벌어졌기 때문이다. 하지만 불온한 상황이 종료되자 그들은 곧바로 야음을 틈타 수촌리로 들어왔다.

수촌리가 첫 번째 표적이 된 것은 검거반이 주둔한 발안주재소에서 거리상 가깝기도 했지만, 이 동네가 천도교 전교실과 감리교 교회(수촌교회)가 자리한 양 종교의 중심지였기 때문이다. 검거반은 천도교 남양교구 순회전도사 백낙열白樂烈(55세), 수촌교회와 제암리교회의 담임전도사 김교철金教哲(40세)을 우선적인 검거 대상으로 삼았다. 특히 백낙열은 수촌리의 구장(현재의 이장)이기도 했다. 그들은 김교철과 차인범車仁範(19세), 정순영鄭淳榮(52세), 이순모 등 여섯 명을 체포했다.* 하지만 백낙열은 체포하지 못했다. 그는 무사히 마을을 빠져나가 끝까지 붙잡히지 않았다.

그런데 검거반의 작전은 여기서 끝나지 않았다. 그들은 주모자의 체포와 함께 수촌리 마을 곳곳에 불을 놓기 시작했다. 주민들이 놀라 밖으로 뛰쳐나오자 검거반은 닥치는 대로 그들을 구타하고 총검으로 찔렀다. 야만적 공격이 순식간에 마을 전체를 공포로 몰아넣었다. 결국 수촌리 마을의 가옥 대부분이 이날 밤 불타 사라졌다.

검거반의 방화와 폭력은 순사 가와바타의 죽음에 대한 보복이었을까. 검거반의 행동은 정상의 범위에서 크게 벗어난 듯 보인다. 만약 방화가 여기뿐이었다면 순사의 피살에 흥분한 검거반이 일탈행동을 한 것으로 치부할 수 있었을 것이다. 그러나 일제 군경의 폭력은 여기서 멈추지 않았다.

4월 9일 경기도 경무부는 경성 헌병부대 부관이었던 헌병특무조장 쓰무라津村勇를 중심으로 검거반을 새롭게 꾸렸다. 11명으로 구성된 기존 검거반으로는 수원, 안성 일대에서 벌어지는 만세시위에 충분히 대응할 수 없다는 판단이었다. 쓰무라의 검거반은 헌병 6명, 수원경찰서장 후루야

* 이덕주, 「3·1운동과 제암리사건」, 『한국기독교와 역사』 7, 한국기독교역사연구소, 1997.

古屋清威 등 순사 11명, 보병 15명을 더하여 총 32명의 병력으로 구성됐다. 경기도 경무부는 이들을 3개 반으로 나누어 현지에 파견했다.

쓰무라 검거반은 4월 9일 성호면 오산리를 시작으로 11일 장안면과 우정면, 12일 음덕면과 팔탄면, 14일 송산면에서 대대적인 검거 작전을 펼쳤다. 이들의 검거 작전은 하세베 때보다 훨씬 더 폭압적이었다. 군사토벌 작전을 벌이듯 거의 전 지역에서 방화를 일삼았고, 살인도 서슴지 않았다. 4월 23일 조선헌병대사령관의 보고에 의하면 쓰무라 검거반이 이들 지역에서 체포한 조선인은 803명에 달했고, 조사 후 훈방 조치된 조선인은 1202명에 이르렀다. 검거반의 방화로 소실된 가옥은 328호에 달했고, 사망자는 45명, 부상자는 17명이었다. 이 수치만으로도 쓰무라의 검거반이 얼마나 야만적으로 검거 작전을 펼쳤는지 충분히 추측 가능하지만, 정작 이 수치는 헌병대에 의해서 크게 축소되었을 가능성이 높다.

하세베와 쓰무라 검거반의 방화와 살상은 아주 반복적이고 조직적으로 이루어졌다. 실상이 이러하다면 하세베와 쓰무라의 검거반이 흥분된 상태에서 비정상적인 일탈행동을 했을 가능성은 폐기되어야 한다. 하세베나 쓰무라 같은 말단 지휘자보다 훨씬 위쪽에서 정책적으로 폭압적인 진압 작전을 결정하고 명령을 내린 자가 있었을 가능성이 높다는 말이다.

소요가 달포를 넘도록 계속되어 끝날 줄 모를 뿐 아니라 점차 위험성을 띠기에 이르러, 이제는 군대의 행동이 지나치게 신중하면 그들 폭도가 오히려 늘어날 염려가 있다. 그러므로 그들이 폭행을 가하거나, 완강히 우리의 명령에 대항하거나, 소요를 되풀이할 경우에 있어서, **군대는 단연 필요한 탄압 수단을 사용하여, 그들이 두려워 복종하고 숨죽이도록 하게 할 것**이며, 동시에 일반 민중이 서로 경계하도록 함으로써 속히 진압·평정의 공功을 거둘 필요가 있다.

– 조선군사령관의 희망사항 요지, 1919년 4월 1일

조선군사령관 우쓰노미야 다로宇都宮太郎는 한 달이 넘도록 만세시위가 잦아들지 않고 오히려 확대되는 모습을 보이자 3월 12일자로 내보냈던 총기 사용 자제 명령을 취소했다(물론 그 명령하에서도 전국 각지에서 빈번하게 발포가 이루어졌지만). 그는 조선인들이 두려워 복종하고 숨죽일 수 있도록 필요한 탄압 수단을 사용하라고 했다. 이 명령이 나온 후 하세베 검거반은 수촌리에 불을 질렀다. 방화를 불가피한 탄압 수단이라고 여겼던 것일까.

(조선 각지의 소요를) 없애지 못하고 있는 까닭은 오로지 병력 부족에 기인했는데, 이번에 보병 6개 대대가 파견됨으로써 종래보다 한층 넓은 지역으로 군대를 분산시킬 여유를 얻게 되어 이제부터 급속히 소요를 진정시키게 되었습니다.* 본부의 의도에 따른 분산배치는 늦어도 15일경까지는 조선 전국에 걸쳐 실시될 것이고, **군의 전 병력을 동원하여 가능한 모든 위압을 가하는 동시에 경무기관으로 하여금 수색 및 검거 활동의 자유를 갖게 함으로써 화근을 일소**하고, 지방 관헌 및 지방 유력자에게 무마의 방법을 강구케 하여 일시 정체되었던 행정의 부활을 단행하겠습니다.

– 조선총독이 육군대신에게 보내는 전보, 1919년 4월 11일

* 4월 4일 일제는 보병 6개 대대와 헌병 65명, 보조헌병으로 복무할 보병 350명의 추가 파병을 결정했다. 이들은 4월 7일 비밀리에 조선에 상륙했고, 4월 15일 무렵까지 전국 각지에 배치됐다. 1개 대대는 원산에, 2개 대대는 경성 이북에, 3개 대대는 경성 이남에 배치되었다(박경식, 『일본 제국주의의 조선지배』, 청아출판사, 1986).

하세가와 요시미치(좌)와 우쓰노미야 다로(좌). 그들의 명령이 방화를 일삼고 살인도 서슴지 않는 폭압적인 진압을 불러왔다.

조선총독 하세가와 요시미치長谷川好道는 본국의 육군대신에게 보내는 전보에서 군의 전 병력을 동원하여 가능한 모든 위압을 가할 것이며, 경무기관에 마음껏 수색하고 검거할 수 있는 권한을 부여하겠다고 보고했다. '소요'를 진정시키는 데 도움이 된다면 군과 경찰이 어떠한 행동을 하더라도 모두 용인하겠다는 의사를 표시한 것이다.

하세가와의 생각은 어떤 방식으로든 말단 검거반까지 전달되었을 가능성이 높다. 그래서일까. 쓰무라 검거반은 하세베보다 훨씬 높은 강도로 조선인들을 공격했다. 마음껏 불을 지르고, 살육하고, 체포했다. 그 끝을 장식한 비극적 사건이 바로 제암리학살사건이었다.

계속 뒤바뀐 오인영의 진술

하세베와 쓰무라 검거반이 장안면과 우정면에서 만세시위 혐의자로 구속한 조선인은 훈방한 사람들을 제외하고도 거의 200명에 육박했다. 당국은 이들에 대해 강도 높은 조사를 벌여 주모자를 색출하고자 했다. 구타는 기본이었고, 온갖 잔인한 고문이 총동원되었다.

순사까지 사망한 사건이었으니 조선인들은 필사적으로 자신의 혐의를 부인해야 했다. 그럼에도 불구하고 무너져내리는 사람들이 있었다. 한 사람의 진술은 치명적인 독이 되었다. 그것은 곧바로 범죄의 증거가 되어 본인뿐만 아니라 자신의 주변 인물들까지 옭아맸다. 그것은 마치 도미노와 같아서 시간이 갈수록 점점 더 많은 사람들을 범죄자로 몰아갔다.

순사보 오인영도 그랬다. 그의 진술은 그 자신과 주변 인물들을 점점 더 깊은 나락으로 떨어뜨렸다. 오인영의 검찰 송치이유서에는 이런 말이 쓰여 있다.

"피고 오인영은 가와바타 순사에게 일부러 불온상황을 비밀에 부쳐 허위로 보고하고, 범행 당일에는 가와바타 순사에게 권유하여 12시부터 3시까지 낮잠을 자게 하고, 그동안 '폭민'과 협의를 한 혐의가 있음."

가와바타 순사와 세 명의 순사보들은 4월 2일 밤 벌어진 횃불시위 때문에 새벽녘까지 경계를 서느라 몹시 피곤한 상태였다. 그래서 4월 3일 한가한 낮시간을 이용해 네 명이 번갈아가며 낮잠을 잤다. 하지만 오인영은 이런 것까지 '폭민'과의 내통을 위한 음모로 의심받아야 했다.

오인영이 살인반의 한 명으로 진술했던 이순모는 체포 직후부터 가와바타 순사를 죽인 살인자로 지목되어 끝까지 그 혐의에서 벗어나지 못했다. 오인영이 직접 진술한 사람들은 아니지만, 만세시위의 주도자로 지목된 이들도 모두 오인영이 진술한 살인반과 방화반의 존재에 대해 털어놓으라고 추궁을 당해야 했다.

그런데 오인영이 검사 앞에서 희한한 모습을 보였다. 경찰에서 한 증언을 모두 부인했다가, 또다시 모든 혐의를 시인한 것이다. 그는 면사무소·주재소 파괴와 순사 살인을 모의한 적도 없고 500원을 받기로 한 적도 없다고 했다가, 검사가 "양심에 비추어 진실한 진술을 하라"고 추궁하자 다시 '폭민'과 내통하고 모의한 사실을 모두 시인했다.* 오인영은 왜 이렇게 자꾸 말을 바꾸었던 것일까?

그 이유는 경성지방법원 예심 단계에 이르러서야 명확히 밝혀졌다. 오인영은 예심판사 앞에서 그동안 자신이 한 모든 진술을 다시 한 번 뒤집었다. 그는 자신이 '폭민'과 내통한 적도, 면사무소·주재소 습격과 순사 살해를 모의한 적도 없다고 했다. 살해반과 방화반도 거짓으로 꾸며낸 말이었다고 했다.

"그럼 경찰에서는 왜 그런 진술을 했는가?"

"수원경찰서에서 너무 가혹하게 고문하여 사실이 아닌 것을 아무렇게나 지어 얘기한 겁니다."

---

* 이때 오인영은 검사가 "'폭민'들은 왜 일본인 순사를 죽인다고 했는가?"라고 묻자, "가와바타 순사가 부임 이래로 도박에 대해 심하게 단속해 동민의 반감을 사게 되었다"고 말했다. 기존 연구에서 이 말을 근거로 하여 가와바타 순사의 심한 도박 단속이 장안·우정면 주민들의 가와바타에 대한 주요한 반감의 원인이자 살해의 이유로 설명되었다(박환, 「수원군 우정면 화수리 3·1운동의 역사적 성격」, 『정신문화연구』 94, 한국학중앙연구원, 2004). 주민들이 가와바타 순사의 도박 단속에 반감을 가졌던 것은 분명하다. 그러나 오인영의 말을 근거로 하여 살해의 이유로까지 추측하는 것은 과도해 보인다. 반감이 살해로 발전하는 데에는 더 결정적인 이유가 필요할 것이다. 더구나 위의 논문은 오인영이 어떠한 맥락에서 이런 말을 했는지를 전혀 고려하지 않고 있다. 오인영이 어떤 상황이었는지는 이어지는 본문 내용을 참고하라.

“하지만 검사한테는 처음에 부인하다가 결국 다시 시인하지 않았나?”

“당시 검사는 수원경찰서에 출장을 나와 저를 심문했습니다. 검사에게 부인하는 진술을 했더니, 검사는 저를 경찰에게 인도했습니다. 그러자 순사가 저를 방밖으로 끌어내 왜 경찰에게 말한 대로 말하지 않느냐고 하면서 혹독하게 때렸습니다. 다시 검사 앞에 끌려가 진실을 얘기하면 또다시 경찰에게 끌려가 구타를 당했습니다. 그런 일이 몇 번이고 반복되다보니 검사 앞에서 경찰에게 했던 것처럼 다시 거짓말을 할 수밖에 없었던 겁니다.”

그랬다. 이것이 바로 일제 치하에서 검경 당국에 체포된 조선인들이 흔히 겪어야 했던 일이었다. 경찰에 끌려간 조선인들은 모진 고문과 구타로 인해 대부분 자신이 하지도 않은 일을 시인해야 했다. 조선인들이 검사 앞에서 진술을 번복하고 진실을 얘기할라치면 검사는 이렇게 협박했다. 당장 경찰에게 다시 보내버리겠다고. 오인영의 경우처럼 그것이 협박으로만 그치는 것이 아니라 실제로 실행되기도 했다. 조선인 피고들이 흔히 경찰과 검찰 조사 단계에서 제대로 얘기하지 못하고 예심이나 공판 단계에서 진술을 번복했던 이유가 바로 여기에 있다.

물론 이런 일을 당한 것은 조선인만이 아닐 것이다. 대만인들도, 요동반도의 중국인들도, 그리고 일본 본토에 있는 일본인 일반 민중도 이런 일을 당했을 가능성이 높다. 이것은 제도의 문제라기보다는 그 제도를 운용하는 사람들이 가진 문화의 문제이기 때문이다.

조선인들은 예심 단계나 공판 단계에서 진술을 번복해도 대개 결과를 뒤집지 못했다. 경찰과 검찰 앞에서 한 진술도 모두 증거 능력이 인정되기 때문에 그 진술들이 발목을 잡기 십상이었다. 그런데 오인영은 운이 좋았다. 예심판사가 그의 증언을 듣고 그동안의 수사 결과에 대해 깊은 의혹을 품었기 때문이다.

다음 무대에 오인영을 처음으로 의심했던 발안주재소 순사 이노우에가 올랐다. 예심판사가 오인영이 의심받게 된 연원을 캐다가 그에게 이른 것이다. 예심판사가 이노우에에게 물었다.

"오인영의 어떤 점이 의심스러웠는가?"

"이용상은 물어보지 않아도 자진하여 보고했는데 오인영은 내가 물어봐야 겨우 대답을 했고, 이용상은 태연히 앉아 있었는데 오인영은 여기저기 서성거리며 불안해해서 이상하다고 생각했습니다."

"그것뿐인가?"

"……그렇습니다."

"오인영이 모의했다는 열 명을 조사해보니 하나같이 음모를 꾸밀 만한 인물이 아니던데, 혹시 고문 때문에 아무나 아는 사람의 이름을 댄 것이 아닌가?"

"그럴지도 모르지만 오인영은 코를 킁킁거리면서 뭔가 물으면 정신이 없었다고 대답했습니다. 대체로 코를 킁킁거리면서 정신이 없었다고 하는 놈은 거짓말을 하는 놈입니다. 그래서 나는 오인영이 나쁜 놈이라고 생각했습니다. 그는 폭민과 내통한 것이 틀림없습니다."

"왜 그렇게 생각하나?"

"순사가 죽었는데 그것을 미리 보고하지 않은 것이 아무래도 이상합니다."

"순사보 세 명 중에 아무도 미리 보고한 사람이 없지 않은가? 그러면 오인영만 의심스럽다고 할 수는 없는 것이 아닌가?"

"논리적으론 그렇지만, 나는 하여간에 코를 킁킁거리면서 정신이 없었다고 하므로 의심을 품었습니다."

오인영은 예심에서 기소 면제 판정을 받고 풀려났다. 공소 사실을 증명할 증빙이 충분치 않다는 이유였다. 그는 터무니없는 의심과 심한 고문으로 허위 사실을 말할 수밖에 없었던 상황을 인정받아 무사히 풀려났다. 하지만 이미 몸과 마음에 심각한 상처를 입은 후였다.

일본인 순사 피살사건의 실행자

일제 당국은 장안·우정면에서 만세시위를 계획하고 조직한 주모자와 면사무소 파괴, 주재소 방화, 일본인 순사의 살해에 참여한 실행자를 밝히는데 온 힘을 기울였다. 당국은 강압적 수사로 구속자들로부터 진술을 확보했고, 이를 바탕으로 주모자와 실행자를 구체화시켰다.

면사무소 파괴와 주재소 방화, 일본인 순사의 살해에 참여한 실행자로 지목된 이들은 차희식車喜植(45세), 이영쇠李永釗(21세), 장소진張韶鎭(34세), 장제덕張濟悳(38세), 정서성鄭瑞成(23세), 이봉구李鳳九(23세), 차인범, 이순모 등이었다. 이들은 대부분 자신의 혐의를 부인했지만, 워낙 수사 초기부터 여러 사람들의 진술에 오르내려 판결이 확정될 때까지 한 번도 자신의 무고함을 인정받지 못했다.

안타까운 것은 이들 중에 실제로 자신이 한 일보다 더 무거운 처벌을 감수해야 했던 사람들이 있어 보인다는 점이다. 특히 나이가 어렸던 차인범이나 이영쇠가 그렇다. 이들은 다른 사람들과 달리 첫 경찰 조사 때부터 면사무소 파괴와 주재소 방화, 순사 살해에 참여한 혐의를 모두 인정했다.

누구라도 이런 무거운 혐의를 뒤집어쓰게 되면 한 번쯤은 하지 않았다고 부인할 법도 한데 그들은 이상하게도 그러지 않았다. 고문과 구타 때문이었다.

결국 차인범은 상대적으로 진술의 자유를 얻을 수 있었던 예심 단계에서부터 자신의 혐의를 부인하기 시작했다. 그는 경찰에서 고문을 당해 어쩔 수 없이 혐의를 인정했고, 검사 앞에서는 경찰에서 말한 대로 똑같이 말해야 하는 줄 알고 혐의를 인정한 것이라고 항변했다.

반면 이영쇠는 복심법원 공판에 와서야 겨우 자신의 혐의를 부인하기 시작했다. 그 역시 경찰과 검사 앞에서 한 진술은 모두 고문 때문에 한 것이라고 했다. 예심 단계에서도 혐의를 인정한 이유가 뭐냐는 질문에, 그는 경찰서에서 얘기한 대로 말하지 않으면 안 되는 줄 알았다고 했다. 뒤늦게 자신의 혐의를 부인하던 이영쇠는 "그대가 각처에서 만세를 부른 것은 조선을 독립시키기 위한 것인가?"라고 묻는 판사에게 이렇게 답했다.

"그렇습니다."

그날 공판에서 그가 처음으로 긍정한 답변이었다.

차인범이나 이영쇠 외에도 실제 자신이 한 행위보다 무거운 처벌을 받을 가능성이 높은 사람은 많았다. 어쩌면 대부분이 그러했을지도 모른다. 4월 3일 뭔가 크게 일을 벌인 사람이라면 경찰이 오기 전에 대부분 몸을 숨기지 않았겠는가. 2천 명이 참가한 만세시위에서, 면사무소를 파괴하고 주재소를 방화하고 순사를 살해한 진범을 찾는다는 것은 결코 쉬운 일이 아니었다. 200명에 육박하는 주민들을 구속하고 그보다 훨씬 많은 사람들을 붙잡았다가 훈방했지만 여전히 경찰의 수사엔 구멍이 많았다. 증거보다는 진술에 의존한 수사이다보니 그럴 수밖에 없었다.

일제 검경 당국은 만세시위를 계획하고 조직한 주모자로 천도교인과 기독교인을 주목했다. 그런데 심문 과정에서 이들 외에도 유력한 주모자로 떠오른 사람들이 있었다. 각 마을의 구장들이었다. 구장들은 마을의 소사를 각 동리에 보내 시위 참여를 종용했다. 마을의 말단 행정망을 만세시위에 이용한 것이다.

그런데 만세시위가 있음을 알리려고 온 마을 소사가 사람들에게 "만약 오늘 시위에 나오지 않으면 집에 불을 지르고 가족을 죽일 것"이라고 협박을 한 경우가 종종 있었다. 어떻게 된 일일까?

도시의 만세시위에서는 이런 협박이 나타나지 않지만, 농촌의 만세시위에서는 이런 협박이 심심치 않게 나온다. 이것은 농촌의 만세시위에서 사람을 동원하는 방식이 여전히 구시대의 공동체적 동원 방식에 기대어 있음을 보여준다.*

그러나 이러한 협박은 두 가지 측면에서 실제로 있었던 것보다 좀더 과장되었을 가능성이 있다. 첫째는 이러한 협박이 구속자들에게 더할 나위 없이 좋은 변명거리였다는 점이다. 시위 참가자가 경찰에게 자발적인 의지로 시위에 참여한 것이 아니라 협박에 의해 어쩔 수 없이 참여한 것이었다고 호소함으로써, 조금이라도 더 가벼운 처벌을 받고자 했던 것이다. 둘째는 이러한 협박이 일본 관헌에 의해 의도적으로 확대되어 기록되었을 가능성이다. 이러한 협박은 만세시위의 자발성을 부정하는 것이기 때문이다. 일제 관헌은 이를 통해 전 민족적으로 일어난 만세시위의 의미를 폄하

---

* 농촌에서 만세시위가 주로 장날 장시에서 벌어진 것도 만세시위가 전근대시대 민란의 전통에 기대어 있음을 보여주는 증거이다. 조선 말기에 빈번히 일어났던 민란은 대개 장날 장시에서 시작됐다(조경달, 『민중과 유토피아』, 역사비평사, 2009).

할 수 있었다.

그럼 각 마을 구장들 가운데 일제 관헌이 가장 주목한 인물은 누구일까?

기회주의자의 비참한 승리

"장안면 석포리 구장 차병한車炳漢(35세)인가?"

"그렇소."

"4월 3일 주민을 선동하여 독립만세를 부르고, 면사무소와 주재소를 파괴하고, 순사를 살해한 일이 있는가?"

"나는 만세만 불렀소. 다른 일은 일절 하지 않았소."

구장들 가운데 일제 관헌이 가장 주목한 이는 장안면 석포리의 구장 차병한이었다. 그들이 차병한을 주목한 이유는 수사 초기 단계부터 여러 사람들의 진술에서 주도적인 행동을 한 것으로 언급되었기 때문이다. 하지만 그는 경찰의 심문에서 만세시위에 참가하여 만세를 부른 것은 인정하면서도, 만세시위를 주도하고 폭력을 행사한 혐의는 모두 부인했다.

차병한은 만세시위가 벌어진다는 소식을 알게 되자마자 8촌인 차병혁車炳赫(31세)과 함께 장안면장에게 달려가 이 사실을 알렸다고 진술했다. 그런데 장안면장 김현묵金賢默(34세)의 반응은 놀라웠다. 그 무렵 장안면사무소 앞에는 이미 200여 명의 군중이 몰려와 있었는데, 장안면장이 그들 앞에 서서 만세시위를 옹호하는 발언을 했던 것이다.

> 목적을 관철하려고 한다면 총을 맞아 죽는 사람이 있더라도 시체를 가지고 가서 독립만세를 불러라. 거사를 하려고 한다면 심약해서는 안 된다. 충분히 결심하고 행동에 나서라.

차병한(좌)과 차병혁(우). 일제 관헌은 수사 초기 단계부터 여러 사람들의 진술을 통해 장안면 석포리 구장 차병한을 주모자로 지목했다. (국사편찬위원회 소장)

면장은 군중의 선두에 서서 만세를 부르며 다음 목적지인 쌍봉산으로 향했다. 차병한과 차병혁은 군중 속을 빠져나올 수 없어, 어쩔 수 없이 면장의 뒤를 따라갔다고 진술했다. 이때 일부 군중들이 면사무소를 파괴하고 서류를 끄집어내 전부 불태웠다.

차병한이 경찰에게 말했다.

"면장은 주재소에 알릴 생각이 있었다면 충분히 이 소동을 알릴 수 있었소. 그러나 그는 그러지 않았소. 도대체 왜 그랬는지 모르겠소."

쌍봉산에 도착하니 그동안 여기저기에서 모여든 군중으로 벌써 1천 명이 훌쩍 넘었다. 군중은 한참 동안 쌍봉산에서 독립만세를 부르다가 우정면사무소로 향했다. 차병한은 오후 3시경 우정면사무소에 도착했는데 이때는 이미 누군가에 의해 우정면사무소가 모두 파괴된 후였다고 했다. 이후 군중은 화수리주재소로 향했는데, 장안면장은 이때에도 스스로 누군가가 가져온 태극기를 들고 군중의 선두에 섰다. 이즈음 차병한은 차병혁과 함께 군중을 이탈하여 멱우리에 있는 지인의 집으로 도망쳤다고 했다. 그들은 그 집에서 늦은 점심을 얻어먹고 오후 6시에 집으로 돌아왔다고 한다. 그러므로 화수리주재소에서 벌어진 순사 피살사건에 대해선 전혀 알지 못한다는 것이었다.

그러나 장안면장 김현묵의 진술은 달랐다. 차병한과 차병혁은 면사무소에 시위 소식을 전하러 온 게 아니라, 면장과 면서기들에게 시위에 동참하기를 요구하러 왔다는 것이다. 특히 차병혁의 태도는 위압적이었다. 신발을 벗고 들어오게 되어 있는 면사무소에 신발을 신고 들어와서는 "우물쭈물하지 말고 어서 빨리 시위에 동참하라"며 큰소리로 강박했던 것이다. 면사무소 밖에 모인 200여 명의 군중도 "면장과 면서기는 나오라"고 외치면서 압박을 가했다.

결국 면장과 네 명의 면서기는 모두 밖으로 나갈 수밖에 없었다. 특히 김현묵은 군중들의 위협적인 언사 속에 대열의 맨 앞에 서게 되었다. 김현묵은 군중들 앞에서 연설을 하게 된 것도 위협 때문이었다고 했다. 더욱이 "총을 맞아 죽는 사람이 있더라도 만세를 부르라"는 식으로 말한 적은 없다고 했다.

하지만 일제 당국은 쉽사리 김현묵에 대한 의심을 거두지 못했다. 차병한의 진술 외에도 많은 사람들의 진술 속에 등장하는 김현묵의 모습은 만세시위 내내 자발적으로 대열의 앞에서 군중을 이끌고, 적극적으로 시위를 주도하는 모습이었던 것이다. 자신은 애써 부인했지만 사람들은 그날 김현묵이 한 연설 내용을 정확히 기억하고 있었다. 그것은 군중의 위협에 어쩔 수 없이 하게 된 연설이라고 하기엔 너무 진솔했다.

일제 당국의 의심이 계속되자 김현묵은 시위가 끝난 직후 형의 집에서 썼다는 편지 두 통의 존재를 털어놨다. 한 통은 당국에 보고하기 위해 쓴 편지로, 자신이 군중의 위협을 받아 어쩔 수 없이 만세를 부르게 된 사정을 자세히 적은 '진실한' 보고서라고 했다. 그리고 또 다른 편지는 혹시 '폭민' 들이 쫓아왔을 때 그들에게 주기 위해 적은 간단한 '거짓' 편지였단다.*

일제 당국은 형의 집을 압수수색해 편지를 압수했다. 하지만 그들이 확보한 건 당국에 보고하기 위해 쓴 편지뿐이었다. '폭민'에게 쓴 편지는 군중들이 오지 않자 며칠 뒤 그의 아버지가 폐기해버려 그 내용을 확인할 수 없었다.

당국의 의심을 풀기 위해 진술했건만, 김현묵의 편지는 의혹을 푸는 데 전혀 도움이 되지 않았다. 당국에 보고하기 위해 자세하게 썼다는 편지가 실제로는 너무 간략하게 쓰여 있었던 데다가, 진술 과정에서 '폭민'에게 쓴 편지의 제목을 '의민義民에게'라고 썼다고 말해버렸기 때문이다. 군중에게 쓴 편지의 내용을 확인할 수 없는 상태에서 '의민'이라는 제목은 당국의 의혹을 증폭시켰다. 백번 양보하여 김현묵의 진술이 사실이라 해도 그것은 김현묵이라는 자의 기회주의적 속성을 확인하는 것 외에는 아무것도 증명할 수 없었다. 괜스레 본심만 드러낸 꼴이었다.

판사가 물었다.

"손병희가 독립선언을 했을 때 독립에 찬성했던 것이 아닌가?"

김현묵이 답했다.

"결코 그렇지 않습니다. 나는 아무래도 조선은 독립이 불가능하다고 생각합니다. 군대도 없고 재력도 없고 사람도 적습니다. 독립은 도저히 불가능한 것입니다. 사람들이 독립을 외치더라도 공연한 일일 뿐입니다. 난 독

---

* 권보드래, 「식민지 면장 노릇: 수원 장안면장 김현묵의 3·1 운동」(http://suyunomo.jinbo.net/?p=9068).

립이 되든 안 되든 아무래도 괜찮습니다. 그렇게 되는 것이 천명이라고 생각합니다."

김현묵은 1920년 12월 복심법원 재판까지 모두 거친 후에야 증거 불충분으로 무죄 선고를 받았다. 어느 쪽에도 당당히 설 수 없었던 비참한 승리였다.

제암리학살사건의 비극

김현묵은 자신의 혐의를 풀기 위해 엄청나게 많은 진술을 쏟아냈다. 대부분 자기변명에 불과한 말들이었지만, 워낙 양이 많다보니 그중엔 해석하기에 따라서 장안·우정면의 만세시위가 일어난 원인이나 사건의 진실을 추정하는 데 도움이 될 만한 말들이 있다.

김현묵은 당국이 자신에 대한 의심을 풀지 않자 사건이 발생하기 직전 열렸던 구장회의에 대해 털어놓았다. 3월 27일 열린 구장회의에서 석포리의 구장 차병한이 "며칠 전 발안리에서 소요가 있었을 때, 체포된 조선인을 일본인 아이가 게다*로 구타하는 것을 봤다. 분노를 참을 수 없었다. 우리도 만세를 부르자"고 말한 사실이 있다고 진술했던 것이다. 김현묵의 증언은 자신을 향한 의심을 차병한과 다른 구장들에게 돌리기 위한 것이어서, 얼마나 신뢰할 수 있을지는 확실하지 않다.

그러나 그날 구장회의에서 만세시위가 직접 모의된 것이 아니라 해도, 당시 주변 지역이 만세시위로 들썩들썩하던 시점이라는 것을 고려하면, 구장들이 만세시위에 대한 정보를 공유하고 공감대를 형성해나갔을 가능

* 일본인들이 신는 나막신을 말한다.

성은 상당히 높다. 그리고 그들 중 몇 사람이 어느 특정한 시점에 서로의 뜻을 확인하고 만세운동을 준비하기 시작했을 가능성 또한 높다. 그들은 주변에서 만세시위를 함께할 동지를 확보하고 구체적인 만세시위의 방안을 마련했을 것이다.

현재까지 공개된 심문기록과 재판기록으로 판단할 때 장안·우정면 만세시위의 시작점은 석포리 구장 차병한과 수촌리 구장 백낙열이었을 가능성이 가장 높다. 하지만 이들이 만세시위의 전 과정을 제어했을 가능성은 그리 높지 않다.

김현묵은 시위 과정에서 군중들이 "이제 송충이는 잡지 않아도 된다. 더 이상 바닷가의 간척공사를 하지 않아도 된다. 이제 뽕나무 묘목이 어떻게 되어도 상관없다. 공동묘지도 더이상 필요 없다"고 떠드는 말을 들었다. 모두가 면사무소에서 하는 일이자 주재소에서 강제력을 행사해 강제하는 일로, 장안면과 우정면의 주민들을 괴롭히던 일들이었다.

장안면과 우정면의 주민들은 이제 독립이 되면 자신들을 괴롭혔던 이런 일들을 더이상 하지 않아도 된다고 생각했다. 그것이 그들이 생각하는 독립의 의미이자 자유의 내용이었다. 주민들은 그들 나름의 독립과 자유를 얻기 위해 위험을 무릅쓰고 만세시위에 나섰다. 그들이 자신들을 억압하고 강제하던 면사무소와 주재소로 향한 것은 당연한 일이었다. 그들은 기꺼이 자신들의 힘으로 일제의 식민통치기관을 제거하고자 했다. 이를 위해 그들은 당연한 일인 것처럼 손에 돌멩이와 몽둥이를 들었던 것이다. 그런 점에서 '폭민'들이 파괴와 방화를 위해 독립을 표방했다고 한 아츠다의 보고서는 틀렸다.

그럼 일본인 순사의 피살은 어떻게 된 것일까. 아츠다의 말처럼 만세시위자들이 처음부터 일본인 순사를 살해하려고 했던 것일까? 결론부터 말하면 그렇지 않다. 다른 시위와 비교해보면 이 점을 명확히 알 수 있다.

비슷한 시기에 벌어진 안성군 원곡·양성면 시위에서는 2천여 명의 시위대가 양성주재소로 몰려가 주재소를 파괴하기 시작했다. 그러자 조선인 순사보 두 명은 도주해버렸고 일본인 순사만 남게 되었다. 여기까지는 장안·우정면의 시위 상황과 똑같다. 그런데 양성주재소의 일본인 순사 다카노高野兵藏(37세)는 가와바타 순사와 달리 발포하지 않고 저항을 포기했다. 그러자 군중들은 일본인 순사에게 만세를 부르게 한 후, 주재소를 불태우고 다른 목적지로 이동했다.*

반면 송산면 사강리 시위에서는 순사 노구치 고조野口廣三(31세)가 군중들의 눈앞에서 시위 지도자 홍면옥洪冕玉(36세)을 쏴 부상을 입혔다. 이에 흥분한 군중들은 도주하는 순사를 쫓아가 돌멩이와 몽둥이로 그를 살해했다.

이렇듯 순사가 피살된 지역과 피살되지 않은 지역의 차이는 순사가 발포해 시위 군중을 격분시켰느냐, 그렇지 않느냐 하는 여부가 결과를 갈랐다. 장안·우정면에서는 어땠는가? 순사 가와바타는 도주하는 과정에서 총탄이 다할 때까지 총을 쏴 시위 군중 두 명을 살해하고 한 명에게 부상을 입혔다. 그러자 격분한 군중들이 도주하는 그를 추격해 돌멩이와 몽둥이로 때려죽였다. 장안·우정면의 시위 군중은 처음부터 순사를 죽이러 온 것이 아니라, 순사의 발포에 격분하여 우발적으로 살인을 저지르게 된 것이었다.

3월 1일부터 4월 말에 이르는 기간 동안 전국 각지에서 조선인에게 살

---

* 이정은, 『3·1독립운동의 지방시위에 관한 연구』, 국학자료원, 2009.

해된 일본인 헌병과 순사는 총 여덟 명이다.* 이들은 대개 소수의 병력으로 시위 군중을 진압하려고 발포했다가 조선인들을 격분시켜 죽임을 당했다. 하지만 3·1운동 기간 동안 일본인 가운데 조선인에게 살해를 당한 민간인은 아무도 없다. 만세시위의 목적은 독립과 자유에 있지, 일본인의 생명을 빼앗는 데 있지 않았다. 그러기에 농민의 삶을 억죄는 면사무소와 주재소, 일본인 상점과 가옥은 파괴해도 일본인의 생명은 빼앗지 않았던 것이다.

그러나 일제의 군경 당국은 달랐다. 4월 13일 보병 제79연대 소속 아리타有田俊夫 중위가 지휘하는 보병 11명이 발안으로 들어왔다. 임무를 마치고 귀대한 쓰무라 검거반을 대신하여 수원, 안성 지역을 경계하기 위해 온 부대였다. 그런데 이 부대의 임무는 단순히 경계에 국한되지 않았다.

아리타 부대는 4월 15일 발안주재소 순사 이노우에, 조선인 순사보 조희창趙熙彰(30세), 발안 거주 일본인 사사카佐坂를 대동하고 제암리로 들어왔다. 아리타는 제암리 주민 가운데 15세 이상 성인 남자들을 제암리교회에 모이게 했다. 그들은 미리 명단을 파악하고 있었는지, 오지 않은 사람을 찾아가 부르기까지 했다. 아리타 부대는 사람들이 모두 모이자 교회 창문을 통해 일제 사격을 가했다. 사격이 끝난 후에는 짚더미와 석유를 끼얹고 불을 질렀다. 사격에도 죽지 않은 세 명이 탈출을 시도했으나 한 사람만 산으로 도주하는 데 성공하고 나머지는 교회 밖에서 모두 죽임을 당했다. 그들은 불이 난 것을 보고 달려온 부인 두 명도 처참히 살해했다. 제암리에서 학살을 마친 아리타 부대는 팔탄면 고주리로 이동해 천도교인 여

---

* 이 시기 3·1만세시위 과정에서 사망한 일본인은 총 아홉 명이다. 헌병 여섯 명, 순사 두 명, 민간인 한 명이다. 민간인 사망자는 일본 군경의 오발 사고로 사망했다.

제암리 주민 가운데 15세 이상 성인 남자들을 제암리교회로 모이게 한 아리타 부대는, 사람들이 모두 모이자 교회 창문을 통해 일제 사격을 가했다. 사격이 끝난 후에는 짚더미와 석유를 끼얹고 불을 질렀다.

섯 명도 학살했다.

아리타는 만세시위를 끝장내기 위해 주도 세력인 기독교인과 천도교인을 박멸하려 했다고 주장했다. 그들이 죽은 이유는 기독교인과 천도교인이었다는 이유뿐이었다. 이날 제암리와 고주리에서 희생된 주민은 29명이었고, 가옥 27호가 불탔다. 물론 이 수치는 일제가 축소 보고한 내용이다.

서양인의 눈에 들어온 연기

1919년 4월 16일 자동차 한 대가 경기도 수원군 발안장터 근방에 섰다. 서양인 세 명과 동양인 한 명이 차에서 내려 적당한 곳에 자리를 펴고 준비해온 점심을 먹기 시작했다. 그런데 서양인 한 명이 발안장터 쪽을 바라보다 그 너머의 구릉에서 연기가 피어오르는 것을 발견했다. 그는 식사를 멈추고 언덕 밑 민가로 내려가 연기에 대해 물었다.

민가의 농민은 불탄 마을에서 나는 연기라며, 어제 오후부터 저렇게 불타고 있다고 말해주었다. 누가 태운 것이냐고 묻자 그는 두려운 눈빛으로 주위를 살핀 후 '군인들'이라고 간단히 대답했다. 저 마을에서 만세를 불렀냐고 물었더니, "아니다. 단지 기독교인 마을일 뿐이다. 사람을 모으지도 않았는데 어떻게 만세를 부르겠는가"라는 대답이 돌아왔다.

서양인이 물었다.

"저 마을의 이름이 무엇인가?"

농민이 대답했다.

"제암리라는 마을이다."

미국 총영사 버그홀츠L. A. Bergholz는 영사 커티스R. S. Curtice를 수원에 파견해 현지 조사를 하기로 결정했다. 일제 군경이 비인도적 탄압을 자행하고 있다는 소문과 목격자들의 보고가 연일 계속되는 데다가, 선교사 등 주한 미국인들이 진상 조사와 함께 일제 당국에 적절히 항의해야 한다는 요구가 높아진 결과였다.

미국 영사 커티스는 선교사 언더우드H. H. Underwood, AP통신의 통신원 테일러A. W. Taylor, 테일러의 운전수인 중국인 임Yim으로 조사팀을 구성해 현지로 출발했다. 그들은 수일 전 마을이 완전히 소실되고 주민들이 학살되었다고 보고된 수촌리를 조사할 예정이었다.

그런데 커티스 팀은 수촌리로 가는 도중, 점심을 먹으려고 발안장터 근방에 섰다가 우연히 발안장터 인근에서 불타고 있는 제암리를 발견했다. 그들은 즉시 제암리로 달려가 현지를 조사하고 장문의 보고서를 작성했다. 그들이 다녀간 다음날 스코필드F. W. Schofield가 현장을 방문했고, 며칠 후에는 영국 영사 로이즈W. M. Royds 팀도 현지를 조사했다. 장안·우정면 만세시위에서 비롯된 제암리학살사건은 이렇게 세상에 알려졌다.

'제국'에서 '민국'으로 가는 길

장채극과 자동차시위대

준비가 모두 끝났다. 일주일이 채 되지 않는 시간이었지만, 주어진 조건 안에서 할 수 있는 모든 일을 했다. 이제 몇 시간 후면 결론이 날 것이다. 성공일까, 실패일까. 그것은 전적으로 사람들이 어떻게 움직이느냐에 달려 있었다.

사람들을 섭외해서 적당한 곳에 배치하고, 거리에 뿌릴 인쇄물과 필요한 물품들을 준비해 제공하는 것까지가 그의 일이었다. 문제는 그 과정에서 사람들이 행동에 나서도록 마음을 움직일 수 있느냐 하는 것이다. 장채극張彩極(22세)은 진심을 다했다고 생각했다. 그러나 불안감을 완전히 떨쳐버릴 수는 없었다.

일제 군경의 감시는 날이 갈수록 매서워졌다. 초기의 참혹한 실패가 그들을 그렇게 단련시켰다. 천도교인과 기독교인, 학생과 노동자들에 대한 검속은 원천봉쇄에 가까웠다. 장채극과 동지들의 활동 공간도 그만큼 좁아졌다. 많은 사람들이 붙잡혀가고, 고문을 당하고, 탄압을 받으면서, 자발적으로 움직일 사람들을 확보하기가 너무 힘들어졌다. 그 틈을 메우려고 하다보니 대가가 필요했다. 돈으로 사람을 사서 부족한 인원을 채워야 했다. 다행히 위에서 내려온 자금은 충분했다. 하지만 장채극의 불안감은 바로 거기에 있었다. 그들이 생각하는 만큼 적극적으로 움직여줄지 확신하기가 어려웠던 것이다.

장채극은 서린동에 있는 중국음식점 봉춘관 앞에서 마지막 준비를 마친 후, 보신각 앞으로 이동했다. 그는 평범한 행인인 양 가장하고 시간이 되기를 기다렸다. 약속한 시간은 정오였다. 얼마 후 저 멀리서 만세 소리가 들렸다. 깃발을 들고 뛰어오는 이들이 보였다. 어젯밤 만들었던 '국민대회'와 '공화만세'라고 쓰인 깃발들이었다. 온몸이 뜨거워졌다. 하지만 보고만 있을 수는 없었다. 장채극은 시위가 시작되는 것만 확인한 후 서둘러 그곳을 빠져나갔다.

'국민대회'는 그렇게 막이 올랐다. 임시정부 수립을 위한 조선인들의 발걸음은 그렇게 시작됐다. 그것은 독립과 자유로 나아가기 위해 그들이 선택한 길이었다.

《조선독립신문》에 등장한 임시정부

머지않은 날에 국민대회를 개최하고 임시정부를 조직하며 임시대통령을 선거한다더라. 안심 안심 머지않아 좋은 소식이 있으리라.

–《조선독립신문》 제2호

1919년 3월 3일 《조선독립신문》 제2호 말미에 기사가 하나 실렸다. 조만간 '국민대회'를 개최해 임시정부를 조직하고 임시대통령을 선거한다는 기사였다. 놀라운 일이었다. 독립을 선언한 지 겨우 이틀 만에 임시정부를 수립할 거라고 선언한 것이다. 누군가 독립선언의 다음 수순으로 임시정부 수립을 목표로 하는 사람(들)이 있었음이 분명하다. 더구나 그들은 임시대통령을 뽑을 거란다. 조선에 새로 세워질 나라는 '제국'이 아니라 '민국'이라는 얘기이다.

13도 각 대표자를 선정하여 3월 6일 오전 11시 경성 종로에서 조선독립대회를 개최할 것이므로 신성神聖한 우리 형제자매는 일제히 회합하라.

–《조선독립신문》 제3호

3월 5일 발행된 《조선독립신문》 제3호 머리기사에는 더욱 놀라운 기사가 실렸다. 구체적인 날짜와 시간, 장소까지 지정해 조선독립대회가 개최된다고 보도한 것이다. '조선독립대회'는 제2호에서 언급된 '국민대회'의 또 다른 표현임이 분명했다. 사실 날짜와 시간, 장소가 만천하에 공개되었으니 조선독립대회가 실제로 3월 6일 11시에 개최될 가능성은 거의 없었다. 하지만 구체적인 날짜와 특정 장소를 언급함으로써 사람들에게 조만간 조선독립대회가 실제로 개최될지도 모른다는 믿음을 강력히 심어줬다.

기사는 13도 대표자의 선정도 이야기했다. 조선을 대표하는 대표자를 뽑아 조선독립대회를 통해 임시정부를 구성하겠다는 복안으로 보인다. 정상적인 경우라면 조선독립대회에서 13도 대표자를 뽑아 일종의 의회를 구성하고 정부를 조직하겠지만, 일제 치하에서 이런 과정을 밟는 것은 불가능하다. 그러므로 먼저 13도 대표자를 선정한 후 조선독립대회를 통해 대표성을 추인받고 정부 수립으로 나아가겠다는 생각인 것 같다.

그럼 국민대회 혹은 조선독립대회를 추진하려고 한 사람(들)은 누구였을까? 우선 《조선독립신문》의 이종린李鍾麟(37세)과 그 주변의 천도교인들을 가장 유력한 후보로 꼽을 수 있다. 이종린은 당시 기사를 직접 작성했을 뿐만 아니라 지면을 구성할 편집 권한까지, 신문에 관한 한 거의 모든 권한을 가지고 있었다. 그러니 의지만 있다면 얼마든지 임시정부와 관련된 기사를 작성해서 지면에 집어넣을 수 있었다. 그런 점에서 국민대회나 조선독립대회, 13도 대표자 선정은 그의 생각이거나 그의 배후에 있는 천도교 세력에서 나온 것이었을 가능성이 높다.

그러나 임시정부에 대한 기사가 전혀 다른 세력의 생각일 가능성도 배제할 순 없다. 《조선독립신문》은 기본적으로 신문이므로 이종린이 다른 사람에게 들은 소식이나 취재한 내용을 기사로 작성하여 실을 수 있었다. 기독교 세력이나 학생 세력의 생각도 경우에 따라서는 충분히 기사로 작성되어 반영될 수 있는 것이다. 물론 이 경우에도 기사 작성 단계에서 이종린의 생각이 섞여 들어갈 수 있겠지만.

여기서 한 가지 짚고 넘어가야 할 문제가 있다. 독립선언을 주도한 천도교와 기독교 세력이 독립선언 이전에 임시정부의 수립과 관련하여 모종의 합의를 이뤘을 가능성은 없었나 하는 점이다. 만약 있었다면 그 모종의 합의가 국민대회나 13도 대표자 선정으로 표현되었을 수도 있으니 말이다. 그러나 결론부터 말하자면 양측의 합의는 없었다. 천도교와 기독교 세력의 독립운동에 대한 합의 자체가 굉장히 임박해서 이루어진 탓에, 임시정부에 대한 논의까지 할 시간적 여유가 거의 없었기 때문이다. 자료상으로도 민족대표들이 임시정부 수립 문제와 관련하여 논의를 했다는 기록은 전혀 발견되지 않는다.*

천도교와 기독교 양자 사이에 임시정부 수립 문제와 관련하여 합의가 없었다는 점은 1919년 4월 국내에서 발표된 두 개의 임시정부안으로도 방증할 수 있다. 두 개의 정부안이 전혀 다른 성격을 가지고 있기 때문이다. 두 개의 정부안이란 조선민국 임시정부와 한성정부를 말한다.

문서상으로만 존재한 '전단정부'

> 국가를 사랑하고 복리를 도모하는 우리 2천만 민족은 충성과 힘을 다하여 국민된 의무를 조금의 착오도 없이 착하고 아름답게 이행할 것을 자결하고, 과거의 역사를 양심이 명하는 바에 따라 명심할 것을 스스로 맹세함과 동시에, 하루라도 무정부상태로 존재하는 것을 우려하여 국민대회 일동과 자주당 일동이 경성에서 연합회를 개최하고, 손병희 씨를 정도령에, 이승만 씨를 부도령에 선거하고, 또 별책과 같은 조선민국 임시정부 창립장정을 의정議定하여 이에 선포한다.
>
> ―「조선민국 임시정부 조직 포고문」, 1919년 4월 9일

---

* 민족대표들에 대한 심문기록과 재판기록, 양 세력의 회고기록에는 임시정부에 대한 논의 자체가 언급된 자료가 전혀 없다(고정휴, 「세칭 한성정부의 조직주체와 선포경위에 대한 검토」, 「한국사연구」 97, 한국사연구회, 1997).

4월 9일 경성 각지에 「조선민국 임시정부 조직 포고문」과 몇 가지 부속 문서*가 배포됐다. 손병희孫秉熙(59세)를 수반으로 하는 조선민국 임시정부의 수립을 알리는 문서였다. 조직의 주체는 '조선국민대회'**와 '조선자주당'이라고 했다. 하지만 그 실체는 당대에도, 현재에도 전혀 알 수 없다. 조선민국 임시정부는 조직 주체와 조직 과정이 철저히 숨겨진, 그래서 문서상으로만 존재하고 실체는 확인할 수 없는 전단정부였던 것이다.

조선민국 임시정부를 조직한 주체는 누구일까? 몇 가지 점에서 조선민국 임시정부는 천도교와 밀접한 관련이 있음을 알 수 있다. 우선 포고문의 제작과 배포에 천도교인들이 깊숙이 관련되어 있었다.

포고문을 입수한 경찰은 즉각 수사에 착수했는데, 얼마 후 문서의 제작과 배포에 관여한 의사 권희목權熙穆(29세)을 체포하는 데 성공했다. 그를 통해 사건의 전말이 일부 드러났다. 천도교인이었던 허익환許益煥(40세)이 천도교 재무부원인 이모李某로부터 포고문의 원고와 인쇄 도구, 종이 등 일체를 제공받아, 포고문과 부속문서 400매를 인쇄하고 경성 일대에 배포한 사실이 드러난 것이다. 인쇄와 배포에는 권희목과 함께 천도교인 박이근朴理根(30세)과 이임수李林洙(27세)도 참여했다.*** 그러나 경찰은 그 이상의 배후는 밝혀낼 수 없었다. 그들은 천도교인인 이관李瓘(60세)****을 포고문을 기초한 혐의자로 체포하여 취조했지만 관련성을 밝히지 못했을 뿐만

* 「조선민국 임시정부 조직 포고문」에는 「조선민국 임시정부 창립장정」, 「도정부령 제1호」, 「도정부령 제2호」 등 부속문서가 첨부되어 있다.

** '조선국민대회'는 《조선독립신문》의 기사에서 언급된 '국민대회'를 염두에 두고 만들어진 명칭임이 분명하다. 《조선독립신문》의 보도 이후 등장한 여러 임시정부는 가능한 한 기사의 내용을 구현하려고 노력했다. 《조선독립신문》의 기사가 임시정부 수립의 가이드라인으로 작용한 것이다.

*** 국회도서관 편, 『한국민족운동사료(3·1운동편)』 其三, 국회도서관, 1977.

**** 주익이 기초한 학생 측 독립선언서를 교정한 바로 그 사람이다. '학생 지도부' 편을 참고하라.

아니라, 관련자인 허익환이나 박이근, 이임수의 신병을 확보하지 못해 더 이상 수사를 진전시키지 못했다.

조선민국 임시정부의 조직 주체가 천도교와 연관이 있다는 사실은 포고문과 부속문서상에서도 드러난다. 먼저 정부 조직 구성에서 임시정부의 최고 수반이 손병희라는 점이 그렇고, 법무경에 윤익선尹益善(48세), 식산무경殖産務卿에 오세창吳世昌(56세) 등 천도교의 주요 인사가 정부 조직에 포함된 점에서도 그렇다.

하지만 무엇보다 중요한 것은 이 정부가 국내에 존재할 정부인지 국외에 존재할 망명정부인지이다. 조선민국 임시정부는 정·부도령과 9무경務卿으로 구성되었는데, 국내 거주 인사와 국외 거주 인사가 5대 5의 비율로 섞여 있다. 그중 무엇보다 가장 중요한 정부 수반이 국내에 있는 손병희이고, 내무경 김윤식金允植(85세), 법무경 윤익선, 식산무경 오세창도 국내 거주 인사이다. 재무경 이상李相은 현재 누구인지 알 수 없지만 천도교 인사의 가명으로 추측된다.* 이 정도면 국내 거주 인사들만으로 정부를 운용하기에 충분하다. 조선민국 임시정부는 망명정부가 아니라 국내에 수립될 정부였던 것이다.

상기해보자. 손병희를 위시한 천교도 지도부는 민족자결주의와 파리강화회의로 조성된 세계정세하에서 조선인들이 독립을 선언하고 나서면 일본이 독립을 승인할 수밖에 없다고 낙관했다. 그들은 독립을 선언한 후 민주정체의 신국가를 수립할 계획이었으며, 일본의 승인이 나면 일제 당국과

---

* 독립운동사편찬위원회 편, 『독립운동사』 4, 독립유공자사업기금운용위원회, 1973. 조선민국 임시정부의 정부 구성은 정도령 손병희, 부도령 겸 내각총무경 이승만, 외무경 민찬호, 내무경 김윤식, 군무경 노백린(盧伯麟), 재무경 이상, 학무경 안창호, 법무경 윤익선, 식산무경 오세창, 교통무경 조용은 등이었다.

의 협의하에 신정부를 구성할 생각이었다. 그것은 당연히 해외에 설치되는 망명정부가 아니라 일본의 통치를 대체하는 국내 정부였다. 조선민국 임시정부는 천도교 지도부의 이런 구상을 충실히 구현한 정부였던 것이다.

부속문서 중 하나인 「조선민국 임시정부 창립장정」을 보면 이 점이 더욱 명확히 드러난다. 창립장정에는 정부의 구성과 입법에 관한 내용도 나오지만, 일제의 통치를 어떤 방식으로 청산하고 인수할 것인지가 자세히 적혀 있다.

한일합병조약 및 조선에 관한 대외조약을 모두 무효로 돌리고 일체의 특수이권을 인정하지 않는다는 것, 사무인계가 종료될 때까지 일본 관공리의 급료를 유지하고 일본의 무력행동에 의해 발생한 손해를 배상케 한다는 것, 조선은행이나 동양척식주식회사 등 공적 성질을 가진 기관은 신정부가 인수하고 개인 재산은 평가를 통해 신정부가 매상한다는 것 등이 그것이다.

이뿐만이 아니다. 지방행정은 자치제를 발전시킬 수 있도록 재편하되 당분간은 현재의 지방행정체제를 유지한다는 것, 신정부는 총독부가 가진 재산상의 권리를 모두 계승하되 화폐제도는 새로운 제도가 마련될 때까지 일본화폐를 통용한다는 것 등, 창립장정은 거의 모든 분야에서 일제의 통치권을 인수하고 신정부를 창출하는 방안을 제시하고 있다. 천도교 지도부의 신정부 구성방안을 구체화한 것이 창립장정이었던 것이다.

또 다른 임시정부의 선포

일본이 우리 민족의 생명력에 기인한 이 문명적 행동에 대하여 야만적 무

> 력으로 잔학무도하게 행동하는 것은 인류의 양심에 용서 못하는 바이다. 우리 2천만 민족의 정성스런 마음과 뜨거운 피는 이런 부정한 압박으로 인해 말라 없어지는 것이 아니다. 만일 일본이 시종 반성하는 바가 없으면 우리 민족은 부득이 최후의 행동으로 나와서 최후의 1인까지 최후의 1각까지 완전한 조선독립을 완성할 뿐이다. 정의와 인도로써 용진하는 우리 민족 앞에 어떠한 적이 있으랴. 단지 최대의 성의와 최선의 노력으로써 국가적 독립과 민족적 자주를 세계에 주장하는 것이다.
>
> — 「국민대회 취지서」, 1919년 4월 23일

4월 23일 경성 시내에 「국민대회 취지서」와 「선포문」, 「임시정부선포문」이라는 문건이 일제히 뿌려졌다. 미주의 이승만李承晩(45세)을 수반으로 하는 또 다른 임시정부의 선포를 알리는 문서였다. 이 정부는 이름이 따로 정해져 있지 않았다. 후일 사람들은 이 정부를 '한성정부'라고 불렀다.

이날 뿌려진 문건에 의하면 한성정부의 조직 주체는 '13도 대표자'로 구성된 '국민대회'였다. 문건에는 13도 대표자로 이만식李晩植 등 25명의 이름이 적혀 있었다. 13도 대표자는 민의를 대변하기 위한 기구였다. 문건에 의하면 국민대회는 민의에 기초하여 임시정부를 조직하고, 파리강화회의에 출석할 위원을 선정하고, 약법을 제정해 선포하는 역할을 담당해야 했다. 흥미로운 것은 한성정부가 《조선독립신문》의 임시정부 관련 기사를 충실히 따르고 있다는 점이다. 《조선독립신문》을 충실히 따르는 것에서 임시정부 수립의 명분을 얻고자 한 것이다.

'13도 대표자' 25명은 어떤 사람들일까? 그들은 기독교인과 유생, 불교인, 지식인 등으로 아주 다양하게 구성되었다. 13도의 대표를 표방한 만큼 다양한 계층, 다양한 성격을 가진 인물들을 포함시키고자 했을 테니 당연한 결과다. 특이한 것은 의병활동에 참여했던 근왕주의적 성격을 가진 유림 세력이 다수 발견된다는 점과 대개 경성을 중심으로 한 기호지방 출신자들이 많이 눈에 띈다는 점이다.* 하지만 이러한 분석이 완전하다고는 할 수 없다. 25명의 대표자 가운데 반수에 가까운 인물들은 누구인지 특정할 수 없는 상태이기 때문이다.

정부 구성의 경우는 어떨까? 정부 조직은 집정관총재 이승만, 국무총리총재 이동휘李東輝(47세) 등 2총재를 중심으로 8총장, 1총판, 2차장으로 다소 복잡하게 구성되어 있다.** 특이한 것은 이들이 모두 해외에 거주하는 유력 조선인으로 구성되어 있다는 점이다. 한성정부는 조선민국 임시정부와 달리 국외에 설치할 목적으로 만들어진 망명정부였던 것이다. 또 이들 중에는 천도교인들이 한 명도 없고, 기독교인들이 대부분이었다. 한성정부의 조직에 기독교인들이 큰 영향을 미치고 있음을 알 수 있다.***

정부 구성에서 흥미로운 부분은 또 있다. 첫 번째는 2총재 문제이다. 한성정부에서 정부의 수반은 흔히 최고 대표자를 가리키는 '집정관'이라는 명칭이 붙은 집정관총재로 이해할 수 있지만, 역시 최고 지도자를 가리키는 '총재'라는 명칭을 집정관과 국무총리에 모두 붙이면서 논란의 여지를

---

* 고정휴, 「세칭 한성정부의 조직주체와 선포경위에 대한 검토」, 『한국사연구』 97, 한국사연구회, 1997.

** 한성정부는 집정관총재 이승만, 국무총리총재 이동휘, 외무부총장 박용만(朴容萬), 내무부총장 이동녕, 군무부총장 노백린, 재무부총장 이시영(李始榮), 재무부차장 한남수, 학무부총장 김규식, 법무부총장 신규식, 교통부총장 문창범, 노동국총판 안창호, 참모부총장 유동열(柳東說), 참모부차장 이세영(李世永) 등으로 구성됐다.

*** 고정휴는 정부 조직에서 미주에 거주하는 조선인이 대거 포진하고 있다는 점에서 한성정부를 조직한 사람들이 파리강화회의와 미국의 역할에 커다란 관심과 기대를 갖고 있었음을 반영하는 것이라고 판단했다(고정휴, 「세칭 한성정부의 조직주체와 선포경위에 대한 검토」, 『한국사연구』 97, 한국사연구회, 1997).

만들었다. '총재'라는 용어로 인해 수반을 이승만과 이동휘, 둘 다로 볼 가능성이 생겼기 때문이다. 아마도 한성정부의 주도 세력 혹은 다수 세력은 이승만을 정부 수반으로 하려고 했을 것이다. 그런데 한성정부 내에는 이동휘에게도 그에 상응하는 대우를 해야 한다고 생각하는 사람들이 있었던 것 같다. 그래서 만들어진 것이 2총재가 아닐까.

다음은 노동국총판 안창호安昌浩(42세) 문제이다. 다른 부서는 모두 부部인데 노동국만 국局인 이유는 무엇일까. 다른 사람은 모두 총장인데 안창호만 총판總辦인 이유는 또 무엇일까. 아무래도 안창호만 한 단계 아래로 대우하려고 한 듯한 감이 없지 않다. 미주에서 대한인국민회의 대표까지 맡고 있던 안창호를 굳이 한 단계 아래로 대우할 이유라면 그가 서북 세력이라는 것밖에 없다. 한성정부를 주도한 세력이 기독교 세력 중에서도 특히 기호지방 중심의 기독교 세력이라는 걸 방증하는 증거다.

한성정부를 조직한 사람들은 누구인가

"변호사 홍면희洪冕禧(일명 홍진洪震, 43세)와는 어떻게 아는 사이인가?"

"7~8년 전, 알게 되어 친해진 사이오."

"3월 상순에 홍면희의 집에 간 것이 맞는가?"

"그렇소. 인천에 있는 홍면희가 전보로 연락해와서 가게 됐소."

"그때 국민대회 조직에 관한 얘기가 있었는가?"

"그렇소. 국민대회를 열어 임시정부를 조직하려고 하는 데 찬성해달라고 해서 그러겠다고 했소."

한성정부를 조직한 사람들은 누구일까? 한남수韓南洙(38세)는 경성지방법원에서 있었던 1심 공판에서 변호사 홍면희의 권유로 한성정부에 참여하게 되었다고 진술했다. 홍면희는 대한제국에서 판사와 검사로 재직하다 변호사가 된 사람으로 한성정부의 조직에서 중추적인 역할을 담당했다. 그와 함께 한성정부의 조직을 주도한 인물이 한 명 더 있었는데, 한때 의병활동과 비밀결사활동을 한 적이 있던 평양 남산현교회의 전도사 이규갑李奎甲(33세)이었다.

한성정부의 조직은 사실 이규갑, 홍면희의 활동에서 비롯되었다고 해도 과언이 아니다. 이들이 함께할 인사들을 한 명, 한 명 포섭하여 한성정부의 지도부를 형성해갔기 때문이다. 이규갑이 일본 유학 경험과 만주 경험이 있는 김사국金思國(28세)과 천도교인 안상덕安商悳(40세)을 끌어들이고, 홍면희가 와세다대학 출신으로 다방면에서 수완 좋기로 알려진 한남수와 유생 김규金奎(49세)를 포섭하면서 지도부를 구성해갔던 것이다.

그런데 한성정부의 조직 주체를 이규갑과 홍면희만으로 설명해도 충분한 것일까? 그렇지 않다. 겉으로 잘 드러나지 않지만 이규갑과 홍면희로 하여금 한성정부의 조직에 앞장서도록 한 배후인물이 존재했기 때문이다.

대표적인 배후인물은 민족대표 33인의 대표로 상해에 파견되었던 감리교 목사 현순玄楯(40세)을 꼽을 수 있다. 현순은 표면적으로 독립선언서를 상해와 파리강화회의에 전달하고, 세계 언론에 조선의 독립운동 소식을 선전할 임무를 띠고 상해로 갔다. 그런데 상해의 조선인들 분위기가 일찌감치 임시정부를 수립하는 방향으로 흐르자, 그는 독립임시사무소를 설치해 이를 주도하면서 평소 잘 알고 지내던 이규갑에게 편지를 보내 국내에서도 임시정부를 수립할 것을 종용했다. 이규갑과 홍면희는 현순의 뜻에 따라 한성정부의 조직에 앞장서게 되었던 것이다. 이규갑은 여러 인사들

한성정부의 배후 중 한 명인 현순(첫 줄 오른쪽). 사진은 대한민국 임시정부 국무원의 기념사진이다. 첫 줄 왼쪽부터 신익희, 안창호, 현순, 뒷줄 왼쪽부터 김철, 윤현진, 최창식, 이춘숙.

을 포섭하는 과정에서 현순의 편지를 적극 활용했다. 한성정부의 수립 주체가 국내외에 광범위하게 존재한다는 것을 증명하기 위해서였다.

현순 외에도 이규갑과 홍면희 뒤에는 기독교계의 유력 지도자들이 배후에서 지원과 지지를 보냈던 것으로 보인다. 대표적인 인물이 이상재李商在(70세)와 박승봉朴勝鳳(49세)* 같은 기독교계 지도자였다. 이규갑은 회고에서 한성정부에 참여할 각계 대표로 이상재와 박승봉을 내정했지만, 독립 문제로 일본 정부와 담판할 경우에 대비해 일부러 뺐다고 말한다. 이규갑

---

* 박승봉(1871~1933). 대한제국 관료 출신으로 1910년 10월 조선총독의 자문기관인 중추원 찬의에 임명되어 1921년까지 재임하며 친일파의 길을 걸었다. 중추원 관제의 변경으로 1921년 4월 칙임관 대우 중추원 참의로 임명되어 1927년까지 재임했다. 1927년 함경남도 참여관, 1929년 평안남도 참여관으로 일했다. 1930년 다시 중추원 참의에 임명되어 1933년 사망할 때까지 재임했다. 1913년 조선중앙기독교청년회 이사로 임명되면서 기독교계 유력 지도자로 활약했다(『친일인명사전』).

과 이들 지도자 사이에 모종의 협의가 있었음을 암시하는 대목이다. 감리교의 청년 지도자였던 신흥우申興雨(37세)*도 배후인물로 주목할 만한 인물이다. 그는 한성정부가 선포되기 직전인 4월 22일 '감리교선교 백주년기념대회'에 참석한다는 명목으로 출국해 이승만을 만났다. 그는 이승만에게 한성정부의 문건을 전달했다. 이규갑과 홍면희와의 논의하에서 한성정부의 수반으로 결정된 이승만에게 관련 문건을 전달한 것이 분명하다.**

상해 임시정부라는 복병

"4월 2일 인천부 각국 공원에서 대표자들이 모였다는데 맞는가?"

"그렇소. 기독교 감리교, 장로교, 유교, 불교의 대표자가 모였소. 그 밖에 몇 명 더 있었지만 그들은 대표자라 말하지 않았소."

"대표자는 누구누구인가?"

"감리교 대표 이규갑과 장로교 대표 장붕張鵬·박용희朴用熙, 유생 대표 김규와 불교 대표 이종욱李鍾郁(36세)***이 그들이었소."

---

* 신흥우(1883~1959). YMCA 등에서 활동하며 기독교계의 지도자로 활약했다. 1937년 무렵부터 조선기독교연합회 등 각종 친일단체에서 활동하며 일제의 침략전쟁을 옹호하는 글을 발표하는 등 적극적인 친일활동을 펼쳤다(『친일인명사전』).

** 고정휴, 「세칭 한성정부의 조직주체와 선포경위에 대한 검토」, 『한국사연구』 97, 한국사연구회, 1997.

*** 이종욱(1884~1969). 1884년 강원도 양양에서 태어났다. 1896년 명주사에서 출가하여 승려가 되었다. 1919년 4월에 한성정부, 5월에 대한민국 임시정부에 참여하며 독립운동에 투신했다. 1926년 조선불교 중앙교무원의 사무원이 되면서 국내 불교계에 복귀했다. 1930년 월정사 주지가 되었고, 1936년 우가키 총독의 관저 초대에 응하면서 친일의 길을 걷기 시작했다. 1938년 국민정신총동원조선연맹에 불교계 대표로 참가하는 등 각종 친일단체에서 활발히 활동하며 여러 차례에 걸쳐 일제의 침략전쟁을 옹호하는 글을 발표했다. 1940년 월정사 승려 네 명을 지원병으로 보냈다. 해방 후 전국승려대회에서 부일협의자로 지목되어 승권 정지 3년의 징계를 받았지만, 1945년 12월 신탁통치반대 국민총동원위원회 강원도 대표를 맡았고, 다음해 대한독립촉성국민회 총무부장이 되면서 불교계 내의 권력을 회복했다. 1950년 제2대 국회의원에 당선되었고, 다음해 동국대학교 이사장이 되었다. 1969년 화엄사에서 사망했다. 1977년 대한민국 임시정부에서 활동한 경력으로 건국훈장 독립장에 추서되었으나 2010년 서훈이 취소되었다(『친일인명사전』).

판사의 질문에 한남수가 답했다.

이규갑과 홍면희는 한남수와 김사국 등 임시정부 조직을 주도할 주요 인물들이 확보되자 임시정부 조직을 위한 첫 회합에 나섰다. 이규갑은 4월 2일 인천에서 있었던 이 모임을 '13도 대표자회의'라고 회고했는데, 한남수가 대표자가 아닌 사람도 참석했다고 한 것을 보면 반드시 13도 대표자회의라고 할 수는 없을 것 같다. 이규갑의 회고는 이것말고도 여러 가지 문제점이 발견되는데, 이 회고가 워낙 말년에 이루어진 것이다보니 불가피한 부분이 없지 않다.* 예를 들어 그는 한성정부 조직이 3월 초 이헌교李憲教(40세), 윤이병尹履炳(65세), 윤용주尹龍周(36세), 최전구崔銓九(70세), 이용규李容珪(61세), 김규 등 유림 인사들의 제의로 시작되었다고 했는데, 이들은 대개 복벽주의자들이어서 민국을 지향하는 임시정부 수립을 먼저 제안했을 가능성은 거의 없었다.** 한성정부는 상해에서 이승만의 위임통치안 문제 때문에 상당히 곤혹스러운 상황에 처했는데, 한성정부가 기호파 중심의 기독교 세력 혹은 기독교 감리교 세력이 주도한 정부가 아니라는 사실을 강조하기 위해 이런 얘기를 했을 가능성이 있다.

또 이규갑은 3월 17일 준비위원회 모임에 한남수, 김사국을 비롯하여 유림, 불교 세력이 모두 참여했고, 여기서 국민대회 취지서, 임시정부 약법, 임시정부 각원, 평정관, 파리강화회의에 출석할 국민대표까지 모두 확정했다고 회고했다. 하지만 이때 모든 것이 완료됐다면 왜 한 달이 넘은 4월 23일에야 공포를 했는지가 제대로 설명되지 않는다. 한남수는 3월 20일경

---

* 이규갑의 회고(이규갑, 「한성임시정부 수립의 전말」, 『신동아』, 동아일보사, 1969년 4월)는 83세이던 1969년에 이루어졌다. 한성정부 수립과는 무려 50년의 시간차가 있다.

** 고정휴, 「세칭 한성정부의 조직주체와 선포경위에 대한 검토」, 『한국사연구』 97, 한국사연구회, 1997.

한성정부에 참여하기로 결정했다고 예심에서 진술했고, 김사국과 안상덕은 3월 말 한성정부에 참여하기로 결정했다고 진술했다.* 이들 외에 유림 인사들도 3월 말에 이르러 참여를 결정한 사람이 많다. 이런 점을 고려하면 이규갑과 홍면희는 3월 말까지 주요 인사에 대한 조직 작업을 한 것으로 보이며, 일이 마무리되었던 4월 2일에 대표자와 참가자가 모두 참여하는 첫 번째 회의를 가진 것이 아닌가 싶다.**

그런데 이날 회의에서 한남수는 국내에서 임시정부를 수립하기 전에 상해의 상황이나 파리강화회의의 경과를 알아보아야 한다고 주장했다. 그즈음 상해에서 임시정부가 수립되었다는 풍문이 많이 돌았기 때문이다. 김규도 한남수의 의견에 동조했다. 이로 인해 이날 회의는 임시정부의 수립을 위한 구체적인 논의도 제대로 진전시키지 못한 채 애매모호하게 끝나고 말았다. 모두의 결의를 모아 힘차게 앞으로 나아가야 할 첫 번째 회의가 국외 상황의 확인이라는 복병을 만나 흐지부지 끝난 것이다. 이 일은 두고두고 이들의 앞날에 암운을 드리우게 된다.

며칠 후 이규갑은 한남수를 경성으로 불러 상해로 가서 상해와 파리강

---

* 김사국은 이규갑이 여러 차례 자신을 찾아와 참가를 설득했다고 했다. 그는 처음엔 참가할 마음이 없었지만 이규갑 개인의 불행한 사연을 듣고 그를 동정하게 되어 마침내 참가를 결정했다고 진술했다. 불행한 사연이란 이규갑과 함께 독립운동을 했던 아내 이애라(李愛羅)가 어린 딸을 업고 가다가 경찰과 맞부딪혔는데 그녀가 도주하려 하자 경찰이 등에 업은 아이를 빼앗아 내동댕이쳐 죽음에 이르게 한 것을 말한다. 결국 이애라도 이때 붙잡혀 구속되었다고 한다(김승태, 「일제강점기 이규갑·이애라 부부의 민족운동」, 『한국독립운동사연구』 50, 독립기념관한국독립운동사연구소, 2015). 김사국은 예심에서 3월 20일경 참가를 결정했다고 증언한 바 있다. 하지만 본심에서는 3월 말에 참가를 결정했다고 진술을 번복했다.

** 이와 관련하여 박찬승은 3월 17일이 음력 날짜라고 해석한다. 양력으로 환산하면 4월 17일이다(박찬승, 「3·1운동과 민주공화제 임시정부의 수립」, 『3·1혁명 95주년 기념 학술회의: '제국'에서 '민국'으로』, 민족문제연구소, 2014).

화회의의 상황을 알아봐달라고 요청했다.* 한남수는 이규갑에게 여비 300원을 받아 4월 8일 경성을 출발했다. 상해의 상황은 전보로 알리기로 했다. 그는 4월 16일 상해에 도착했다. 그런데 그는 밀정으로 의심을 받는 바람에 3~4일간 상해의 상황을 제대로 알아볼 수 없었다. 당시 상해에는 많은 사람들이 독립운동에 뜻을 품고 몰려들었는데, 이때 밀정들도 독립운동가를 가장하고 섞여 들어오는 바람에 상당히 문제가 되었다.**

한남수가 겨우 의심을 풀고 상해의 상황을 살펴보니, 이미 상해에서는 4월 11일 임시의정원이 헌법을 제정하고 국호를 대한민국으로 하여 임시정부를 수립한 상태였다. 한남수는 상해의 일본우편국에서 "인삼의 시세가 나쁘니 사지 말라"는 전보를 쳤다. 미리 약속된 암호로, 상해에 이미 임시정부가 수립되어 있으니 국내에 임시정부를 수립하지 말라는 뜻이었다. 상해에 도착한 지 5일이 지난 4월 21일의 일이었다.

한편 이규갑과 홍면희는 한남수를 상해로 보낸 후 임시정부를 수립하기 위한 준비를 계속했다. 정확한 시점은 알 수 없지만 그들은 경성부인성서

---

* 이규갑이 한남수를 상해에 보내기로 한 것은 천도교인 안상덕이 데려온 홍진의(洪鎭義, 26세) 때문이었다. 홍진의가 자신을 상해에서 왔다고 소개하면서, 상해의 임시정부 수립 움직임을 전했던 것이다. 이규갑과 홍면희는 홍진의의 말을 반신반의했지만, 결국 한남수를 보내 상해의 상황을 알아보기로 했다. 홍진의는 한성정부에 참여하고자 하였으나 한성정부 지도부는 뜻이 맞지 않는다는 이유로 그의 참가를 거부했다. 이후 홍진의는 한성정부의 임시정부 수립운동 상황을 신한민국정부 주도자들에게 전하게 된다. 한성정부와 신한민국정부는 정부 조직 측면에서 상당히 유사한 모습을 보이는데, 이것은 홍진의로부터 비롯된 것이었다(박찬승, 「3·1운동과 민주공화제 임시정부의 수립」, 『3·1혁명 95주년 기념 학술회의: '제국'에서 '민국'으로』, 민족문제연구소, 2014).

** 이때 상해에 잠입한 밀정 중 한 명이 나중에 의열단의 제2차 대암살·파괴계획에 참여하면서 유명해지는 황옥(黃鈺, 35세)이다. 그는 상해 임시정부 내 과격파의 일원으로 활동하면서 내부 정보를 빼냈다. 황옥은 홍면희와의 친분을 이용해 한성정부 세력에도 접근했다. 결국 황옥과의 관계가 문제가 돼 임시의정원 충청도 의원으로 선출된 이명교(李命教)는 의원직을 사퇴해야 했다. 황옥은 상해에서의 활동을 인정받아 경기도경찰부 경부로 특별 채용되었다. 이러한 사정을 잘 몰랐던 것인지, 한남수는 일제에 체포된 후 상해에서 자신이 한 활동을 증명하기 위해 황옥을 증인으로 신청하기도 했다.

학원 교사였던 이동욱李東旭(23세)에게 「국민대회 취지서」와 「선포문」을 기초하도록 하고, 그 안에 포함될 임시정부 각원 명단이나 평정관의 명단, 파리강화회의에 출석할 국민대표 명단 등을 미리 준비했던 것 같다. 그런데 한남수가 상해에 도착할 시점이 한참 지났는데도 연락이 오지 않자, 이규갑과 홍면희는 김사국 등 지도부와 상의하여 국민대회를 개최하고 임시정부 수립을 선포하기로 결정한 것으로 보인다. 국민대회는 4월 23일 개최하기로 했다.

그런데 이규갑과 홍면희는 국민대회를 김사국 등에게 맡기고 상해로 가기로 결정했다. 임시정부의 수립에서 가장 중요한 절차인 국민대회를 앞두고 한성정부의 최고 지도자라 할 수 있는 두 명의 지도자가 조선을 떠나 상해로 망명하기로 한 것이다. 도대체 어떻게 된 일일까.

독립과 자유로 가는 길을 위하여

국민대회라는 대사를 앞두고 이규갑과 홍면희가 상해로 망명한 이유는 그들에게 국민대회는 그리 중요하지 않았기 때문이다. 13도 대표자를 그 이름에 걸맞도록 최대한 다양한 인물로 채워넣었고, 정부의 구성도 완료했으니, 국민대회는 그저 임시정부 수립을 위한 요식행위에 불과했던 것이다.

이규갑과 홍면희에게 중요한 것은 아마도 그다음의 과정이었던 듯하다. 한성정부는 망명정부였다. 그러니 어서 빨리 상해로 가서 자신들이 수립한 임시정부를 상해의 조선인들에게 인정받고, 실질적으로 조선을 대표하는 정부가 되도록 만들어야 했던 것이다.

그러나 세상에는 결과보다 과정이 중요한 일이 있다. 하나하나 정도대로 과정을 밟아야 비로소 명분이 생기고 정당성도 확보되는 법이다. 임시 정부를 만드는 일이 그랬다. 하지만 그들은 막바지에 이르러 그 원칙을 지키지 못했다.

일제 치하라는 엄혹한 현실에서 어쩔 수 없었다고 하면 이해할 수도 있다. 무엇인들 이해할 수 없겠는가. 그러나 모두가 힘을 기울여도 실현 불가능에 가까웠던 국민대회를 20대 청년들에게 맡기고 떠난 그들의 무책임함은 도대체 어찌 생각해야 하는가.

"4월 중순경, 김유인金裕寅(27세)에게 국민대회 개최에 관한 인쇄물을 배포하기 위해 중등학생들을 모아달라는 요청을 받은 것이 틀림없는가?"

"그렇습니다. 안국동에 있는 김유인의 하숙집에서 부탁을 받았습니다."

"전옥결全玉玦(24세)과 이철李鐵(21세)도 이 일에 찬성했는가?"

"그렇습니다. 그들도 찬성했습니다."

경성지방법원 1심 공판에서 보성고등보통학교 4학년 장채극이 판사의 질문에 대답한다. 장채극은 4월 중순경 김유인에게 국민대회와 관련된 인쇄물을 배포해달라는 부탁을 받았다. 김유인에게 이 일을 부탁한 사람은 김사국이었다. 김사국은 주익에게 김유인을 소개받았다. 주익은 학생들의 독자적인 독립선언서를 기초했던 바로 그 사람이다. 김사국과 김유인은 그렇게 연결됐고, 김유인과 장채극의 팀은 《조선독립신문》의 발행을 멈추고, 국민대회의 실행을 책임지게 되었던 것이다.

독립선언서의 배포와 만세시위, 《조선독립신문》의 제작과 배포까지, 김유인과 장채극 팀은 두 달에 가까운 시간 동안 지하에서 언제 체포될지 모르는 공포와 싸우며 달려왔다. 그 시간은 감격의 시간이기도 했지만, 그만큼 한계도 많았던 시간이었다. 전국의 만세시위는 일본제국주의의 통치를 크게 흔들어놓았다. 그러나 그 통치가 무너져내릴 만큼은 아니었다. 시위는 계속되고 있지만 이 상황이 언제까지 지속될지는 아무도 알 수 없었다. 이제 조선은 일본에 맞설 새로운 방법을 찾아야 했다.

아마도 김유인과 장채극은 만세시위운동이 단지 그것에서 끝나는 것이 아니라 좀더 다른 방식으로 계속되기를 원했던 것 같다. 어쩌면 그들은 독립과 자유로 가는 길에 임시정부가 또 하나의 선택이 되리라고 생각하지 않았을까.

장채극은 판사에게 당시 김유인이 한 말을 이렇게 얘기했다.

"뒤에 어떤 일이 있을지 모르나 찬성해달라는 말이 있었습니다."

그랬다. 그들은 미래를 알 수 없었다. 하지만 그걸 알지 못한다고 앞에 놓인 길을 가지 않을 수는 없었다. 그것이 바로 그들이 국민대회 실행팀의 책임을 맡은 이유였을 것이다.

김사국과 김유인은 4월 23일 국민대회를 성공시키기 위해 세 가지 계획을 준비했다. 첫째는 자동차 세 대를 빌려 '국민대회', '공화만세'라고 쓴 기를 달고, 동대문·서대문·남대문에서 출발하여 정오에 종로 보신각에 모이게 한다는 것이었다. 이때 자동차에는 한 사람씩 탑승하여 거리에 문서를 뿌리고 국민대회의 개최를 선전하기로 했다. 둘째는 종로 보신각에 노동자 3천 명을 배치하고, 지휘자 세 명이 '국민대회', '공화만세'의 기를 들고 앞장서 정오를 기해 독립만세를 부르기로 했다. 셋째는 13도 대표가 서린동에 있는 중국음식점 봉춘관에 모여 임시정부의 수립을 선포하기로 했다. 이를 위해 봉춘관 앞에는 미리 국민대회라는 간판을 달기로 했다.

김유인(좌)과 이철(우). 이들은 만세시위운동이 좀더 다른 방식으로 계속되기를 원했던 것 같다. (국사편찬위원회 소장)

김유인과 장채극, 전옥결과 이철은 4월 23일 오전까지 분주히 움직이며 국민대회를 준비했다. 자동차에 탑승할 세 명의 선전요원, 종로 보신각에서 만세시위를 주도할 세 명의 지휘자, 노동자 동원을 담당할 책임자, 봉춘관 앞에 간판을 달 일꾼 등 계획에 필요한 사람들을 여러 인맥을 총동원하여 섭외했고, 만세시위에 필요한 깃발 아홉 개를 손수 제작했다. 경성 전역에 뿌릴 세 종의 문서도 세 장씩 한 묶음으로 만들어 준비했고, 《조선독립신문》을 배포했던 강우열 등 고등보통학교 학생들에게 나눠주어 배포할 준비를 마쳤다.

국민대회는 그렇게 시작됐다.

그들의 삶은 곧 우리의 역사가 되었다

"피고는 자동차를 탄 이들에게 불온문서를 배포하게 하면서 '국민대회', '공화만세'라고 쓴 기를 달고 경성 시내를 타고 돌아다니게 한 것인가?"

"그렇습니다."

"세 대의 자동차가 동대문·서대문·남대문에서 출발하여 각각 피고가 준 깃발을 흔들면서 불온문서를 뿌리며 온 것이 틀림없는가?"

"그렇습니다. 틀림없이 그렇다고 생각합니다."

장채극은 확신에 찬 목소리로 판사의 질문에 답했다. 그러나 그런 일은 벌어지지 않았다.

"4월 23일 피고가 맡은 일은 무엇인가?"

"종로 보신각 앞에서 독립만세를 주창하는 역할을 맡았습니다."

"피고는 '공화만세'의 깃발을 들고 있었는가?"

"그렇습니다."

"그래서 정오가 되자 만세를 불렀는가?"

"그렇습니다. 하지만 노동자 3천 명도 오지 않았고, 자동차도 오지 않았습니다."

깃발을 든 사람은 모두 세 명이었다. 한 명은 보신각 앞에서 만세를 불렀고, 나머지 두 명은 광교에서 종로 쪽으로 이동하며 만세를 불렀다. 이들은 보신각 앞에서 만나 노동자 3천 명을 지휘해 만세를 부를 예정이었다. 그때쯤 동대문과 서대문, 남대문에서 출발한 자동차가 보신각에 도착해야 했다. 아홉 개의 깃발이 보신각 앞을 수놓을 예정이었다.

그러나 그런 일은 벌어지지 않았다. 이날 깃발을 들었던 유태응劉泰應(28세)은 노동자도 없었고 자동차도 없었다고 했다.

깃발을 들었던 세 명은 보신각 앞에서 열 번쯤 큰 소리로 만세를 부르다가 순사가 달려오자 깃발을 버리고 도망쳤다. 두 명은 몸을 숨기는 데 성공했으나 '공화만세'의 깃발을 들었던 유태응은 순사에게 붙잡히고 말았다.

헌병대는 이날 보신각에서 있었던 일을 이렇게 기록했다.

당시의 보신각. (국가기록원 소장)

> 23일 경성 시내에서 학생처럼 보이는 사람 다섯 명이 국민대회와 공화만세라고 쓴 깃발 세 개를 들고 만세를 고창하며 달려가는 것을 발견했다. 순사가 추적해 그중 두 명을 체포했다.

역시 돈으로 산 열의는 자발적인 열의를 따라올 수 없음을 증명하기에 충분했다. 그런데 이날 국민대회에 자동차시위대와 노동자 3천 명만 오지 않은 것이 아니었다. 봉춘관에 모이기로 했던 13도 대표 25명도 마치 모두가 그렇게 하기로 약속이나 한 듯이 아무도 나타나지 않았다. 주요 지도자가 떠나고 없는 상태에서 개최된 국민대회는 그렇게 허울만 남기고 실질적인 것은 전혀 얻지 못한 채 허공 속에 사라지고 말았다.

그러나 여기서 끝이 아니었다. 김사국과 김유인, 그리고 장채극은 끝까지 포기하지 않았다. 그들은 5월 7일 다시 대규모 시위를 기도했고, 풍선을 이용한 대량 전단 살포도 꿈꿨다. 그들은 그렇게 그해 5월 경찰에 검거될 때까지 싸웠다.

이것이 3월 1일부터 5월까지 그들이 싸워온 역사이다. 그들의 인생에서 이 몇 달은 아주 짧은 시간에 불과했지만, 그들의 인생에서 평생 지워지지 않는 기억으로 남았다. 그들은 평생의 지기, 평생의 동지가 되었고, 일생 동안 조선의 독립과 혁명을 위해 살았다.* 모두가 함께했던 3·1만세운동이 그들의 삶에 남긴 흔적이었다.

짐작조차 할 수 없는 인생의 길이 펼쳐졌던, 그해 3월.
자기 앞에 놓인 길을 피하지 않고 용감히 걸어간 사람들이 있었다.
그들의 삶은 곧 우리의 역사가 되었다.

---

* 김사국과 김유인, 그리고 장채극은 감옥에서 풀려난 후, 서울청년회와 고려공산동맹에서 함께 활동하며 평생의 동지로 살았다(전명혁, 「해광 김사국의 삶과 민족해방운동」, 『한국근현대사연구』 23, 한국근현대사학회, 2002).

호외 1

조선인 고등계 형사 신승희는 왜 죽었나

3·1운동에 관해 전해지는 이야기 중 흥미로운 것을 꼽으라면 조선인 고등계 형사 신승희申勝熙(일명 신철, 40세)의 이야기를 들 수 있다. 이 이야기는 여러 가지 버전이 존재하는데 정리하면 두 가지다.*

하나는 조선인 형사 신승희가 독립선언서 인쇄 현장을 포착해 3·1운동의 계획을 미리 알아챘으나 민족적 양심으로 일제 당국에 알리지 않았다가 나중에 들통나 자살했다는 이야기이다. 다른 하나는 악명 높은 고등계 형사였던 신승희가 선언서 인쇄 현장 포착으로 3·1운동의 계획을 사전에 알게 되었지만, 최린에게 5천 원의 거금을 받고 묵인했다가 나중에 들통나 자살했다는 이야기이다. 전자는 친일 형사의 민족적 양심에 의거한 아름다운 변절을 그리고, 후자는 친일과 부정비리로 점철된 고등계 형사의 비참한 말로를 그린다. 뼈대를 이루는 이야기는 거의 같지만 여기서 어떤 교훈을 이끌어내느냐에 따라 이야기가 조금씩 달라지는 셈이다. 신승희의 이야기는 1970년대 말 드라마로 제작될 정도로 널리 알려졌고, 지금도 인터넷을 통해 심심치 않게 유통되고 있다.

조선인 형사 신승희의 이야기는 어떻게 처음 만들어지게 되었을까?

---

* 권보드래, 「조선인 형사 신승희(철)의 죽음, 조서와 소문」(http://suyunomo.jinbo.net/?p=8484).

그의 이야기가 처음 소개된 것은 1919년 5월 22일자 《매일신보》였다. 이 기사에서 이야기를 구성하는 기본 내용이 대부분 나왔다. 신승희가 '소요사건' 발생 당시 천도교에서 5천 원의 뇌물을 받고 음모를 계획하는 줄 알면서도 눈을 감아주었다. 경성헌병분대가 이것을 탐지하고 5월 14일 만주 출장에서 돌아온 그를 남대문역에서 체포했다. 즉각 신승희를 취조하였는데 다음날 유치장에서 자살했다는 것이 그 내용이다.

기사의 내용에 신승희의 독립선언서 인쇄 현장의 포착이라는 사실만 추가되면 현재의 이야기와 비슷해진다. 지금까지 확인된 바에 의하면 이 에피소드는 1967년 출판된 『의암손병희선생전기』에 처음 나온다. 이종일의 손녀 이장옥도 이와 관련하여 여러 차례 증언을 했던 것으로 알려져 있다. 그런데 이 에피소드가 화제가 된 것은 1978년 이종일의 『묵암비망록默菴備忘錄』*이 새롭게 발굴되면서이다. 이 자료의 발굴은 세간의 커다란 관심을 끌었는데, 여기엔 신승희 에피소드가 가지고 있는 극적 요소가 흥행에 큰 역할을 했다. 신승희 에피소드가 1979년 KBS의 3·1절 특집드라마 〈34인〉으로 만들어질 수 있었던 것도 이 때문이었던 것으로 보인다. 신승희를 34번째 민족지도자처럼 그린 드라마이니 당연히 전자의 스토리이다.

* 『묵암비망록』은 후대에 여기저기 가필한 흔적이 있어 전적으로 믿기 힘든 자료이다. 더구나 현재 원본이 분실되어 사실 여부를 검증할 수도 없는 상태이다. 『묵암비망록』은 1978년 2월 발굴되었으나, 이 자료의 원본은 일반에 공개되기 전에 뭔가 석연치 않은 사건을 통해 분실되었다(《동아일보》, 1979년 7월 27일). 현재 전하는 것은 자료 입수자가 적어놓은 한글 번역본 일부와 원문 텍스트 일부이다. 특히 3·1운동 관련 부분은 한글 번역본만 있는 상태여서 원본 텍스트조차 확인할 수 없다. 여러 가지 문제가 존재하는데도 자료에 대한 명확한 검증도 없이 『묵암비망록』을 사용하는 것은 문제가 있다는 생각이다.

자, 그럼 지금까지 밝혀진 사실을 토대로 신승희의 이야기의 진실이 무엇인지 하나씩 따져보자. 《매일신보》 기사의 내용은 진실일까? 남아 있는 신승희의 심문기록으로 판단한다면 이 기사는 완전히 조작되었음을 알 수 있다. 우선 관계된 사건 자체가 다르다. 《매일신보》는 신승희가 3·1운동을 미리 포착했다가 은폐한 혐의를 다루고 있지만, 실제로 그가 연루된 사건은 1919년 5월에 불거진 천도교 특별성미금* 모금사건이었다. 천도교 대교당 건축 명목으로 대규모 기부금을 모집해 독립운동에 전용했다는 혐의로 천도교 대종사장 정광조鄭廣朝(37세)** 등 천도교단 간부 40여 명을 체포 수사한 사건이다.

뇌물 액수도 큰 차이가 있다. 《매일신보》는 거금 5천 원을 이야기했지만, 실제로 신승희가 받은 돈은 150원에 불과했다(정광조는 300원을 줬다고 주장했다). 경성헌병분대는 정광조를 취조하는 과정에서 이러한 사실을 포착하고 신승희를 체포했다. 정광조는 신승희와 친분이 있는 박노학朴魯學이라는 천도교인을 통해 돈을 건넸다. 박노학은 체포된 천도교인들에게 의복을 차입하거나 기타 편의를 제공해달라는 뜻으로 돈을 주었다고 했다.

신승희는 심문에서 종로경찰서장과 고등경찰계 주임 오카모토岡本亥之吉로부터 천도교단의 사찰을 지시받고 박노학에게 접근했다고 했다.

---

* 성미(誠米)란 천도교인들이 교단에 내는 기부금을 말한다. 매 끼니마다 한 숟가락씩 쌀을 모아 한 달에 한 번 내도록 한 데에서 기원했다.

** 정광조(1883~1951). 손병희의 사위. 1891년에 동학에 입도했다. 1910년 와세다대학 전문부 정경과 졸업하고 귀국해 천도교 중앙종리원 현기사의 서계원으로 선출되면서 중앙교단에서 일했다. 1921년까지 대종사장을 지냈다. 1937년을 전후하여 적극적인 친일로 돌아서 각종 친일단체에 참가하며 일제의 침략전쟁과 식민통치를 옹호하는 활동을 벌였다(『친일인명사전』).

그런데 박노학이 돈으로 자신을 매수하려 하자 이를 상관인 오카모토에게 알렸다고 한다. 오카모토는 진짜 매수당해서는 안 되지만 겉으로 매수당한 것같이 꾸며도 좋을 것이라고 했다. 그래서 자신은 원치 않았지만 어쩔 수 없이 돈을 받게 되었다는 것이 신승희의 주장이다.

추측해보면 신승희에 대한 기사를 쓴《매일신보》의 기자는 공안 당국으로부터 조선인 형사 신승희가 체포되었다는 사실과 체포 이유는 천도교로부터 받은 뇌물 때문이라는 정보를 받았을 것이다. 그는 이 정보를 토대로 사실과 전혀 다른 기사를 지어낸 것이다. 그는 왜 이런 기사를 썼을까?《매일신보》 기자가 이 기사를 통해 얻고자 한 것은 두 가지였다.

첫째는 유능한 일본 경찰이 조선인들의 대음모를 미리 알아채지 못한 데는 조선인 내부의 협조가 결정적인 역할을 했다는 것이다. 둘째는 음흉한 조선인들이 거금의 뇌물로 대일본제국의 경찰을 매수해 진실을 은폐하려 했다는 것이다. 이를 통해《매일신보》 기자는 3·1운동의 의미를 음흉한 조선인들이 꾸민 음모 정도로 폄하할 수 있었다.

신승희는 어떤 인물이었을까? 아무래도 신승희를 민족적 양심이 살아 있는 형사로 그리는 것은 무리인 듯하다. 1919년 4월 의용단장의 이름으로 뿌려진 전단은 신승희를 무도하고, 금수만도 못하며, 결코 살려둘 수 없는 존재로 칭한다. 신승희는 민족의 피를 빠는 악독한 고등계 형사의 대명사였던 것이다.

무도한 승희勝熙여. 오장육부가 있다면 그대는 스스로 깨달을 것이다.

그대도 조선의 혈통을 받고 그대 조상 이래 신성한 조선민족이라는 가명嘉名 아래 생을 누려왔다. 그대 이제 부모의 살을 깎고, 형제의 피를 마신다. 하늘에 만약 뜻이 있다면 어찌 천벌이 없겠는가. (…) 나는 그대의 업을 그만두라고 하지 않는다. 도리어 간절히 그대의 업에 근면하기를 권고한다. 그리고 후일 장판교長板橋 위에서 만나자. 아, 끔찍한 저 피를 빠는 형사! 어찌 그대 한 사람뿐이겠는가. 그대들의 총칭!*

신승희는 정말 자살했을까? 안타깝게도 이 역시 사실이 아닌 것 같다. 신승희와 여러 차례 식사를 함께할 정도로 친분이 있었던 윤치호는 자신의 영문 일기에 신승희의 최후에 대한 두 번의 기록을 남겼다. 윤치호도 처음엔 신승희가 자살을 한 줄 알았다. 그는 1919년 5월 17일 일기에서 지인에게 들은 정보를 토대로 신승희가 법정에 가서 명예를 더럽히지 않으려고 다량의 아편을 삼키고 자살했다고 썼다. 그런데 윤치호는 1920년 1월 6일 개성경찰서장 오카모토岡本惠三郎, 하시모토橋本清 경부보와 식사를 하는 도중 놀라운 소식을 듣게 된다. 신승희가 용산 헌병들에게 고문을 당해 죽었다는 얘기였다.

결과적으로 일제 공안 당국은 신승희가 독립선언서 인쇄 현장을 포착하고도 뇌물을 받고 은폐했다는 사실에는 접근하지도 못한 채, 고문에 의한 무리한 수사를 진행하다 신승희를 죽음에 이르게 하고 말았다. 신승희에 대한 공안 당국의 수사가 더이상 진전되지 못하고 천도교 특별성미금 모금사건 단계에 머무른 이유다. 경성헌병분대는 고문

* 조선헌병대사령부, 「조선3·1독립소요사건」(독립운동사편찬위원회 편, 『독립운동사자료집』 6, 독립유공자사업기금운용위원회, 1973에 수록).

치사 사실을 은폐하고 아편 과다복용에 의한 자살로 위장해 사건을 종결했다.

악명 높은 고등계 형사 신승희의 죽음은 어이없다. 고등계 형사의 표상이 될 만큼 친일을 했는데도 정작 제 목숨 하나도 지켜내지 못했다. 자신을 보호해줄 방편도 제대로 마련하지 못했으니, 그의 친일은 얼마나 실속이 없는가. 그래도 마지막 가는 길에 약간의 동정은 얻었다. 첫 기사가 나간 지 3일 후, 충성을 다했던 그를 너무 몰아세운 게 미안했는지 《매일신보》는 뒤늦게 이렇게 썼다. 그래도 그가 조선인들에게 온갖 협박을 받으면서도 종로경찰서에서 밤을 지새우며 열심히 일하긴 했다고. 이것은 첫 기사에 대한 일선 경찰들의 불만을 반영한 결과일지도 모른다.

호외 2

3·1운동은 어떻게 거대한 물결이 되었을까

일제는 대륙침략을 위한 방편으로 남북의 두 기지, 식민지 조선과 대만을 경영했다. 물론 겉으로는 동양의 평화와 문명화를 내세워 식민지민의 협조를 이끌어내고자 했다. 그러나 그들의 문명화는 기형적이고 성급하며 폭압적이었다. 일제는 경제개발만 하면 문명화가 된다고 생각했고, 조선인과 조선의 문화를 '야만'이라 치부해 무시했다. 그들은 일방적으로 자신의 문화를 강요했고, 설득의 과정을 생략했으며, 저항하는 조선인들을 헌병경찰이라는 막강한 힘으로 억눌렀다.*

무단통치하에서 조선인들의 불만은 해소될 길이 없었다. 조선인의 정치 진출은 친일매국노들에게도 허용되지 않았고, 언론·출판·결사·집회의 자유는 완전히 봉쇄되어 있었다. 본국에서 별 볼 일 없던 일본인들은 식민지 조선에 들어와 조선인 위에 군림했다. 그들은 온갖 횡포로 조선인을 차별했고, 조선인들은 일상적인 차별과 멸시, 폭력과 공포에 노출되어야 했다.

면서기와 함께 나타나는 헌병경찰은 공포의 대상이었다. 그들은 원하는 것이 있으면 몇 번이고 나타나 자신이 원하는 바를 관철시켰다.

* 권태억, 「1910년대 일제의 '문명화' 통치와 한국인들의 인식」, 『한국문화』 61, 규장각한국학연구소, 2013.

조선인들의 가벼운 죄는 언제나 무겁게 처벌되었다.* 헌병경찰의 '즉결처분권'은 남용되었고, 태형을 맞고 신음하는 조선인은 늘어만갔다. 경제적 이권은 대부분 일본인들의 차지였고, 일본인과의 송사는 백전백패로 인식되었다. 학생들은 아무리 열심히 공부해도 친일파가 되는 길 외에는 제대로 된 직장을 가지기 힘들었다. 일제는 교육제도에도 차별을 두어 조선인이 고등교육을 받는 길을 방해했다.

조선총독부는 아편과 모르핀을 생산해 공공연히 유통시켰고, 주요 도시에는 공창公娼을 설치해 매춘을 조장했다. 일본인들은 이것을 문명이라 생각했겠지만, 조선인들이 보기에 그것은 미개하고 음란한 문화일 뿐이었다. 일본인들은 칼과 무기를 앞세워 조선을 정복했지만, 오랜 역사에서 비롯된 조선인들의 일본에 대한 문화적 우월감을 꺾지 못했다.

3·1운동 당시 심문기록 중에는 공중목욕탕 사용에 대한 조선인의 불만이 나온다. 보성고등보통학교 학생이었던 장명식張明植(20세)은 일본이 조선인을 차별하고 멸시하고 있다며 "예를 들어 혼마치本町의 욕탕에 가면 조선 사람은 목욕할 수 없다며 거절"한다고 말한다. 염상섭의 『만세전』에도 목욕탕에서 조선인이 겪는 불편을 묘사한 장면이 나온다. 공중목욕탕 문제는 일본인들의 차별과 멸시에서 아주 사소한 부분에 속하는 것이지만, 언제나 사소한 일이 사람의 마음을 더 격동하게 만든다는 것을 기억할 필요가 있다. 사소한 일일수록 사람을 치사하게 만들기 때문이다. 염상섭은 적개심이나 반항심은 보통 피동적,

* 이종민, 「가벼운 범죄, 무거운 처벌」, 『사회와 역사』 107, 한국사회사학회, 2015.

감정적으로 유발된다고 했다. 그런데 일본인들은 소소한 언사와 행동으로 조선인에게 억제할 수 없는 반감을 일으킨다는 것이다. 그는 이것이 조선인으로 하여금 민족적 타락에서 스스로 구해야겠다는 자각을 주는 가장 긴요한 동인이 된다고 했다.

3·1운동을 조선민족의 거대한 물결로 만든 이유 중에 그 사소한 것들이 일으킨 반감도 적지 않았음을 추측해볼 수 있다.

"그대는 왜 독립운동을 하였는가?"

"삶에 쪼들리고 있는 2천만 동포를 구하기 위해서였습니다."

"이와 같은 일을 하면 무거운 형벌을 받으리라는 것을 알고 있지 않은가?"

"그렇습니다. 각오하고 한 일이니 목숨이 아깝다고는 생각하지 않습니다."

– 조선인 순사보 정호석에 대한 검사의 심문에서 오간 말

에필로그

만세 후

1919년 봄, 한반도를 뜨겁게 달구었던 만세시위는 4월 중순 일본군과 경찰이 증원 배치되면서 기세가 꺾였다. 일제는 강력한 폭압적 진압을 동원한 후에야 조선인들의 만세운동을 겨우 억누를 수 있었다. 만세시위는 5월과 6월에도 간헐적으로 벌어졌지만, 예전과 같은 활기는 보여주지 못했다. 파리강화회의 이후 연합국이 패전국과 차례로 강화조약을 체결하면서 제1차 세계대전의 전후 처리는 종결되었다. 이로써 전후 처리 과정에서 국제적 합의를 통한 조선의 독립 가능성은 좌절되었다.*

그러나 만세시위는 이 땅에 뚜렷한 족적을 남겼다. 일제의 통치는 본질적으로 크게 달라지지는 않았지만 외형적으로나마 일정한 변화를 보였다. 먼저 총독이 교체됐다. 조선주차군사령관으로 조선에 와서 의병을 진압하고 총독이 될 때까지 승승장구했던 하세가와 요시미치는 무능의 극치를

* 임경석, 「3·1운동과 일제의 조선지배정책의 변화」, 『일제식민통치연구 1: 1905~1919』, 백산서당, 1999.

드러내며 여덟 명의 역대 총독 가운데 불명예 퇴진하는 첫 번째 총독이 되었다.

새로 부임한 총독 사이토 마코토齋藤實는 무단통치를 폐기하고 문화정치를 도입하겠다고 선언했다. 조선총독부 관제를 뜯어고쳐 문관 출신 총독의 임명을 가능하도록 하고, 헌병경찰제를 보통경찰제로 전환하는 것이 주요 내용이었다. 그러나 문관 총독은 식민통치 내내 실현되지 않았고, 보통경찰제의 도입은 경찰 인원과 경찰 관서를 대폭 늘려 보다 강력한 치안 체제를 갖추는 형태로 이루어졌다. 조선인의 불만을 샀던 노골적인 군사적 지배를 안으로 숨기고, 헌병경찰을 보통경찰이라는 옷으로 갈아입혀 반발을 줄이면서, 보다 강력한 치안력으로 허점이 드러난 통치체제를 보완하는 것이었다.

일제는 조선태형령을 폐지한다든가, 교육제도를 개선한다든가 하면서 조선인들의 불만이 집중되었던 제도도 일부 개선했다. 지방자치를 도입한다며 지방제도도 뜯어고쳤다. 그러나 그들의 제도 개선은 기만적이었다. 실질적인 변화를 추구하기보다는 선전이 앞섰다. 뒤로는 친일파 양산에 적극 나서 조선인으로 조선인을 통제하려 했다. 일제 당국은 여전히 동화를 얘기했지만 조선인에 대한 차별은 결코 사라지지 않았다. 노골적 강압을 보다 세련된 통제로 바꾼 것이어서, 조선인의 반발은 언제든 재현될 수 있었다. 1929년 발생한 광주학생운동이 바로 그 증거였다.

3·1운동으로 언론·출판·집회·결사의 자유도 일부 허용됐다. 이것은 일제 당국이 하고 싶어서 한 것이 아니라 어쩔 수 없어 한 것이었다. 또다시 조선인들을 거리에서 맞이하는 것보다 제도 안으로 끌어들여 통제하는 편이 낫다고 판단한 것이다. 일제는 이를 허용하는 대신 검열과 감시를 대폭

강화해 조선인의 불만을 다스리고자 했다. 결과적으로 언론·출판·집회·결사의 일부 허용은 3·1운동이 가져온 가장 눈에 띄는 성과가 되었다. 조선인들은 이것을 최대한 활용하여 민족운동을 확대해나갔고, 이는 조선 사회에 커다란 활력이 되었다. 1920년대 수많은 청년·종교·노동·여성단체가 쏟아진 것도 이로 인한 것이었다.

만세시위는 수많은 독립운동가를 양산했다. 이들은 만주와 상해로 달려가 독립운동의 새로운 주역이 되었다. 상해의 독립운동가들은 4월 10일 임시의정원을 구성하고 4월 11일 대한민국 임시정부를 수립했다. 9월에는 대한국민의회와 통합정부를 구성해, 민족을 대표하는 정부이자 독립운동 총본부의 역할을 담당하고자 했다.

만세시위는 독립운동의 방법도 다양화시켰다. 만세시위를 통해 민족을 실감하고, 자유·평등·민주주의를 각성한 사람들은 일부는 외교적인 수단으로, 일부는 무장투쟁의 방법으로 독립운동에 나섰다. 또 파괴와 암살을 표방한 의열단체가 나타나기도 하고, 사회주의혁명을 통해 제국주의국가를 타도하려는 공산주의자들이 등장하기도 했다.

흥미로운 것은 이들이 모두 3·1운동이 낳은 새로운 독립운동세대였다는 점이다. 의열단의 김원봉이 그랬고, 조선공산당의 박헌영이 그랬다. 서울파 공산주의자 김사국, 상해파 공산주의자 이봉수 등 공산주의 주요 계파의 지도자들도 3·1운동이 낳은 새로운 독립운동세대였다. 이것은 3·1운동이 발생했을 때 일제 당국이 가장 우려했던 바였다. 3·1운동을 경험한 세대의 존재는 두고두고 일제의 통치를 불안하게 만드는 요소였던 것이다.

3·1운동 참여로 투옥되었던 민족대표와 학생대표들은 2~3년 후 감옥

에서 나올 때 조선 민중의 열렬한 환영을 받았다. 그들 중 일부는 민족분열정책의 마수에 걸려 친일파가 되기도 했으나, 대부분은 조선의 독립운동과 민족운동을 주도하는 지도자로 활약하며 각자의 영역에서 주어진 역할을 다했다.

3·1운동의 경험은 조선의 민중도 변화시켰다. 조선에 거주하는 일본인들은 더이상 고분고분하지 않은 조선인들을 대하며 당황할 수밖에 없었다. 보통 사람들의 결집은 그들에게 공포까지 느끼게 했다. 3·1운동을 통해 다수의 힘을 실감한 조선인들은 이제 일본인들의 부당한 대우와 차별이 벌어질 때 참고만 있지 않았다. 기회가 되면 하나로 뭉쳤고 만세를 부르며 다수의 힘으로 현재의 문제를 고치려고 했다.

이렇듯 3·1운동은 새로운 세상을 열었다. 일제의 압도적인 폭력과 강압에 독립은 쉽지 않았지만, 조선인들은 그들의 통치에 동화되지 않고 끊임없이 항거했다. 100년 전 포기할 줄 몰랐던 평범한 사람들의 싸움이 오늘을 열었다. 민주주의가 파괴될 때, 국가가 제 역할을 제대로 하지 못할 때, 가만히 있지 않고 일어나 당당히 싸우는 역사를 만들었다. 그 시작에 3·1운동이 있었다.

감사의 글

이 책을 쓰기 위해 많은 사람들의 도움을 받았다. 먼저 원고 한 꼭지를 쓸 때마다 첫 독자가 되어 원고를 검토해준 아내 김정희에게 감사의 말을 전한다. 매번 아내가 꼼꼼히 읽어주고 조언을 해준 덕에 원고가 제대로 된 방향으로 나갈 수 있었다. 원고를 마무리하고 후속 작업을 하고 있는 지금 이 순간에도 아내의 도움은 계속되고 있다.

몸담고 있는 민족문제연구소의 구성원들에게도 감사드린다. 특히 권시용 선임연구원은 잠시 쉬는 틈마다 다짜고짜 던지는 내 질문에 꽤나 고생을 했다. 그의 성실한 답변이 언제나 원고를 진전시키는 데 큰 도움이 되었다. 이순우 책임연구원님은 이 책에 들어간 사진자료를 일일이 찾아주시고 꼼꼼히 출처를 확인해주셨다. 신승희에 관한 자료를 찾는 데도 큰 도움을 주셨다. 이번에 선생님이 모으신 방대한 자료를 살짝 엿본 것만으로도 큰 공부가 되었다는 것도 아울러 밝혀둔다.

연구소가 자랑하는 「독립선언서」를 비롯하여 연구소 소장 사진자료를 기꺼이 사용할 수 있도록 해주신 김승은 학예실장님과 강동민 팀장님, 필자가 일본어 자료에 부딪칠 때마다 부족한 일본어 실력을 메워주신 노기 카오리 선임연구원에게도 감사드린다. 앞으로도 잘 부탁드린다는 말씀을 전하고 싶다.

힘들게 찾은 자료를 원고에 사용하도록 허락해주신 염복규 선생님, 우쓰노미야 다로의 일기를 소개해주신 서민교 선생님, 『식민지 불온열전』에서 상세한 주석으로 '동업자'의 작업 방식을 과감히 보여주신 정병욱 선생님, 웹진 수유너머 Weekly에 연재하신 「역사 뒤, 남은 사람들」의 글들로 많은 영감을 주신 권보드래 선생님, 그리고 무엇보다 『잊을 수 없는 혁명가들에 대한 기록』에서 선구적으로 역사학의 새로운 글쓰기를 보여주신 임경석 선생님께도 감사의 말을 전하고 싶다.

초판 1쇄를 찍고 난 후 이 책의 오류를 지적해주신 분들이 있었다. 이순우 선생님은 송계백의 순국 시점에 관한 자료를 제공해주셨고, 정병욱 선생님은 김백평의 나치 협력 행위에 대한 정보를 알려주셨다. 3·1운동으로 박사논문을 준비하고 있는 최우석 독립기념관 한국독립운동사연구소 연구원은 뛰어난 자료 검색 능력을 발휘해 신승희에 대한 다양한 정보를 제공해주었다. 모두에게 감사드린다.

이 책을 쓰는 동안 사료와 역사서만큼이나 한국소설을 많이 읽었다. 그 전에도 간간이 읽었지만 이번만큼 본격적으로 읽은 적은 없었던 것 같다. 글에 소설적 글쓰기를 도입해볼 욕심으로 시작한 것이었는데, 글쓰기뿐만 아니라 글을 구성하는 데에도 큰 도움이 되었다. 이 방법의 최대 약점은 소설들이 너무 재미있어 도중에 읽기를 멈출 수가 없다는 점이다.

예전부터 좋아하던 김연수 작가의 소설과 에세이는 이번에 거의 섭렵한 것 같다. 우리는 어쩜 교정에서 우연히 마주쳤을지도 모르는데 그때는 서로를 알아보지 못했다. (물론 지금은 필자만 알아볼 수 있다.) 새롭게 알게 된 김금희, 김성중, 배명훈, 손보미, 윤성희, 이기호, 이승우, 장강명, 황정은 작가의 소설도 좋았다. 특히 김금희 작가와 윤성희 작가의 단편들은 글을 여는 방법을 연구하는 데 큰 도움이 되었다. 나름 따라해본 것도 있는데,

두 작가의 수준에 미치지 못했으므로 다행히 표절시비가 일어나진 않을 것 같다. 언제나 한국문학계의 선전을 기원한다.

본격적으로 소설 작법을 다룬 책들도 몇 권 읽었는데 안정효 작가의 『글쓰기만보』, 김연수 작가의 『소설가의 일』, 스티븐 킹의 『유혹하는 글쓰기』가 특히 많은 도움이 되었음을 함께 기록해둔다.

그리고 원고의 오류를 꼼꼼히 지적해주고 편집해주신 생각정원 고아라, 이은정 편집자님, 이 책을 예쁘게 디자인해주신 석운디자인 이석운 실장님, 그리고 이 책을 출판해준 생각정원 박재호 대표에게도 감사의 말을 전한다. 인종익과 김동혁 편을 완성하고 난 후 슬럼프에 빠져 꽤 오랫동안 한 줄도 쓰지 못한 적이 있다. 그때 박재호 대표의 격려와 채찍이 큰 도움이 되었다. 그것이 없었다면 이 책은 나오지 못했을 것이다. 채찍질을 당할 땐 솔직히 좀 밉기도 하였으나 그것이 우리의 25년 우정에 어떠한 영향도 주지 않을 것임을 분명히 해둔다.

마지막으로 인종익, 김동혁, 최정숙, 정호석, 장채극 등 3·1운동에 참여했던 수많은 보통 영웅들께 마음을 담아 깊은 감사를 드린다.

"여러분이 있어 현재의 우리가 있다는 것을 두고두고 잊지 않겠습니다."

참고문헌

전체 참고자료

《동아일보》

《매일신보》

《조선일보》

강덕상 편, 『現代史資料』 25~26, みすず書房, 1966~1967.

국사편찬위원회 편, 『한민족독립운동사자료집』 11~27, 국사편찬위원회, 1990~1996.

국회도서관 편, 『한국민족운동사료(3·1운동편)』 其一~其三, 국회도서관, 1977.

김정명 편, 『朝鮮獨立運動 1: 民族主義運動篇』, 原書房, 1967.

독립운동사편찬위원회 편, 『독립운동사자료집』 4~6, 독립유공자사업기금운용위원회, 1972~1973.

김승렬, 「윌슨의 민족자결주의와 조선의 3·1운동」, 『역사교육연구』 14, 한국역사교육학회, 2011.

나가타 아키후미, 『일본의 조선통치와 국제관계』, 일조각, 2008.

동아일보사 편, 『3·1운동 50주년 기념논집』, 동아일보사, 1969.

박헌호·류준필 편, 『1919년 3월 1일에 묻다』, 성균관대학교출판부, 2009.

이정은, 『3·1독립운동의 지방시위에 관한 연구』, 국학자료원, 2009.

친일인명사전편찬위원회 편, 『친일인명사전』, 민족문제연구소, 2009.

한국역사연구회·역사문제연구소 편, 『3·1 민족해방운동 연구』, 청년사, 1989.

공훈전자사료관 http://e-gonghun.mpva.go.kr
국가기록원 독립운동관련 판결문 http://theme.archives.go.kr/next/indy/viewMain.do
국사편찬위원회 한국사데이터베이스 http://db.history.go.kr

1장

모두가 암흑에 절망할 때, 결연히 촛불을 밝히는 사람들이 있었다 : 기획자들

독립과 자유의 씨앗을 뿌린 사람들 : 여운형과 신한청년당

「여운형조서」(원문은 김준엽·김창순, 『한국공산주의운동사: 자료편』 1, 고려대학교 출판부, 1979에 수록, 번역본은 함양여씨대종회, 『몽양여운형전집』 1, 한울, 1991에 수록)
「여운형판결문」
조선헌병대사령부, 「조선3·1독립소요사건」(『독립운동사자료집』 6에 수록)

강덕상, 『여운형평전』 1, 역사비평사, 2007.
강영심·김도훈·정혜경, 『한국독립운동의 역사 17: 1910년대 국외항일운동 II(중국·미주·일본)』, 독립기념관한국독립운동사연구소, 2008.
구대열, 『한국 국제관계사 연구』 1, 역사비평사, 1995.
김희곤, 「신한청년당의 결성과 활동」, 『한국민족운동사연구』 1, 한국민족운동사학회, 1986.
신용하, 「3·1독립운동발발의 경위」, 『한국근대사론』 II, 지식산업사, 1979.
신용하, 「신한청년당의 독립운동」, 『한국학보』 44, 일지사, 1986.
여운홍, 『몽양 여운형』, 청하각, 1967.
이경남, 『설산 장덕수』, 동아일보사, 1981.
이만규, 『여운형선생투쟁사』, 민주문화사, 1946.
정병준, 「3·1운동의 기폭제: 여운형이 크레인에게 보낸 편지 및 청원서」, 『역사비

평』 119, 역사비평사, 2017.

독립선언서로 독립운동의 시작을 알리다 : 손병희와 천도교인들

「박영효, 한규설, 윤치호, 윤용구, 김윤식 증인신문조서」(이병헌, 『3·1운동비사』, 시사시보사, 1959에 번역본 수록)
「손병희 등 예심종결서·판결문」
「손병희, 최린, 권동진, 오세창, 송진우, 현상윤, 정노식 경성고등법원 예심신문조서」(『한민족독립운동사자료집』 12에 수록)
「손병희, 최린, 권동진, 오세창, 송진우, 현상윤, 정노식 경성지방법원 예심신문조서」(『한민족독립운동사자료집』 11에 수록)
「손병희, 최린, 권동진, 오세창, 송진우, 현상윤, 정노식 경찰신문조서·검찰신문조서」(『3·1운동비사』에 번역본 수록)
「송계백 참고인신문조서」(『한민족독립운동사자료집』 11에 수록)

독립운동사편찬위원회 편, 『독립운동사자료집』 13, 독립유공자사업기금운용위원회, 1977.
宇都宮太郎関係資料研究会 編, 『日本陸軍とアジア政策: 陸軍大将宇都宮太郎日記』 3, 岩波書店, 2007.
윤치호, 『(국역) 윤치호 영문 일기』 6, 국사편찬위원회, 2015.
최린, 『여암문집』 상, 여암최린선생문집편찬위원회, 1971.
현상윤, 「3·1운동 발발의 개략」, 『사상계』, 사상계사, 1963년 3월.
현상윤, 「3·1운동의 회상」, 『신천지』, 서울신문사, 1946년 3월.

고정휴, 「3·1운동과 천도교단의 임시정부 수립 구상」, 『한국사학보』 3·4, 고려사학회, 1998.
김기승, 「현상윤과 3·1운동」, 『공자학』 15, 한국공자학회, 2008.
김정인, 「손병희의 문명개화노선과 3·1운동」, 『한국독립운동사연구』 19, 독립기

념관한국독립운동사연구소, 2002.
김정인, 「천도교의 3·1운동 전사」, 『한국민족운동사연구』 22, 한국민족운동사학회, 1999.
박현서, 「3·1운동과 천도교계」, 『3·1운동 50주년 기념논집』, 동아일보사, 1969.
의암손병희선생기념사업회 편, 『의암손병희선생전기』, 의암손병희선생기념사업회, 1967.
이용창, 「한말 최린의 일본 유학과 현실인식」, 『역사와 현실』 41, 한국역사연구회, 2001.
최우석, 「3·1운동기 김윤식·이용직의 독립청원서 연구」, 『사림』 38, 수선사학회, 2011.

교의를 넘어 대의로, 오직 한길로 : 이승훈과 기독교인들

「유여대 경찰청취서·검찰신문조서」(『한민족독립운동사자료집』 17에 수록)
「이승훈 등 예심종결서·판결문」
「이승훈, 길선주, 이필주, 양전백, 이갑성, 박희도, 오화영, 유여대, 임규, 안세환, 최린, 최남선, 송진우 경성고등법원 예심신문조서」(『한민족독립운동사자료집』 12에 수록)
「이승훈, 길선주, 이필주, 양전백, 이갑성, 박희도, 오화영, 임규, 안세환, 최린, 최남선, 송진우 경성지방법원 예심신문조서」(『한민족독립운동사자료집』 11에 수록)
「이승훈, 길선주, 이필주, 양전백, 이갑성, 박희도, 오화영, 임규, 안세환, 최린, 최남선, 송진우 경찰신문조서·검찰신문조서」(『3·1운동비사』에 번역본 수록)

김성보, 「3·1운동에서 33인은 민족대표가 아니다」, 『역사비평』 9, 역사비평사, 1989.
김승태, 「남강 이승훈의 민족의식과 민족운동 방략」, 『한국독립운동사연구』 19, 독립기념관한국독립운동사연구소, 2002.

김양선, 「3·1운동과 기독교계」, 『3·1운동 50주년 기념논집』, 동아일보사, 1969.
이만열, 「3·1운동과 기독교」, 『한국기독교와 역사』 7, 한국기독교역사연구소, 1997.
이정은, 「3·1운동 민족대표론」, 『한국민족운동사연구』 32, 한국민족운동사학회, 2002.
한규무, 「현순의 신앙과 활동」, 『한국기독교와 역사』 16, 한국기독교역사연구소, 2002.

그렇다면, 우리는 '우리의 싸움'을 하겠다 : 학생 지도부

「강기덕 등 예심종결서·판결문」
「강기덕, 김원벽 검찰신문조서·경성지방법원 예심신문조서」(『3·1운동비사』에 번역본 수록)
「강기덕, 김원벽, 박희도, 이갑성, 윤자영, 김형기, 주종의, 김대우 경성고등법원 예심신문조서」(『한민족독립운동사자료집』 12에 수록)
「강기덕, 김원벽, 박희도, 이갑성, 윤자영, 김형기, 주종의, 김대우, 이관 경성지방법원 예심신문조서」(『한민족독립운동사자료집』 11·15·16·17에 수록)
「공판시말서」(강기덕의 증인신문)(『한민족독립운동사자료집』 18에 수록)
「박희도, 이갑성 경찰신문조서·검찰신문조서」(『3·1운동비사』에 번역본 수록)
「김형기, 주종의, 김대우 검찰신문조서」(『한민족독립운동사자료집』 13·14에 수록)

김대상, 「3·1운동과 학생층」, 『3·1운동 50주년 기념논집』, 동아일보사, 1969.
김정인, 「기억의 탄생: 민중 시위 문화의 근대적 기원」, 『역사와 현실』 74, 한국역사연구회, 2009.
김희곤, 「윤자영(1894~1938)의 생애와 민족운동」, 『한국독립운동사연구』 24, 독립기념관한국독립운동사연구소, 2005.

2장

희망의 빛이 방방곡곡 비출 때까지, 목숨걸고 횃불을 들다 : 전달자들

만인이 죽어 백만 인을 살리는 길 : 보성사 사무원 인종익

「인종익 공판시말서」(『한민족독립운동사자료집』 18·19에 수록)

「인종익 예심신문조서」(『한민족독립운동사자료집』 16에 수록)

「인종익 예심종결서·판결문」

「인종익, 오면수, 지창하, 류익수, 김진옥, 內川勘四郎 경찰신문조서」(『한민족독립운동사자료집』 11·13에 수록)

김진호, 「충북의 3·1운동」, 『역사와 담론』 68, 호서사학회, 2013.

박성묵, 「내포 동학혁명 지도자의 활약상과 역사 문화적 의의」, 『동학학보』 29, 동학학회, 2013.

北岳山人, 「十三道知事 人物評, 忠北知事 金東勳君」, 『삼천리』 9(1), 삼천리사, 1937.

성주현, 「전북지역 동학과 천도교의 민족운동」, 『역사와 교육』 19, 역사와교육학회, 2014.

정을경, 「충남지역 천도교인의 3·1만세운동 전개」, 『지방사와 지방문화』 19(2), 역사문화학회, 2016.

조규태, 「전남지역 천도교인의 3·1운동」, 『동학연구』 17, 한국동학학회, 2004.

그저 당연한 일을 했던 열아홉 살 소년 : 배재고보 2학년 김동혁

「김동혁 등 예심종결서·판결문」

「김동혁, 오흥순, 김진호, 김택영, 이병주 예심신문조서」(『한민족독립운동사자료집』 16에 수록)

「김택영, 김진호, 오흥순 검사신문조서」(『한민족독립운동사자료집』 14·15에 수록)

「오흥순, 김동혁, 오봉순에 관한 건·오흥순 경찰신문조서」(『한민족독립운동사자료

집』 13에 수록)
「오흥순, 김동혁, 김진호 공판시말서」(『한민족독립운동사자료집』 18·19에 수록)

김진호, 「81세 회고」, 1953(http://www.aesan.or.kr/xe/aesan3/394).
朝鮮總督府 편, 『朝鮮總督府及所屬官署職員錄』, 각년판.
김승태, 「이필주 목사의 생애와 민족운동」, 『한국기독교와 역사』 42, 한국기독교역사연구소, 2015.
박은식, 『한국독립운동지혈사』, 유신사, 1920.
윤병석, 「조선독립신문의 습유」, 『중앙사론』 1, 중앙대학교중앙사학연구소, 1972.
한규무, 「애산 김진호의 민족운동」, 『한국민족운동사연구』 91, 한국민족운동사학회, 2017.

불타는 마음은 총칼로도 없앨 수 없으니 : 지하신문과 격문을 만든 사람들

「김영조 경성지방법원 예심신문조서」(『한민족독립운동사자료집』 16에 수록)
「양재순, 김호준 경성고등법원 예심신문조서·양재순, 김호준 대질신문조서」(『한민족독립운동사자료집』 17에 수록)
「양재순, 김호준 경찰·검찰신문조서·예심청구서」(『한민족독립운동사자료집』 13·15에 수록)
「이종린 등 예심종결서·판결문」
「이종린, 윤익선 경찰신문조서」(『한민족독립운동사자료집』 13에 수록)
「이종린, 윤익선, 장종건, 임준식, 최치환, 임승옥, 김영조, 유병륜, 장채극, 전옥결, 이철, 양재순, 김호준 공판시말서」(『한민족독립운동사자료집』 18·19에 수록)
「이종일 경성지방법원 예심신문조서·이종일, 이종린 대질신문조서·이종일 경성고등법원 예심신문조서」(『한민족독립운동사자료집』 11·12에 수록)
「이종일 경찰·검찰신문조서·경성지방법원 예심신문조서」(『3·1운동비사』에 번역본 수록)

국가보훈처 편, 『3·1운동 독립선언서와 격문』, 국가보훈처, 2002.
국사편찬위원회 편, 『한국독립운동사자료 4: 3·1운동편 1』, 국사편찬위원회, 1974.
김상현 편, 『(실록)민족의 저항 5: 분노의 여울』, 한샘문화사, 1977.
김정명 편, 『조선독립운동 1: 민족주의운동편』, 原書房, 1967.
우남이승만문서편찬위원회 편, 『(이화장 소장)우남이승만문서: 동문편 4권(3·1운동 관련문서 1)』, 연세대현대한국학연구소, 1998.

권보드래, 「선언과 등사」, 『반교어문연구』 40, 반교어문학회, 2015.
박찬승, 「3·1운동기 지하신문의 발간경위와 기사내용」, 『동아시아 문화연구』 44, 한양대학교동아시아문화연구소, 2008.
윤병석, 「조선독립신문의 습유」, 『중앙사론』 1, 중앙대학교중앙사학연구소, 1972.
이양희, 「3·1운동기 일제의 한국인 자위단체 조직과 운용」, 『한국근현대사연구』 83, 한국근현대사학회, 2017.
이정은, 「3·1운동기 학생층의 선전활동」, 『한국독립운동사연구』 7, 독립기념관한국독립운동사연구소, 1993.
천정환, 「소문(所聞)·방문(訪問)·신문(新聞)·격문(檄文)」, 『1919년 3월 1일에 묻다』, 성균관대학교출판부, 2009.

3장

그날, 만세 소리가 들불처럼 조선땅을 뒤덮었다 : 실행자들

열 살 아이부터 학생과 교사, 순사보까지, 그들이 만세를 부른 이유 : 만세시위자들

「강기덕, 김원벽 검찰신문조서·경성지방법원 예심신문조서」(『3·1운동비사』에 번역본 수록)
「강기덕, 김원벽, 심대섭, 김백평, 박노영, 박쾌인, 森爲三, 노예달, 김경순, 이애

주, 신진심, 유점선, 탁마리아, 최정숙, 박인석, 한종건, 박경조, 정석도, 최현, 장기욱, 김성숙, 이규송, 김철환, 이익종, 최흥종 경성지방법원 예심신문조서」(『한민족독립운동사자료집』 15·16·17에 수록)
「경성고등보통학교 학생성행조사서」(『한민족독립운동사자료집』 15에 수록)
「경성여자고등보통학교 시위관련자동정급성행조회」(『한민족독립운동사자료집』 13에 수록)
「심대섭 등 예심종결서·판결문」
「심대섭, 김백평, 박노영, 이애주, 신진심, 유점선, 최정숙, 최은희, 노순열, 이금자, 이명숙, 이순희, 김애순, 이아수, 정석도, 최현, 정호석, 장기욱, 김성숙, 이규송, 김철환, 이창수, 이익종, 김영진 검찰신문조서」(『한민족독립운동사자료집』 13·14에 수록)
「심대섭, 노예달, 유점선, 박인석, 박경조, 정호석, 오정화, 박호철, 김백평, 박노영, 박쾌인, 장기욱, 이규송, 김철환, 이익종, 최흥종 공판시말서」(『한민족독립운동사자료집』 18·19에 수록)

大京城公職者名鑑刊行會 편, 『大京城公職者名鑑』, 京城日報社, 1936.
미국기독교교회총연합회 동양관계위원회 편, 『한국의 정세』, 1919(『독립운동사자료집』 4에 수록).
朝鮮總督府 편, 『朝鮮總督府及所屬官署職員錄』, 각년판.
朝鮮總督府 편, 『朝鮮總督府統計年報』, 1918~1919년판.

고정휴, 「3·1운동과 미국」, 『3·1민족해방운동연구』, 청년사, 1989.
권보드래, 「만세의 유토피아」, 『한국학연구』 38, 인하대학교한국학연구소, 2015.
권시용, 「서로 엇갈린 형제의 길, 심우섭과 심훈」, 『민족사랑』 257, 민족문제연구소, 2018.
심훈, 『그날이 오면(외)』, 범우사, 2005.
최은희, 『한국근대여성사: 1905~1945 조국을 찾기까지』 중, 조선일보사, 1991.

「장안·우정면 만세시위 관련 경찰·검찰·예심신문조서·공판시말서·기타 부속 문서」(『한민족독립운동사자료집』 19·20·21에 수록)

「장안·우정면 만세시위 관련 판결문」(민족문제연구소 편, 『역주 3·1운동 재판기록: 송산·서신면 일대/장안·우정면 일대』, 화성시청, 2015에 수록)

강덕상 편, 『現代史資料』 26, みすず書房, 1967.

김승태·유진·이항 엮음, 『강한 자에는 호랑이처럼, 약한 자에는 비둘기처럼: 스코필드 박사 자료집』 1, 서울대학교출판문화원, 2012.

권보드래, 「3·1운동의 '밥': 수원 장안면 사람들의 1919년 봄」(http://suyunomo.jinbo.net/?p=8917).

권보드래, 「식민지 면장 노릇: 수원 장안면장 김현묵의 3·1 운동」(http://suyunomo.jinbo.net/?p=9068).

김선진, 『일제의 학살만행을 고발한다: 제암·고주리의 3·1운동』, 미래문화사, 1983.

김승태, 「제암리교회 사건과 서구인들의 반응」, 『한국기독교와 역사』 7, 한국기독교역사연구소, 1997.

김정인, 「3·1운동 대중시위와 시위 문화의 근대적 전환」, 『내일을 여는 역사』 33, 서해문집, 2008.

박경식, 『일본 제국주의의 조선지배』, 청아출판사, 1986.

박환, 「수원군 우정면 화수리 3·1운동의 역사적 성격」, 『정신문화연구』 94, 한국학중앙연구원, 2004.

이덕주, 「3·1운동과 제암리사건」, 『한국기독교와 역사』 7, 한국기독교역사연구소, 1997.

이용창, 「재판 관련 기록으로 본 화성 장안·우정면 3·1만세운동」, 『한국독립운동사연구』 62, 독립기념관한국독립운동사연구소, 2018.

임경석, 「3·1운동과 일제의 조선지배정책의 변화」, 『일제식민통치연구 1: 1905~1919』, 백산서당, 1999.
조경달, 『민중과 유토피아』, 역사비평사, 2009.

'제국'에서 '민국'으로 가는 길 : 장채극과 자동차시위대

「김사국 예심신문조서」(『한민족독립운동사자료집』 6에 수록)
「민강 경성지방법원·경성복심법원 공판시말서」(『한민족독립운동사자료집』 6에 수록)
「장채극 등 예심종결서·판결문」
「장채극, 전옥결, 이철, 김사국, 한남수, 안상덕, 이민태, 이헌교, 이용규, 윤이병, 윤좌진, 이춘균, 김규 경성복심법원 공판시말서」(『한민족독립운동사자료집』 19에 수록)
「장채극, 전옥결, 이철, 김사국, 한남수, 안상덕, 이헌교, 이민태, 윤이병, 이용규, 민강, 윤좌진, 최상덕, 유태응, 이춘균 경성지방법원 공판시말서」(『한민족독립운동사자료집』 19에 수록)

고정휴, 「3·1운동과 천도교단의 임시정부 수립 구상」, 『한국사학보』 3·4, 고려사학회, 1998.
고정휴, 「대한민국임시정부의 통합정부 수립운동에 대한 재검토」, 『한국근현대사연구』 13, 한국근현대사학회, 2000.
고정휴, 「세칭 한성정부의 조직주체와 선포경위에 대한 검토」, 『한국사연구』 97, 한국사연구회, 1997.
김승태, 「일제강점기 이규갑·이애라 부부의 민족운동」, 『한국독립운동사연구』 50, 독립기념관한국독립운동사연구소, 2015.
독립운동사편찬위원회 편, 『독립운동사』 4, 독립유공자사업기금운용위원회, 1973.
박찬승, 「3·1운동과 민주공화제 임시정부의 수립」, 『3·1혁명 95주년 기념 학술회

의: '제국'에서 '민국'으로』, 민족문제연구소, 2014.
윤대원, 『상해시기 대한민국임시정부 연구』, 서울대학교출판부, 2006.
이규갑, 「한성임시정부 수립의 전말」, 『신동아』, 동아일보사, 1969년 4월.
이현주, 「3·1운동 직후 국민대회와 임시정부 수립운동」, 『한국근현대사연구』 6, 한국근현대사학회, 1997.
전명혁, 「해광 김사국의 삶과 민족해방운동」, 『한국근현대사연구』 23, 한국근현대사학회, 2002.
한시준, 「한성정부의 수립과 홍진」, 『한국근현대사연구』 27, 한국근현대사학회, 2003.

| 호외 2 | 3·1운동은 어떻게 거대한 물결이 되었을까

권태억, 「1910년대 일제의 '문명화' 통치와 한국인들의 인식」, 『한국문화』 61, 규장각한국학연구소, 2013.
이종민, 「가벼운 범죄, 무거운 처벌」, 『사회와 역사』 107, 한국사회사학회, 2015.

| 에필로그 | 만세 후

임경석, 「3·1운동과 일제의 조선지배정책의 변화」, 『일제식민통치연구 1 : 1905~1919』, 백산서당, 1999.

인물색인

• 『친일인명사전』에 수록된 인물은 이름 옆에 *로 표시했다.

만세열전

초판 1쇄 발행 2019년 1월 29일
초판 6쇄 발행 2021년 9월 10일

지은이 | 조한성

발행인 | 박재호
편집팀 | 강혜진, 송지영
마케팅팀 | 김용범, 권유정
총무팀 | 김명숙

디자인 | 이석운
종이 | 세종페이퍼
인쇄·제본 | 한영문화사

발행처 | 생각정원 Thinking Garden
출판신고 | 제25100-2011-320호(2011년 12월 16일)
주소 | 서울시 마포구 양화로 156(동교동) LG팰리스 814호
전화 | 02-334-7932 **팩스** | 02-334-7933
전자우편 | 3347932@gmail.com

ISBN 979-11-88388-75-2 (03910)

이 도서의 국립중앙도서관 출판예정도서목록(CIP)은 서지정보유통지원시스템 홈페이지(http://seoji.nl.go.kr)와 국가자료종합목록시스템(http://www.nl.go.kr/kolisnet)에서 이용하실 수 있습니다.(CIP제어번호: CIP2019002027)